KOMPENDIEN DER SOZIALEN ARBEIT

Sie arbeiten sich in ein neues Sachgebiet ein und benötigen
rasch zuverlässige und umfassende Informationen? Sie möchten
die wesentlichen Fakten zu Konzepten, Fällen, Arbeitsfeldern
und Anwendungsgebieten der Sozialen Arbeit wissen, Good
Practice-Beispiele kennenlernen und Handlungsempfehlungen
für die Praxis erhalten?

In der Reihe „Kompendien der Sozialen Arbeit" erscheinen
Werke mit direktem Praxisbezug. Die Bände richten sich an
Professionals, BerufseinsteigerInnen und -umsteigerInnen sowie
an Studierende, gerade auch mit Blick auf Praxissemester und
Anerkennungsjahr.

Clemens Fobian | Michael Lindenberg
Rainer Ulfers

Jungen als Opfer von sexueller Gewalt

2., aktualisierte und erweiterte Auflage

Onlineversion
Nomos eLibrary

Die Deutsche Nationalbibliothek verzeichnet diese Publikation in der Deutschen Nationalbibliografie; detaillierte bibliografische Daten sind im Internet über http://dnb.d-nb.de abrufbar.

ISBN 978-3-8487-7259-9 (Print)
ISBN 978-3-7489-1269-9 (ePDF)

Inhalt

Inhalt

Einleitung zur 2. Auflage

Die Soziale Arbeit ist stetigen Veränderungen unterworfen, die sich von Jahrzehnt zu Jahrzehnt beschleunigen. Ursprünglich aus dem Geist der Aufklärung entstanden und eng mit der Pädagogik verbunden, will sie immer weitere Personengruppen erziehen und bilden. Ihre zweite Wurzel ist eng mit der Sozialpolitik verwoben. In diesem Zweig ging es vor allem darum, menschenwürdige materielle Lebensgrundlagen für die Armen zu erkämpfen. So hat sie sich seit ihren Anfängen weiterentwickelt und in der Folge immer neue Personengruppen als unterstützungsbedürftig wahrgenommen und als ihr Klientel deklariert. In Ihren Anfängen waren es insbesondere Jugendliche aus den unteren Bevölkerungsschichten, auf die es pädagogisch einzuwirken galt (das Feld der Pädagogik) und benachteiligte Bevölkerungsgruppen wie Gefangene, Arbeitslose oder Obdachlose, die sozialpolitisch zu unterstützen waren (das Feld der Sozialen Arbeit). Heutzutage sind viele weitere Personengruppen als anspruchsbedürftig erkannt und anerkannt.

Nicht zuletzt aus diesem Grunde wurde bereits vom 20. Jahrhundert als dem sozialpädagogischen Jahrhundert gesprochen. „Sozialpädagogik hat in unserem Jahrhundert und vor allem in der zweiten Hälfte unseres Jahrhunderts eine tragfähige und differenzierte Struktur gefunden; sie ist selbstverständlicher und akzeptierter Bestandteil in der Infrastruktur sozialer und pädagogischer Dienstleistungen geworden." (Thiersch 1992, S. 10) Sozialpädagog*innen sind mittlerweile Risikoexpert*innen in allen Lebensphasen. Die Sozialen Dienste und die öffentliche Erziehung ist die Gewinner-Branche der Risikogesellschaft; sie ist zu einer allgemein akzeptierten Sicherungsinstanz für belastete Lebenslagen aufgestiegen. Wir sprechen daher von der Sozialen Arbeit als sekundäre Institution. Sie inszeniert Solidarität in geplanten, beruflichen und bezahlten Zusammenhängen zunehmend marktförmig.

Eine Gesellschaft ohne Soziale Arbeit scheint uns heute nicht mehr denkbar. Das hat insbesondere für jene Menschen Vorteile, die einer Stimme und der Unterstützung bedürfen. So jedenfalls sieht es das Personal in der Sozialen Arbeit, das für viele gesellschaftliche Gruppen in Anspruch nehmen kann, ihnen eben diese Unterstützung und Stimme geben zu können.

Diese Entwicklung entsteht nicht im Nebenher, sondern ist Ausdruck gesellschaftlicher Entwicklungen. Daher können einzelne Menschen oder Personengruppen nicht beliebig ihre Ansprüche reklamieren und schließlich durchsetzen. Kaum jemand hat sich etwa in den siebziger Jahren für die Lebensprobleme italienischer Arbeitsmigrant*innen interessiert, die in der Autostadt Wolfsburg in Sammelunterkünften ein ausgesprochen einfaches Leben zu führen hatten. Die Lebenssituation für Arbeitsmigrant*innen mag heute nicht besser sein, aber ihre Probleme und Schwierigkeiten erhalten immerhin öffentliche Aufmerksamkeit, nicht zuletzt auch durch die Anstrengungen der Fachkräfte in der Sozialen Arbeit.

Wie wir bereits einleitend zu unserer ersten Auflage festgestellt haben, hat sich die öffentliche Aufmerksamkeit zunächst nicht auf die gesamte Gruppe jener Menschen gerichtet, die in ihrer Kindheit, ihrer Jugend oder auch aktuell sexueller Gewalt ausgesetzt waren oder sind. Diese Aufmerksamkeit war zunächst auf Mädchen und Frauen beschränkt. Dies hängt wesentlich mit der erstarkten sogenannten „Zweiten Frauenbewegung" seit Beginn der siebziger Jahre zusammen. Die Energie und Kraft dieser Bewegung hat dann allerdings für eine weitere Gruppe den Weg geebnet und den Fokus in den neunziger Jahren des vergangenen Jahrhunderts langsam, aber stetig erweitert. Mittlerweile gehört es zum Common Sense, dass auch Jungen sexualisierter Gewalt ausgesetzt waren, sind und werden. Für die Betroffenen, das wissen wir aus vielen Literaturquellen und vor allem Gesprächen aus unserer Arbeit, bestehen allerdings nach wie vor starke und sehr häufig unüberwindliche Tabus. Sie trauen sich nicht, erlittene sexualisierte Gewalt zum Thema zu machen und in der Familie, unter Freund*innen oder gar in der Öffentlichkeit Gespräche darüber zuzulassen. Darum ist es sehr vonnöten, und hier liegt ein Schwerpunkt des aufklärerischen Auftrags der Fachkräfte in der Sozialen Arbeit, die Enttabuisierung dieser erlittenen gravierenden Schädigungen voranzutreiben. Damit dienen sie nicht nur dem Wohl der davon Betroffenen, sondern auch dem Interesse einer Verbesserung des gesellschaftlichen Klimas weg von latenter oder manifester Gewalt in Familien oder im öffentlichen Raum hin zu einer Verständigungsorientierung in allen gesellschaftlichen Lebensbereichen. Gerade diese Verständigungsorientierung ist eine der vornehmsten Aufgaben Sozialer Arbeit. Sie ermöglicht eine Abwendung von einer professionellen Diagnostik und eine Hinwendung zu einer professionellen Verständigung. Dieser Verständigung liegt eine doppelte Anstrengung zugrunde: erstens ein berufliches Selbstverständnis, das dem Gegenüber Raum geben will, um dann zweitens seine Sinndeutungen im Dialog zu verstehen. Diese Verständigungsorientierung bietet Schutz vor hegemonialen Deutungen und kolonialisierenden Handlungen. Verständigungsorientierung ist im Kern antitherapeutisch und verzichtet auf jegliches diagnostisches Instrumentarium.

Es ist das Anliegen unseres Buches, die Fachkräfte in der Sozialen Arbeit dabei zu unterstützen, sowohl den Betroffenen hilfreich die Hand zu geben als auch mit ihrer Arbeit auf eine Änderung des gesellschaftlichen Klimas einzuwirken. Ausdrücklich stellen wir fest, dass wir aus der Perspektive der Sozialen Arbeit für die Soziale Arbeit geschrieben haben. Diese Feststellung erscheint uns vor allen Dingen deshalb erforderlich, weil wir einen sozialpädagogischen und keinen therapeutischen Anspruch verfolgen. Der Unterschied liegt für uns darin, dass Beratung und gesellschaftliche Aufklärung als Kernaufgaben der Sozialen Arbeit im Vordergrund stehen. Als Sozialpädagogen können wir ohnehin psychologisch orientierte traumatherapeutische oder andere Therapiezugänge, die ebenfalls unbedingt vonnöten sind, nicht vertiefen. Allerdings kann auch nicht bestritten werden, dass die Grenzen ausgesprochen fließend geworden sind. Ein traumasensibles Zusammenspiel von Therapie und Pädagogik in der Arbeit mit traumatisierten Menschen ist sicherlich unabdingbar. Doch gilt vor dem Hintergrund einer zunehmenden Ausdifferenzierung aller Lebensbereiche, die vor der Sozialen Arbeit nicht Halt macht, auch hier das Prinzip der Arbeitsteilung. Einig sind wir uns mit allen Vertreter*innen psychologisch-therapeutischer Ansätze, dass das Wohl der betroffenen Nutzer*innen und die Heilung ihrer erlittenen Schädigungen der Dreh- und Angelpunkt, der Ausgangspunkt jeglicher Arbeit mit den Opfern sexualisierter

Gewalt sein muss. Stets steht die Person im Vordergrund. Erst von den Menschen her erschließen sich gesellschaftliche Zusammenhänge. Sozialarbeiter*innen sprechen mit wirklichen Menschen, die wirkliches Leid erlitten haben, und verstehen zugleich, dass dieses persönlich erlittene Leid stets auch in Ursachen fußt, die außerhalb ihrer eigenen Lebenswelt liegen. In unseren Augen ist es das große Verdienst der Fachkräfte der Sozialen Arbeit, diesem Zusammenhang zwischen persönlichen Erfahrungen und gesellschaftlichen Gegebenheiten stets zu erfassen und als methodische und fachliche Grundlage jeglicher Intervention in den Mittelpunkt ihrer Anstrengungen zu stellen.

Es handelt sich bei der nun vorliegenden zweiten Fassung um eine erweiterte Auflage, die die bisherige Gliederung der ersten Auflage beibehält, jedoch die ebenfalls sehr dynamischen rechtlichen Entwicklungen aufnimmt und einordnet. Darüber hinaus ist diese zweite Auflage um Einleitungen und Literaturhinweise zu jedem Kapitel ergänzt, um den Charakter eines Arbeitsbuches für die Fachkräfte noch deutlicher hervorzuheben.

1 Warum wir dieses Buch geschrieben haben: Sexuelle Handlungen an Kindern sind Gewalt

> „Soziale Arbeit hat (ähnlich wie Justiz, Bildungswesen, Sozialpolitik etc.) die Funktion, gesellschaftliche Ordnung zu gewährleisten. Die Form dieser Regulierungen besteht in der Sozialen Arbeit – kurz gesagt – darin, soziale Problemlagen als ‚psychosoziale Probleme‘ individueller Akteure zu bearbeiten." (Bitzan 2011, S. 506)

Das vorliegende Buch richtet sich in erster Linie an Fachleute, die in ihren Berufen mit sexualisierter Gewalt gegen Jungen befasst sind. Allerdings handelt es sich dabei um ein zunehmend öffentliches Thema, wie ein Blick in die Medien deutlich macht, und parallel um ein anwachsendes Fachthema in der Sozialen Arbeit, wie die einschlägige Fachliteratur zeigt. Hier hat sich einiges geändert. In den zurückliegenden Jahrzehnten war die Debatte über sexualisierte Gewalt vorrangig auf Mädchen und Frauen bezogen. Das Thema der sexualisierten Gewalt gegen Jungen wurde dagegen erst in den 90er-Jahren aufgegriffen, in der Sozialen Arbeit jedoch eher am Rande und im kleinen Kreis diskutiert. Mit den Auseinandersetzungen über die öffentliche Heimerziehung, insbesondere in kirchlichen Zusammenhängen, aber vor allem durch die dadurch in einen kritischen Blickwinkel geratenen Geschehnisse in der Odenwald-Schule und dem Canisius-Kolleg in Berlin, um nur zwei prominente Beispiele zu geben, gerieten auch Jungen als Opfer sexualisierter Gewalt in das Blickfeld der Sozialen Arbeit. Aber nicht nur in der Heimerziehung wurden sie zuvor nicht gesehen. Auch in Familien schien es stets so, als seien die Jungen, im Gegensatz zu den Mädchen, von sexualisierter Gewalt nicht oder nur ganz gelegentlich betroffen. Heute dagegen hat sich die Erkenntnis über einen bisher sehr kleinen Fachkreis hinaus als allgemeines Wissen durchgesetzt: Ja, auch Jungen können sexualisierte Gewalt erlebt haben.

Allerdings: Soweit es die Heimerziehung betrifft, vor allem ihre kirchliche Ausprägung, aber nicht nur, (Keupp 2017a; 2017b; Unabhängige Kommission zur Aufarbeitung sexuellen Kindesmissbrauchs 2020; Caspari 2021) debattieren wir lange zurückliegende Vorgänge der 50er- und 60er-Jahre. (Lindenberg/Lutz 2010; Caspari et al. 2021) Durch diese Historisierung sexualisierter Gewalt in öffentlicher Erziehung scheint das Thema an ein Gestern gebunden, das heute so nicht mehr möglich ist. Doch ist gerade dies ein Spezifikum der sexualisierten Gewalt gegen Jungen: Es dauert Jahre, wenn nicht Jahrzehnte, wenn überhaupt, dass Jungen und Männer von diesen Erfahrungen überhaupt sprechen können. Ein großer Teil der jetzigen Fachaufgabe läuft daher darauf hinaus, ihnen erst einmal die Gelegenheit zu geben, ihre Erfahrungen zu äußern.

Vor diesem zeitlichen Hintergrund kann es daher nicht verwundern, dass eine spezialisierte Beratung für von sexualisierter Gewalt betroffenen Jungen und Männer noch am Anfang steht. In dieser Beratung kümmern sich Fachleute um aktuelle sexuelle Gewaltunterwerfung, aber genauso häufig sind sie mit der Unterstützung bei der Verarbeitung eines weit zurückliegenden Geschehens befasst. Beides ist nicht voneinander zu trennen, es würde keinen Sinn machen und lebensfremd sein, diese Beratungsarbeit nach Alter oder konkretem Erfahrungszeitpunkt aufzugliedern. Die Erfahrung der sexualisierten Gewalt verblasst nicht, sie prägt das Leben, und in einem uns unbekannten Ausmaß wird sie schweigend hingenommen. Warum dann spezialisierte Beratungen für Jungen und Männer? Weil diese Erfahrung Männer und Frauen unterschiedlich prägt und sie jeweils besonders damit umgehen. Sexualisierte Gewalt an Jungen und an Mädchen ist sexualisierte Gewalt, aber sie ist nicht dasselbe. Damit soll von uns kein Geschlechtsunterschied naturalisiert werden. Wir nehmen lediglich zur Kenntnis, dass Jungen und Mädchen sexualisierte Gewalt aufgrund ihrer gesellschaftlichen Stellung jeweils anders verarbeiten, weil gerade hier die dominierenden geschlechtsspezifischen Rollenbilder schmerzhaft in ihre Lebenswirklichkeit eintreten. Berater*innen wissen und erleben dies immer wieder in ihrem Berufsalltag. An diesen fachlichen Stand schließen wir an.

Doch ist die „Naturalisierungsfalle" immer gegenwärtig, also jene Sicht auf sexualisierte Gewalt gegen Jungen, wonach es Eigentümlichkeiten in der Person selbst sind, die zu den besonderen Gewalterfahrungen von Jungen und Männern führen. Ein Problem zu naturalisieren heißt, eine aus der Natur entsprungene Eigenschaft als ursächlich für ein Verhalten anzunehmen und den Sachverhalt auszublenden, dass stets ein Wechselverhältnis zwischen Gegebenem und gesellschaftlichem Umgang mit dem Gegebenen vorliegt. Um dieser Naturalisierungsfalle zu entgehen, müssen Fachkräfte und sollten jene, die über Jungen als Opfer sexualisierter Gewalt nachdenken und mit ihnen beruflich oder privat zu tun haben, stets das gesellschaftlich erzeugte Verhältnis von Autonomie und Zwang bzw. Gewalt erfassen und in ihre Deutung der Gewalterfahrung einbeziehen. Erst dann kann verstanden werden, warum die Verarbeitungswege so unterschiedlich ausfallen und dabei unter anderem auch an das Geschlechterverhältnis gebunden sind, denn dieses drückt besonders deutlich ein gesellschaftliches Zwangsverhältnis aus.

Freilich kann es nicht ausreichend sein, diesen Zwang als absolut und unüberwindbar zu fassen. Zwang und schließlich auch Gewalt können nur verstanden und definiert werden, wenn wir sie in ein Verhältnis zu unseren menschlichen Autonomiebestrebungen setzen. Die Begriffe Zwang und Gewalt markieren stets das Verhältnis von selbstbestimmtem und fremdbestimmtem Verhalten. In dieser Spannung befinden wir uns alle. Wir lassen uns auf etwas ein, unterwerfen uns, weil wir davon einen Gewinn haben, der sich in einem Autonomievorteil ausdrückt. Wir wirken mit unserem Verhalten auf die Verhältnisse ein, so wie dies auch umgekehrt geschieht.

Der Soziologe Giddens (1984, S. 24) spricht in diesem Zusammenhang von „Verhalten" und „Verhältnissen". Damit meint er, dass unser Verhalten doppelt strukturiert ist, nämlich strukturierend und strukturiert zugleich. Der Soziologe Elias benutzt dafür den Begriff „Interdependenzen" und spricht damit an, dass wir in ein Geflecht der Angewiesenheit aufeinander eingewoben sind. Und diesem Angewiesensein aufeinander können wir nur entsprechen, wenn wir in dem komplizierten Gewebe der menschlichen Aktionen uns dauerhaft unter großer innerer Anspannung „richtig" verhalten, beständig unsere Triebe und unsere Affekte kontrollieren, denn „das Verhalten von immer mehr Menschen muss aufeinander abgestimmt, das Gewebe der Aktionen immer genauer und straffer durchorganisiert sein." (1991 Bd. 2, S. 317)

Daher wird mit Zwang einerseits, wenn wir Giddens und Elias folgen, ein wechselseitig aufeinander angewiesenes Handeln beschrieben; hier handelt es sich um einen weiten Zwangsbegriff. Auf der anderen Seite beschreibt Zwang, dass Menschen direktiv gegen oder über andere Menschen entscheiden; hier handelt es sich um einen engen, auf die jeweilige Situation bezogenen Zwangsbegriff. (Lindenberg/Lutz 2014) Von diesen beiden Fassungen des Zwangs ist dann Gewalt zu unterscheiden. Gewalt meint das unbedingte, voraussetzungslose und damit notwendig despotische Handeln, das den Gewaltunterworfenen grundsätzlich jede Autonomie abspricht. Gewalt ist willensbrechend (vis absoluta), d.h. dem Opfer wird die freie Willensbetätigung unmöglich gemacht, oder willensbeugend (vis compulsiva) d.h. dem Opfer wird noch die vermeintliche Wahl gelassen, ob es der Gewalt nachgibt oder nicht. Zwang dagegen schränkt die Autonomie weniger oder eben mehr ein und grenzt, je stärker diese Einschränkung ausfällt, an Gewalt – allerdings mit dem Unterschied, dass die dem Zwang Unterworfenen noch als Handelnde gesehen werden, die der Gewalt ausgesetzten Menschen dagegen als bloße Opfer. Gewalt ist dann eine einmalige oder dauerhaft anhaltende Handlung, die einem anderen Menschen mittels überlegener Stärke einen Schaden zufügt. Sie kann jedoch auch als indirekte Gewalt nicht von einer einzelnen Person ausgehen, sondern im gesellschaftlichen System durch ungleiche Macht- und Lebensverhältnisse eingebaut sein bzw. als strukturelle Gewalt auftreten, die dann vorliegt, „wenn Menschen so beeinflusst werden, dass ihre aktuelle somatische und geistige Verwirklichung geringer ist als ihre potentielle Verwirklichung." (Galtung 1975, S. 52) Gewalt ist in allen Fällen ein unbedingtes, voraussetzungsloses und damit notwendig despotisches Handeln. (Arendt 1970/1989)

Von dieser Gewalt sprechen wir, wenn wir den Begriff der sexualisierten Gewalt gebrauchen. Sexualisierte Gewalt behindert Menschen in ihrer geistigen Entwicklung, schädigt den Körper, beschränkt alle Handlungsmöglichkeiten. Sie macht die Menschen zu Opfern, und das oft mit Auswirkungen für das weitere Leben.

Astrid Lindgren schreibt über Gewalt an einem Kind: „Jenen aber, die jetzt vernehmlich nach härterer Zuflucht und strafferen Zügeln rufen, möchte ich das erzählen, was mir einmal eine alte Dame berichtet hat. Sie war eine junge Mutter zu der Zeit, als man noch an den Bibelspruch glaubte, dieses ‚wer die Rute schont, verdirbt den Knaben'. Im Grunde ihres Herzens glaubte sie wohl gar nicht daran, aber eines Tages hatte ihr kleiner Sohn etwas getan, wofür er ihrer Meinung nach eine Tracht Prügel verdient hatte, die erste in seinem Leben. Sie trug ihm auf, in den Garten zu gehen und selber einen Stock zu suchen, den er ihr bringen sollte. Der kleine Junge ging und blieb lange fort. Schließlich kam er weinend zurück und sagte: ‚Ich habe keinen Stock finden können, aber hier hast Du einen Stein, den kannst Du ja nach mir werfen.' Da fing auch die Mutter an zu weinen, denn plötzlich sah sie alles mit den Augen des Kindes." (Andere Zeiten 2010, S. 14)

In der Geschichte von Astrid Lindgren hat die Mutter begriffen, dass sie – unbedacht – Gewalt über ihr Kind ausgeübt hat. Sie hat es begriffen, weil sich das

Kind ihr gegenüber als hilflos gewaltunterworfen gezeigt hat, mit gebrochenem Willen ohne freie Willensbetätigung, dass es die Gewalt annimmt und sie so transformiert, dass ihre Mutter sie unter allen Umständen ausüben kann. Das hat die Mutter verstanden, aber nur, weil sie ihr Kind liebt. Denn wo Gewalt ist, kann keine Liebe sein.

Auch wir gehen davon aus, dass dies im Blick auf den sexuellen Umgang von Erwachsenen mit Kindern so gesehen werden muss. In unserem Verständnis handelt es sich dabei in erster Linie um gewalttätiges Verhalten ohne Liebe – und aus diesem Grund verzichten wir auf den Begriff der Pädophilie, also die Liebe zu Kindern, und völlig zu Recht wird von pädosexueller oder sexueller Gewalt gesprochen. Es handelt sich um gewalttätiges Verhalten, sonst gäbe es weder dieses noch andere Bücher zum Thema, noch einschlägige Beratungsstellen, noch therapeutische Spezialzugänge. Und auf diesem Weg ist das Thema unter der Überschrift der Gewalt in der Sozialen Arbeit angekommen. Damit ist es in jenem Funktionssystem angelangt, das beauftragt ist, sich mit Abweichungen und ungelösten und zum Teil auch unlösbaren offenen Fragen zu beschäftigen, von denen aber angenommen wird, dass sie unabdingbar bearbeitet werden müssen, um den gesellschaftlichen Zusammenhang zu erhalten. Das ist das Aufgabengebiet der Sozialen Arbeit. Sie behandelt dieses Thema daher ganz und gar in seiner spezifischen Gewaltausprägung. In diesem Buch folgen wir dieser Sicht. Wir verwenden daher ebenfalls den Begriff der Gewalt für den sexuellen Missbrauch und sprechen konsequent von sexualisierter Gewalt.

Zum Aufbau dieses Buches

Auf dieser Grundlage erwartet die Leser und Leserinnen folgender Ablauf: Zunächst befassen wir uns mit der Frage, wie in unserer Gesellschaft mit dem Phänomen der sexualisierten Gewalt gegen Jungen umgegangen wird. Dabei handelt es sich um eine Erscheinung, deren Ausmaß zwar in Umrissen bekannt, deren Offenbarung für die Jungen und später Männer jedoch besonders schmerzlich ist und daher von ihnen in der Regel als ihr Geheimnis gehütet werden muss. Denn wenn wir auch zunehmend bereit sind, ihnen zuzuhören, so sind sie selbst noch lange nicht in der Lage, darüber zu sprechen. Wie wir als Gesellschaft und als Einzelne mit diesem Geheimnis umgehen, ist Gegenstand des ersten Kapitels. In einem zweiten Schritt schildern wir das uns bekannte und nachgewiesene Ausmaß und die Erscheinungsformen sexualisierter Gewalt gegen Jungen. In diesem Teil befassen wir uns mit beiden Seiten, sowohl mit den Opfern als auch mit den Täter*innen. Im Anschluss daran stellen wir bekannte Erklärungsmodelle für die Entstehung von sexualisierter Gewalt gegen Jungen vor, um sodann jenen Prozess darzulegen, der Männer wie Frauen zu Täter*innen gegenüber Jungen werden lässt. Hier werden wir auch über die besonderen Probleme sprechen, denen Jungen ausgeliefert sind, die sexualisierte Gewalt zu erdulden hatten oder noch erdulden müssen. Neben der Schilderung der Täterstrategien wird dabei der umstrittene, weil immer auch stigmatisierende Begriff des Opfers thematisiert. Wir vertiefen sodann unseren bereits oben dargestellten theoretischen Zugang und befassen uns mit der zentralen Frage der Gewalt, um den sexuellen Missbrauch begrifflich an Macht-, Gewalt- und Zwangsausübung anzubinden. Dabei werden Hannah Arendts Überlegungen zum Macht- und Gewaltbegriff unsere Ausführungen leiten. Wir wollen zeigen, dass die Einordnung von sexuellem Missbrauch als Gewalt ein angemessener Weg ist, um die hinter diesem Missbrauch liegenden gesellschaftlichen Strukturen zu deuten. Für eine professionell handelnde Soziale Arbeit halten wir das für eine absolute Voraussetzung, um nicht in sinnlose Opfer-Täter-Dichotomien verstrickt zu werden. Im nächsten Schritt beschreiben wir verschiedene Diskursebenen in der Öffentlichkeit, etwa am Beispiel neonazistischer Kampagnen und der von staatlicher Seite damit befassten Instanzen, namentlich die Justiz.

Schließlich gelangen wir zum Feld der Sozialen Arbeit selbst, indem wir zunächst ihre professionelle Einstellung und sodann ihre Praxis im Umgang mit sexualisierter Gewalt gegen Jungen darstellen. Wir schließen unsere Überlegungen mit einer methodisch-praktischen Handreichung aus der Praxis für die Praxis ab. In dieser Handreichung geben wir auf der Grundlage unserer über mehrere Jahre gewachsenen Erfahrungen Anregungen, wie mit dem Thema umgegangen werden kann. Dabei beschränken wir uns nicht auf reine Hinweise zur Fallarbeit, sondern zeigen zudem, wie dieses Thema in den Organisationen der Sozialen Arbeit, namentlich der Jugendhilfe, aber darüber hinaus auch in der Schule, vermittelt werden kann. Wir legen eine Reihe von Arbeitshilfen für die praktische Arbeit insbesondere mit Gruppen vor, die sich in unserem Beratungsalltag bewährt haben. Wir schließen ab mit jenen Fragen, die uns in der Beratungspraxis immer wieder gestellt worden sind. Diese Fragen verdeutlichen, worauf es den Betroffenen von sexualisierter Gewalt und den Fachleuten immer wieder ankommt.

Somit will dieses Buch drei Ziele erreichen: Es will erstens den gesellschaftlichen Horizont des Themas beleuchten; es will zweitens die Soziale Arbeit für dieses Thema weiter sensibilisieren, und es will drittens eine praktische Orientierung im Alltag der sozialpädagogischen Beratungswirklichkeit vermitteln. Es ist durchgehend aus Sicht der Sozialen Arbeit geschrieben, und als Sozialarbeiter gehen wir von einer strikt parteilichen Haltung für die Betroffenen von sexualisierter Gewalt aus.

In den vorliegenden Text fließen unter anderem mehr als 10 Jahre praktische Erfahrungen in einem einschlägigen Modellprojekt in Hamburg ein. Im Jahr 2010 gestartet, standen hier Jungen und Männer als Betroffene sexualisierter Gewalt sowie deren Angehörige, Freunde und im Weiteren das berufliche Umfeld vor allem in Schule und Jugendhilfe im Mittelpunkt. So spiegelt dieses Buch Diskussionsprozesse und Fragen, die uns bei unserer Arbeit begleitet haben. Gleichzeitig versuchen wir einen Ausblick auf vor uns liegende offene Themenfelder.

Wir widmen den Text all jenen, die uns auf unserem Weg begleitet haben. Insbesondere möchten wir uns bei denen bedanken, die das Vertrauen aufgebracht haben, uns ihr Geheimnis zu offenbaren und uns zu bitten, sie in schwierigen Lebenssituationen zu begleiten.

2 Sexualisierte Gewalt gegen Jungen – ein Thema zwischen moralischer Aufladung und Tabuisierung in Gesellschaft und Sozialer Arbeit. Eine Einführung

Was Sie in diesem Kapitel erwarten können:

Im folgenden Kapitel wollen wir zeigen, warum Jungen in besonderer Weise vor einer doppelten Mauer des Schweigens stehen. Hinter diesem Schweigen liegt nicht nur ihr Geheimnis, sondern ein gesellschaftliches Geheimnis, das diese Mauer doppelt so breit macht. Jungen als Opfer von sexualisierter Gewalt wollen selbst nicht darüber sprechen, aber auch ihr soziales Umfeld möchte es gerne verdecken oder vergessen machen. Die Jungen zeigen daher wegen dieses doppelten Drucks wenig Neigung, ihr Geheimnis aufzudecken. In der Regel suchen und finden sie – und wie gleich deutlich werden wird, aus gutem Grund und nachvollziehbar – Mittel und Wege, ihre sexuellen Gewalterfahrungen als Geheimnis dauerhaft in sich zu bergen und zu verstecken, weil auch ihre Umgebung wenig geneigt ist, ihre verdeckten und vorsichtigen, tastenden Hinweise aufzugreifen. So verstärken sich diese zwei Prozesse gegenseitig und verdichten sich zum Geheimnis: Die Jungen wollen nicht sprechen, und die Erwachsenen wollen nicht hören. Den Selbstzwang zum Schweigen müssen sie sich daher selbst auferlegen; darüber zu reden kommt einem schier unüberwindlichen Tabubruch nahe.

2.1 Jungen als Opfer[1] von sexualisierter Gewalt und ihr Geheimnis

Aus einer psychologischen Sicht mögen Jungen als Opfer sexualisierter Gewalt nur als Opfer erscheinen. Doch sie sind wegen des Wechselspiels aus innerem Geheimniszwang und äußerem Verheimlichungsdruck aus einer übergeordneten soziologischen Sicht nicht nur Personen, denen die Kraft fehlt, über ihre Erfahrungen zu sprechen, sondern es sind die der Gesellschaft innewohnenden Mechanismen des Selbstzwanges, die den Opfern systematisch die Kraft nehmen, ihr Erlittenes zu offenbaren. Dieser Selbstzwang wird erzeugt durch das Wechselspiel aus persönlicher Scham und gesellschaftlicher Ignoranz, also einem gegenseitigen Verstärkungsprozess. Mit dem eben gebrauchten Begriff des Selbstzwanges meint der Soziologe Elias einen der zivilisierten Welt innewohnenden grundlegenden Mechanismus, der alle Mitglieder der Gesellschaft gleichermaßen trifft, und dem sich niemand entziehen kann. Dieser im Zivilisationsprozess zunehmende Selbstzwang ersetzt schrittweise den bisherigen Fremdzwang. Unter seinem Regime ist nicht mehr erforderlich, dass Dritte entscheiden, was ich als Einzelner zu tun

---

1 Auch wir benutzen den Opferbegriff, wie die meisten Autor*innen, mit einem gewissen Missbehagen, denn „durch eine ausdrückliche Opferzentriertheit, durch die Betonung der katastrophalen Auswirkungen und Folgen des Missbrauchsgeschehens übersehen viele Autor*innen die Tatsache, dass traumatisierte Frauen und Männer mit ihrem Leben auch weiterhin zurechtkommen müssen und dass das einigen offenbar, meist mit großen Anstrengungen, auch gelingt. Diese Sichtweise anerkennt die Dramatik der Schäden, reduziert die Betroffenen aber dennoch nicht auf ihren Opferstatus, sondern berücksichtigt ihre Stärken und macht ihnen Mut. Folgen der sexualisierten Gewalt werden als die Kehrseite jener Mechanismen verstanden, die den Betroffenen das Überleben der sexuellen Angriffe ermöglicht haben, deshalb machen gerade auch die Folgen als Zeichen des Widerstandes die zugrundeliegende Kraft und Stärke der Betroffenen und ihr Genesungspotential deutlich." (Birck 2001, S. 13)

habe, sondern ich selbst bin es, der um die auf mir ruhenden und lastenden Erwartungen weiß und entsprechend handelt. Dieser Selbstzwang funktioniert wie ein reibungsloser Mechanismus, der sich in Jahrhunderten herausgebildet und Scham- und Peinlichkeitsgefühle hervorgebracht hat, denen sich jeder einzelne Mensch immer erneut stellen muss.

Sexualisierte Gewalt an Kindern ist in der Gesellschaft als Ganzes mit besonderen Scham- und Peinlichkeitsgefühlen belegt. Diese Gefühle finden in den Menschen, die damit Erfahrungen gemacht haben, ihren jeweils eigentümlichen Niederschlag und nehmen dort ihre besonderen Formen persönlichen Erlebens an, welche als schamvoll und peinlich erlebt werden und dabei stets von einer deutlichen Tendenz zur Verdeckung beherrscht sind. Diese legt sich den Jungen als Selbstzwang des Schweigens auf, welcher wie ein unsichtbarer, aber fest gefügter Schleier über ihrer Erfahrung des sexuellen Missbrauchs liegt.

Vor diesen besonderen Problemen stehen die Fachleute der Sozialen Arbeit, wenn sie mit Jungen umgehen, die Opfer sexualisierter Gewalt geworden sind. Sie treffen dabei keineswegs auf triviale Probleme, wie etwa jenes, dass unser Auto an einem Wintermorgen nicht anspringt. In diesem Fall stehen wir zweifellos vor der Frage, wie wir zur Arbeit kommen können. Wir werden uns daher unverzüglich um eine Lösung kümmern, etwa den Batteriestand prüfen und unsere Verabredung absagen. Ähnlich praktisch werden wir vorgehen, wenn der Küchenabfluss verstopft ist und ihn bei nächster Gelegenheit säubern. Beide Probleme zeichnen sich durch ihre Berechenbarkeit und Trivialität aus. Wir wissen, was zu tun ist, und das Ziel ist klar. Es geht um die Herstellung des ursprünglichen trivialen Zustands, also die Fahrbereitschaft des Autos und einen funktionierenden Küchenabfluss. Hier stehen wir vor der einfachsten Kategorie von Problemen: triviale Probleme. Trivialität ist Verlässlichkeit und Determination. Eine bestimmte Handlung ruft eine bestimmte Reaktion erwartbar hervor.

Anders die zweite Sorte von Problemen. Mit ihnen haben wir es in der Sozialen Arbeit zu tun, denn in der Sozialen Arbeit geht es nicht um die Beseitigung eines trivialen Problems, also die Herstellung des ursprünglichen, zu erwartenden und beabsichtigten Zustands im Rahmen einer Mittel-Zweck-Relation. Das wird schon daran deutlich, dass wir einen Sachverhalt zunächst als ein Problem deuten müssen. Was bei einem defekten Auto oder einem verstopften Küchenabfluss auf der Hand liegt, muss in der Sozialen Arbeit als ein zu bearbeitendes Thema definiert werden. Stets wird daher in einem ersten Schritt gefragt, was überhaupt der Fall ist, denn wir müssen herausbekommen, worum es eigentlich geht. Das ist bei einem defekten Auto nicht erforderlich; wir merken ja, dass es seinen Zweck nicht erfüllt, und müssen daher nur noch auf die Mittel sinnen, mit denen dieser Zweck wieder hergestellt werden kann. Das Problem spricht für sich, denn die Zweck-Mittel-Relation ist eindeutig unterbrochen.

In der Sozialen Arbeit dagegen können wir nicht beginnen, bevor wir das Problem erkannt *und* definiert haben. Erkennen und Definieren hängen zusammen und sind aufeinander bezogen. Um es an einem Beispiel zu verdeutlichen: Wenn etwa bei einem Klienten das Geld für die Miete nicht reicht – eine relativ eindeutige

Problemstellung – müssen wir entscheiden, was dafür die Ursache sein kann. Wir müssen uns zunächst darüber klar werden, was wir als ursächlich annehmen wollen: Handelt es sich um eine durch einen plötzlichen Arbeitsplatzverlust verursachte materielle Not, oder vertrinkt der Familienvater dauerhaft das Geld, oder kann die Familie nicht wirtschaften und hat sich über Jahre überschuldet, oder erpresst der älteste Sohn seine Eltern und nimmt ihnen das Geld weg? Und dann muss auch noch geklärt werden, ob möglicherweise eine Mischung aus all diesen Handlungen vorliegt.

Im Fall des defekten Autos gibt es nur *eine* klare und *eine* eindeutig benennbare Ursache. Wir müssen keine Ursache *entscheiden*, sondern die Ursache finden. In der Sozialen Arbeit dagegen erarbeiten wir uns zunächst eine endliche, von uns selbst definierte Anzahl von Problemursachen, die vermutlich auch noch aufeinander bezogen sind und gemeinsam wirken. Der Vater trinkt wegen seiner tiefen Konflikte mit seinem Sohn, und zudem lebt er mit einer Frau zusammen, der es schwerfällt, diese Konflikte auszuhalten. So flüchtet sie sich in Ratenkäufe, was zu Lohnpfändungen und schließlich zum Verlust des Arbeitsplatzes führt. Es können auch ganz andere Gründe vorliegen, und das ist nicht gleichgültig. Doch wichtig in unserem Zusammenhang ist, dass wir eine zumindest denkbare Definition der Ursachen brauchen, die zudem noch von allen Beteiligten anerkannt werden muss, weil sie ihnen plausibel erscheint.

Erst diese durch unsere Akte der Deutung erkannten und in einen Zusammenhang gebrachten Ursachen leiten das Handeln an. Handeln in der Sozialen Arbeit heißt nicht reparieren, also den ursprünglichen trivialen Zustand wieder herzustellen, sondern Eingreifen mit unklarem Ausgang. Ob die Problemlösung gelingt, ist eine ganz andere Frage und in dem hier besprochenen Zusammenhang unerheblich, denn das kann bei dem Auto oder dem Ausguss genauso sein. Der Unterschied liegt nur darin: Wenn wir das Auto nicht reparieren können, haben wir den einen jedenfalls stets vorhandenen ursächlichen Fehler nicht finden können. Bei der Familie mit den Geldproblemen dagegen haben wir das Problem vielleicht falsch gedeutet, oder die Situation hat sich geändert, oder wir treffen mit unserer Deutung auf den Eigensinn der Familie, die das alles ganz anders sieht und daher unseren Vorschlägen nicht zustimmt. Dagegen zeichnet sich ein Auto nicht durch Eigensinn aus. Wenn es wieder repariert ist, fährt es.

So haben wir nun triviale Probleme *(technische Probleme)* von komplexen menschlichen Problemen unterschieden. Triviale Probleme müssen erst herausgefunden und dann beseitigt werden. Komplexe menschliche Probleme müssen nicht herausgefunden, sondern erstens mitgeteilt, zweitens definiert und drittens in Übereinstimmung mit der Problemsicht der Beteiligten gebracht werden. Erst dann kann der Schritt zu ihrer Bearbeitung getan werden. Es handelt sich dann um *offenkundig gewordene, ausgehandelte Probleme.* Das ist schon kompliziert. Doch damit nicht genug, denn wir kommen nun zum dritten Typ von Problemen, die der Gegenstand dieses Buches sind. Die Rede ist von *offenkundig nicht zu benennenden Problemen ohne Aushandlungspotenzial.* Was damit gemeint ist, soll nun erläutert werden. Dazu müssen wir zunächst vom Umgang mit Geheimnissen sprechen, und zwar den Geheimnissen von Handlungen, die in der Vergangenheit unwiderruflich geschehen sind.

Streng genommen sind diese offenkundig nicht zu benennenden Probleme solche, die augenscheinlich überhaupt nicht vorhanden sind, denn jenes, wovon nicht gesprochen werden kann, ist für andere nicht existent, weil es ihnen nur über Sprache zugänglich gemacht werden kann. Aber: Jungen und Männer als Opfer sexualisierter Gewalt, die im Zentrum unserer Überlegungen stehen, schweigen; sie schweigen über ihre sexuellen Missbrauchserlebnisse auch häufiger als Mädchen. So bleibt ihre Erfahrung unbekannt, und wir können sie daher nicht „problematisieren", denn es darf nicht darüber gesprochen werden. Eine Erfahrung zu „problematisieren" heißt nichts anderes, als sie zu benennen und sie einer Deutung zuzuführen. So umhüllt eine Mauer des Schweigens diese Erfahrung, und innerhalb dieser Mauer entsteht ein Nebel des Geheimnisses.

Geheimnisse sind nicht verwerflich, und sie müssen auch nicht schädigen. Im Gegenteil können sie sehr nützliche Wirkungen entfalten und unabdingbar für den Einzelnen und für den gesellschaftlichen Zusammenhalt sein. Wir alle brauchen das Geheimnis, das sich als Schutz über dem Einzelnen ausbreitet, der es hütet und sich damit vor einer Bloßstellung bewahrt, denn die Scham markiert die äußerste Grenze des Selbst. Wer sich schämt, der fürchtet die Schande, also die Offenbarung seiner Scham und die damit einhergehende Umwandlung seiner privat gehüteten Scham in eine allen bekannte Schande. Die Schande ist eine öffentliche Angelegenheit, die den sich Schämenden in den Zustand des Verachtetseins durch die anderen bringt. Scham ist ein ausgesprochen schmerzhaftes Gefühl. Sie entspringt aus dem Bewusstsein, etwas Unrechtes, Unehrenhaftes oder Lächerliches getan zu haben. Obwohl die Scham den anderen nicht bekannt sein muss, ist sie doch ein sozialer Zustand, denn sie erwächst aus dem Wissen, dass die der Scham zugrunde liegende Handlung von den anderen missbilligt würde, wäre sie bekannt und öffentlich. Wo Scham ist, ist auch ein Gefühl von persönlicher Schuld, daher ist die Scham umfassender und geht tiefer als eine vorübergehende Peinlichkeit oder bloße Verlegenheit. Scham ist ein Zustand, in dem ich mich selbst missbillige, und das gerade deshalb, weil ich weiß, dass es auch die anderen täten, wenn sie nur wüssten.[2]

Keine Gesellschaft kann sich beliebig viele soziale Verachtungszustände leisten. Scham und Beschämung müssen ein Sonderfall bleiben. Es muss eine Grenze geben – dieses ist möglich, jenes nicht, dieses missbilligte Verhalten heben wir hervor, jenes nicht. Daher können auch Schweigen, Ignorieren und Übersehen sinnvoll sein, wenn es gilt, die Scham zu bedecken. Zudem vermehren sich ständig unsere Geheimnisse. Sie wachsen mit zunehmender gesellschaftlicher Ausdifferenzierung an. Der Umgang mit ihnen erfordert immer mehr Aufmerksamkeit. „Es ist eine der großen Selbsttäuschungen unserer Gesellschaft, daß sie, auf Information und Aufklärung, auf Kommunikationstechniken und Massenmedien setzend, Geheimnisse aufzulösen glaubt; sie erzeugt Geheimnisse im selben Maße, wie sie diese beseitigt." (Böhme 1997, S. 65)

---

2 Über Scham bei übergriffigen Jugendlichen vgl. Priebe 2018.

Elias (1976, S. 173-174) hat die Zunahme von Scham, die ja ohne Geheimnis gar nicht denkbar wäre – ich schäme mich nur für jenes, was ich eigentlich geheim halten wollte – in dem von ihm untersuchten, sich über mehrere Jahrhunderte hinziehenden Wandel vom Fremdzwang zum Selbstzwang im Prozess der abendländischen Zivilisation beschrieben. Er hat diesen Wandel als eine Entwicklungsnotwendigkeit gedeutet: „Der gesellschaftliche Standard, in den der Einzelne zunächst von außen, durch Fremdzwang, eingepasst worden ist, reproduziert sich schließlich in ihm mehr oder weniger reibungslos durch Selbstzwang, der bis zu einem gewissen Grade arbeitet, auch wenn er es in seinem Bewusstsein nicht wünscht." Dieser Zwang zum Selbstzwang wird auch durch Scham erzwungen; „die Peinlichkeit gegenüber der Übertretung (tritt) oft sehr deutlich als gesellschaftlicher Zwang, als Scham, als Angst vor Menschen in Erscheinung." (ebd., S. 182) So zutreffend es ist, dass wir desto mehr von uns preisgeben könnten, je besser wir uns kennen, so sicher ist es auch, dass wir gewiss niemals alles preiszugeben bereit sein werden. Dies verhindert die Scham. Sie wirkt als ein Regulativ. Mit der Scham werden gesellschaftliche Erfordernisse und individuelle Bedürfnisse aufeinander bezogen. Das Gefühl der Scham lässt uns gleichsam „natürlich" verstehen und beurteilen, worüber wir sprechen dürfen, und wovon wir zu schweigen haben. „Was sich überhaupt sagen lässt, lässt sich klar sagen; und wovon man nicht reden kann, darüber muss man schweigen." (Wittgenstein 1963, Vorwort) Damit ist ausgedrückt, dass jenseits des Sagbaren das Unsagbare liegt, aber die Sprache eine Grenze zieht, die nicht überschritten werden kann. Das Unsagbare ist da, aber es bleibt ungesagt.

So ist es einerseits kompliziert, ein Geheimnis zu bewahren in einer Welt, in der alles der ständigen Gefahr der Aufdeckung unterliegt. „Auf jeden Fall sind fast alle Angelegenheiten, die sehr geheim sind, doch irgendjemandem bekannt und werfen daher einen Schatten." (Goffman 1990, S. 95) Anderseits gilt die Bewahrung von Geheimnissen, darauf hat der Soziologe Simmel schon 1908 aufmerksam gemacht, als eine der größten Errungenschaften der Menschheit, um überhaupt fortfahren zu können. Im Schatten des Geheimnisses nistet die Scham und zwingt „ohne Worte in die gleiche Form und die gleiche Richtung (...). Es wird nun, da sich dem Druck oder Zwang einzelner Erwachsener der Druck und das Beispiel der ganzen umgebenden Welt zugesellt, von den meisten Aufwachsenden relativ frühzeitig vergessen oder verdrängt, dass ihre Scham und Peinlichkeitsgefühle, ihre Lust und Unlustempfindungen durch Druck und Zwang von außen modelliert und auf einen bestimmten Standard gebracht wurden. Alles das erscheint ihnen als ihr Persönlichstes, als etwas ‚Inneres', ihnen gleichsam von Natur auf den Weg Gegebenes." (Elias 1991, S. 173) So wird das Schamgefühl zu einem intimen persönlichen Zustand geformt, ein aus dem eigenen Inneren geborenes Befinden. Es erscheint dann nicht mehr als Teil des Geflechts „der Angewiesenheit von Menschen aufeinander, ihren Interdependenzen." (Elias 1991, S. LXVII) Da also nur ich es bin, den es betrifft und der es selbst hervorgebracht hat, gilt es unbedingt, darüber zu schweigen. Diese Aufgabe habe ich, und dieser Aufgabe habe ich mich ohne Wenn und Aber zu stellen.

Hinzu kommt, dass niemand einem anderen umfassend alles über sich selbst mitteilen kann, denn es ist nicht möglich, dass wir uns gegenseitig unsere immer fortlaufenden Bewusstseinsströme lückenlos aufdecken. Zwar beruhen alle unsere Beziehungen darauf, dass wir etwas von den anderen und von uns selbst wissen, aber eben nur jenes, was wir entschieden haben einander mitzuteilen. Und gewiss ist das immer nur eine Auswahl, über deren Gehalt und Qualität wir uns mal mehr, mal weniger im Klaren sind, dessen Inhalt wir mal mehr, mal weniger beeinflussen wollen. Und „so ist nun alles das, was wir einem Andern mit Worten oder etwa auf sonstige Weise mitteilen, auch das Subjektivste, Impulsivste, Vertrauteste, eine Auswahl aus jenem seelisch-wirklichen Ganzen, dessen nach Inhalt und Reihenfolge absolut genaue Verlautbarung jeden Menschen – wenn ein paradoxer Ausdruck erlaubt ist – ins Irrenhaus bringen würde." (Simmel 1908, S. 259) So können wir nur einen kleinen Teil dessen sagen, was wir erfahren haben, und was wir sein wollen.

Doch nicht nur, dass wir nur einen kleinen Ausschnitt dessen benennen können, was uns gegenwärtig ist. Im Blick auf das Thema der sexualisierten Gewalt gegen Jungen ist das vielleicht nur ein Randproblem. Denn bei diesem Thema haben wir gute Gründe zu schweigen, und zwar nicht nur als Privatperson, sondern genauso als Gesellschaft im Ganzen. Der Wandel des Fremdzwanges zum Selbstzwang befördert dieses Schweigen dadurch, dass wir in den Mittelpunkt unseres Denkens jeden einzelnen Mensch als einen für sich eigenständig stehenden Punkt markiert haben, der sich als ein von anderen Personen unabhängiges Individuum denken muss und sein Schweigen über das Regulativ der Scham selbst zu bewerkstelligen hat.

Nicht nur dieses individuelle, persönlich zu bewältigende Schweigen, sondern auch ein gesellschaftliches Schweigen insgesamt kann ausgesprochen zweckmäßig sein. Der Soziologe Popitz hat in diesem Zusammenhang von der „Präventivwirkung des Nichtwissens" gesprochen und zitiert zur Verdeutlichung den Schriftsteller William Thackeray: „Stellen Sie sich einmal vor, dass jeder, der ein Unrecht begeht, entdeckt und entsprechend bestraft wird. Denken Sie an all die Buben in den Schulen, die verbleut werden müssten, und dann die Lehrer und dann den Rektor (...). Stellen Sie sich den Oberbefehlshaber vor, in Ketten gelegt, nachdem er die Abstrafung der gesamten Armee überwacht hat. Kaum hätte der Geistliche sein ‚pevaccai' gerufen, würden wir den Bischof ergreifen und ihm einige Dutzend verabreichen (...). Nachdem der Bischof dran war, wie wäre es mit dem Würdenträger, der ihn ernannt hat? (...) Die Prügelei ist zu schrecklich. Die Hand erlahmt, entsetzt über die vielen Rohre, die sie schneiden und schwingen muss. Wie froh bin ich, dass wir nicht alle entdeckt werden, ich wiederhole es, – und meine lieben Brüder, ich protestiere dagegen, dass wir bekommen, was wir verdienen." (Popitz 1968, S. 4)

Popitz führt für seine Aussage, dass wir nicht alles wissen sollten, eine Reihe von Gründen an: Erstens argumentiert er, dass kein System sozialer Normen einer perfekten Verhaltenstransparenz ausgesetzt werden könnte, ohne sich zu Tode zu blamieren. Ohnehin ist diese totale Verhaltensinformation nicht durchsetzbar, weil über uns verschiedene und untereinander nicht verbundene Verhaltenskonten in der Familie, im Freundeskreis, in Vereinen und an vielen anderen sozialen Orten geführt werden. Ihre Gesamtheit ist nur uns selbst bekannt, diese Gesamtheit macht unser Leben aus, denn „lebende Wesen, die der Luft ausgesetzt sind, brauchen eine Schutzhaut, und niemand wirft der Haut vor, dass sie nicht das Herz ist." (Santayna 1922, zit. nach Goffman 1983, S. 1) Selbstverständlich bedeutet das nicht, dass der Ausdruck, den sich jemand zu geben beabsichtigt, auch jener ist, den er ausstrahlt, (ebd., S. 8) weil „das eigentliche personale Wer-jemand-jeweilig-ist, unserer Kontrolle darum entzogen (ist), weil es sich unwillkürlich in allem mitoffenbart, was wir sagen oder tun." (Arendt 2008, S. 219)

Zweitens führt Popitz aus, dass eine Gesellschaft, die jede Verhaltensabweichung aufdeckte, zugleich die Geltung ihrer Normen ruinieren würde. Zwar ist die Sanktionsgeltung, also die beständige Drohung mit einer Strafe bei einer aufgedeckten Verhaltensabweichung, eine unerlässliche Geltungskomponente der Norm, aber diese Sanktionsgeltung kann sich nur auf einen sehr kleinen Teil der Verhaltensabweichung erstrecken. Die Sanktionsgeltung erfüllt ihre Schutzfunktion lediglich, wenn sie quantitativ auf einen bestimmten Spielraum beschränkt bleibt. Der Grund dafür liegt auf der Hand: Werden allzu viele an den Pranger gestellt, verliert nicht nur der Pranger seinen Schrecken, sondern auch der Normbruch seinen Ausnahmecharakter. Wenn alle oder sehr viele es tun, verliert die Verhaltensabweichung die Bedeutung einer geächteten Handlung, mit der eine gesellschaftliche Übereinkunft gebrochen wurde.

Aus dieser soziologischen Sicht sind es daher nicht in erster Linie die Opfer, denen die Kraft fehlt, über ihre Erfahrungen zu sprechen, sondern es sind die eben dargestellten, der Gesellschaft innewohnenden Mechanismen des Selbstzwanges, die den Opfern die Kraft nehmen, ihr Erlittenes zu offenbaren. Dieser Selbstzwang funktioniert wie ein reibungsloser Mechanismus, es „vollzieht sich also der geschichtlich gesellschaftliche Prozess von Jahrhunderten, in dessen Verlauf der Standard der Scham- und Peinlichkeitsgefühle langsam vorrückt, in dem einzelnen Menschen in abgekürzter Form von neuem." (Elias 1991, S. 174)

Damit leben die Opfer sexualisierter Gewalt in einem für eine Offenbarung denkbar ungünstigen gesellschaftlichen Klima. Für sie kann es erforderlich werden, nicht zu sprechen und das Schweigen zu bevorzugen. Das Schweigen kann der Notnagel sein, an den sie sich anklammern müssen, um sich selbst vor dem Absturz zu bewahren, denn das Schweigen ist ein notwendiger Teil der gesellschaftlichen Übereinkunft, die einzuhalten ist. So berichtet es ein ehemaliger Schüler der Odenwald-Schule, der über Jahre hinweg in diese Kammer des wohlgemessenen Schweigens eingesperrt war (Röhl 2011):

„Es gibt diese schöne Geschichte von dem Bergsteiger, der an der Felswand abstürzte, unausgesetzt in die Tiefe rauscht, und plötzlich kriegt er ein kleines Bäumchen zu fassen und hält sich an diesem Bäumchen fest, das droht, auszureißen, aber das hält ihn, und jetzt hängt er da. Und er hängt und er hängt, und die Kräfte schwinden ihm, und er sieht in hunderten von Metern da unten das Tal und droht jetzt abzustürzen, einfach weil er sich nicht mehr halten kann, und da fängt er an zu beten und sagt, lieber Gott, bitte bitte rette mich! Und Gott – jetzt passiert ein Wunder – Gott antwortet. Gott sagt: „Du glaubst doch nicht mal an mich!" – „Ja", sagt er, der Bergsteiger, „ich weiß, ich habe mein ganzes Leben nicht an Dich geglaubt, aber jetzt, in dieser Situation, glaube ich an Dich, und ich verspreche Dir, ich werde mein ganzes weiteres Leben, wenn Du es mir noch mal schenken solltest, an Dich glauben!" – „Gut", sagt Gott, „lass los!"

Anderseits: Muss denn über alles gesprochen werden? Kann nicht auch das Schweigen eine persönliche Maßnahme der seelischen Hygiene sein, ein Mechanismus, um mit dem Unsagbaren umzugehen, eine Form bewusst praktizierter Resilienz? Diese Frage kann nicht allgemein entschieden werden, jedoch: In individuellen Fällen mag dies der angemessene, der gesündere Weg sein, der sich dem einzelnen Opfer anbietet oder aufdrängt. Nicht alles muss einer Beratung zugänglich gemacht werden; das Absehen vom Gespräch und der Offenbarung muss nicht notwendig in die Katastrophe führen. Die professionelle Grundhaltung in der Sozialen Arbeit legt dies allerdings nahe. Diese professionelle Grundhaltung kann in etwa so charakterisiert werden: worüber nicht gesprochen wird, das kann nicht bearbeitet werden; und was nicht durch das Gespräch bearbeitet wurde, schädigt auf Dauer.

Jedoch liegt es aus Gründen, die ausdrücklich nicht aus der Seele und der Not jedes einzelnen Jungen abzuleiten sind, also aus seiner inneren Erfahrung sich aufschwingen, sondern von außen als gesellschaftliche Schweigeerwartung in die Jungen hineingepresst wurden, um sie dort in verinnerlichter, personalisierter Form als das individuell zu hütende Geheimnis eines jeden einzelnen Jungen abzulegen, auf der Hand, dass Jungen als Opfer sexualisierter Gewalt immer noch ein sehr gut gehütetes Geheimnis sind. Ja mehr noch, so müssen sie selbst die Hüter ihres eigenen Geheimnisses sein. Diese Wechselwirkung von individuellem Schweigeerfordernis und gesellschaftlicher Schweigeerwartung und der Verinnerlichung dieser Wechselwirkung in der Person als individuell zurechenbare Verantwortung erklärt schlagartig, warum Simmel das Geheimnis als eine der größten Errungenschaften der Menschheit charakterisierte und davon gesprochen hat, dass durch das Geheimnis eine ungeheure Erweiterung des Lebens erreicht werde: „Das Geheimnis bietet sozusagen die Möglichkeit einer zweiten Welt neben der offenbaren, und diese wird von jener auf das stärkste beeinflusst." (Simmel 2013, S. 406) Und weil diese zweite Welt neben der ersten, offenbaren Welt aufrechterhalten wird, sind es die Jungen selbst, die ihr Geheimnis, als das von ihnen selbst bewusst und aktiv gewollte Verbergen, in ihrer Person zu bergen haben: Es liegt an ihnen, ob sie die Hände geschlossen halten, oder ob sie ihre Hände öffnen und sich zeigen. Diese autonome Bergung ihres Geheimnisses bietet ihnen einen Rest von Selbstbestimmung: Nur sie selbst können die anderen über sich aufklären oder aber sich verstecken, nach eigenem Vermögen; nur sie selbst können ihr Verhalten so modifizieren, dass sie ein mögliches Erkanntwerden vorwegnehmen und ihr Verhalten auf das Verhindern dieses Erkennens einstellen. (Simmel 2013, S. 386)

Fachleute und Wissenschaftler*innen bemühen sich, den Umgang mit dieser geheimen zweiten Welt, die die erste, offenbare Welt so deutlich beeinflusst und mit ihr in unmittelbarer Wechselwirkung steht, aus der verschwiegenen Welt des unsagbaren Geheimnisses in ein öffentlich sagbares Problem umzuwandeln, oder, in unseren Worten, in ein offenkundiges, ausgehandeltes Problem, das bearbeitet werden kann: „Der einschlägige Fachdiskurs verleiht uns ein Wissen (und manchmal auch nur eine Ahnung) über jenes Schweigen im Dunkelfeld, zu dem sich Jungen und Männer gezwungen sehen, die von sexualisierter Gewalt betroffen sind oder waren. Wir wissen also, dass wir vieles nicht erfahren. Diese Erkenntnis ist weder paradox noch trivial, sondern sie benennt die Beziehung zwischen Forschung und Dunkelfeld: Auf der einen Seite der Mauer wird darüber gesprochen und geschrieben, wie auf der anderen Seite derselben Mauer darüber geschwiegen wird." (Mosser 2009, S. 20) Diese von Mosser dargelegte Beziehung zwischen Forschung und Dunkelfeld ist nichts anderes als ein Ausdruck des von der Person selbst notwendig hineingenommenen Zwanges zum Selbstzwang, der sie zum Schweigen verurteilt. Eine hilfreiche Betrachtung dieser Zwangsnotwendigkeit zum Schweigen muss sich aus der gedanklichen Falle lösen, die bei einer getrennten Fassung der beiden Begriffe Individuum und Gesellschaft immer wieder auftritt, also jener Betrachtung, die die Wechselwirkungen nicht berücksichtigt. Damit ist das Verhältnis zwischen der jeweiligen Person gemeint, die sexualisierter Gewalt ausgeliefert gewesen ist und der Gesellschaft, die dieses einerseits zulässt und andererseits zugleich verbietet, darüber zu sprechen. Das sind die zwei unabdingbar miteinander verbundenen Seiten nur eines Prozesses. Diese prozesshafte Betrachtung muss Grundlage jeglicher Auseinandersetzung mit Jungen als Opfern sexualisierter Gewalt sein, sei dies aus allgemein-soziologischer Sicht oder in der konkret-beratenden Handlung.

Die Soziale Arbeit steht daher vor einer besonderen Geheimnisschwelle: Sie kann ihre Arbeit mit den Jungen erst beginnen, wenn die Jungen selbst den Schritt geschafft und das Unsagbare gesagt haben, also auf die andere Seite der Mauer gewechselt sind, wo darüber gesprochen werden kann. Dies kommt selten genug vor, denn aus den genannten soziologischen, außerhalb ihrer selbst liegenden Gründen, die sie gleichwohl als in ihnen selbst liegend und von ihnen selbst verursacht anerkennen, werden die Jungen ihr eigenes Geheimnis unerbittlich einschließen. Sie wissen, dass sie selbst nicht darüber sprechen sollten, denn ihnen ist klar, dass die anderen, die es ebenfalls angeht, nicht zulassen möchten, dass sie darüber reden. So bestärkt die nähere Umgebung in der Regel die Jungen bei der Wahrung ihres Geheimnisses, ohne sie gesondert dazu auffordern zu müssen. Es ist zum Teil ihres ganz persönlichen Scham- und Peinlichkeitsgefühls geworden. Die Scham führt zum Schweigen „als Gebot seines eigenen Inneren und erhält die Form eines mehr oder weniger totalen und automatisch wirkenden Selbstzwanges." (Elias 1991, S. 189) Schließlich, falls sich die Jungen dann doch entschließen, darüber zu sprechen – was sehr oft erst viele Jahre nach dem Geschehen erfolgt –, leisten die Gesprächspartner alles Erdenkliche, sich wie die drei Affen zu verhalten: nicht sehen, nicht hören, nicht sprechen. Darauf reagiert der Junge mit erneutem Schweigen und unterwirft sich dem in ihm ohnehin eingelagerten Selbstzwang zum Schweigen erneut. Hat er nun doch durch seine Offenbarung eine Tür geöffnet und einen Einblick in seinen inneren Lebensbezirk gegeben, also das Bäumchen losgelassen und sich dem freien Fall anvertraut, so wird er auf solche abweisenden Reaktionen erneut mit einer strikten Schließung reagieren und einen weiteren Ring um sich legen, denn „einen solchen Bezirk legt die Ehre um den Menschen; sehr fein bezeichnet die Sprache eine Ehrenkränkung als ‚zu nahe Treten', der Radius jener Sphäre sozusagen bezeichnet die Distanz, deren Überschreitung durch eine fremde Persönlichkeit die Ehre kränkt." (Simmel 1992, S. 396) Diese Möglichkeit der erneuten Schließung wird ihm auch gelassen, denn es ist immer möglich, sich in das Private zurückzuziehen, und zwar desto mehr, je mehr Politik, Verwaltung und Gerichte ihre Heimlichkeit und Unzugänglichkeit verloren haben und ein Teil der Öffentlichkeit geworden sind. (ebd., S. 413)

So ist die Wahrung des Geheimnisses eine unausgesprochen akzeptierte Form des Handelns, „ohne die angesichts unseres sozialen Umgebenseins gewisse Zwecke überhaupt nicht erreichbar sind." (ebd., S. 407) Zwar ist es zweifellos zutreffend, dass alle unsere Beziehungen nur deshalb möglich sind, weil wir über das Sprechen und Handeln voneinander wissen und darauf angewiesen sind, denn ein Leben ohne Sprechen und Handeln wäre kein Leben, sondern ein „in die Länge eines Menschenlebens gezogenes Sterben." (Arendt 2008, S. 215) Allerdings, da „Vergesellschaftung erst durch das Sprechenkönnen *bedingt* ist, so wird sie – was freilich nur hier und da hervortritt – durch das Schweigenkönnen *geformt.*" (Simmel 1992, S. 426) Und wenn Simmel auf das „hier und da" hinweist, dann spricht er damit aus, dass diese zweite, geheime Welt, wie etwa der sexuelle Missbrauch von Jungen, eine stark formende Kraft auf die Gesellschaft als Ganzes ausübt. Diese formende Kraft entsteht gerade deshalb, weil darüber nicht gesprochen wird, obwohl dieser Missbrauch geschehen ist und geschieht. So wirkt diese zweite, geheime Welt auf die offenbare Welt des Handelns und Sprechens ein, jener Welt, der wir nicht entraten können.

Diese formende Kraft der zweiten, geheimen Welt zeigt sich in den Jungen selbst, und auch später noch als Erwachsene, denn sie fühlen sich mitverantwortlich und gehen davon aus, dass sie bei etwas Falschem, moralisch zu Verurteilendem mitgewirkt haben, etwas, das keinen Platz in der offenbaren Welt der Sprache haben darf und daher nur als ein ganz und gar individuelles Versagen gedeutet werden kann. Summit (1983, S. 11) macht das anhand eines Kindes deutlich, das von seinem Vater missbraucht wurde und dabei bei seiner Mutter keinen Schutz fand. Dieses Kind ist in einem psychologischen Sinn eine Waise und vollständig hilf- und schutzlos. Es hat daher nur eine Chance: es muss sich schweigend an die Situation anpassen, und zwar an eine Situation, für die es keine Augenzeugen gibt, und die durch keine äußeren Folgen zu erkennen ist.

Das gilt für Mädchen und für Jungen gleichermaßen. Doch kommt für die Jungen erschwerend hinzu, dass sie, im Blick auf ihre seelischen Prozesse, oft zurückhaltender als Mädchen sind und daher noch weniger Neigung entwickeln, über diese für sie so traumatisierende Lebenssituation zu sprechen. Als weiteres Erschwernis erweist sich für die Jungen, dass sie die allgemeine Erwartung teilen, wonach Männer, die sexuelle Kontakte zu Jungen suchen, Homosexuelle seien – und damit sie selbst unweigerlich ebenfalls. Darum wird das Kind – ob Junge oder Mädchen – in der Regel weder fragen noch erzählen, aber der Junge noch viel weniger. Denn darüber sprechen würde bedeuten, dass das Kind die Liebe und die Sicherheit seiner Familie verliert. Das muss es weit mehr ängstigen als die sexualisierte Gewalt, der es ausgesetzt ist. So wird sich das Opfer über kurz oder lang selbst verurteilen und selbst hassen, um diese Situation ertragen zu können: „Meinen Vater und meine Mutter kann und darf ich nicht hassen, und schließlich mache ich selbst mit; so sollte ich mich besser selbst hassen." So verstärkt sich für den Jungen erneut der Eindruck, dass die erlebte sexuelle Gewalt etwas sehr Persönliches, etwas Inneres ist, das ihm von der Natur mit auf den Weg gegeben wurde. So werden das Schweigen und das Weitermachen für das Kind geradezu zu einer Tugend, und das Erzählen der Wahrheit wird zu der größten möglichen Sünde, denn diese Erzählung würde alles zerstören. Dazu kommt, dass das Kind weiß, dass ihm nur schwerlich geglaubt werden würde.

So fühlt sich das Kind einer unbezwingbaren Macht ausgeliefert und muss doch seine Hoffnung bewahren und an einen Sinn glauben. „Absolute Verzweiflung, die einzige Alternative, kann kein Kind ertragen. Um sich das Vertrauen der Eltern zu bewahren, darf das Kind die naheliegendste Schlussfolgerung, daß nämlich die Eltern extrem gestört sind, nicht ziehen. Es wird alles tun, um eine Erklärung für sein Schicksal zu finden, die seine Eltern von jeder Schuld und Verantwortung freispricht." (Hermann 1994, S. 142, zit. nach Bange/Enders 2000, S. 67) Bereits Bettelheim hat darauf aufmerksam gemacht, „daß es wichtig ist, von allem Anfang an davon auszugehen, (…) daß das Kind, was immer es auch tun mag – und es braucht kaum darauf hingewiesen zu werden, daß es sich gelegentlich völlig irrt – fest glaubt, dass das, was es tut oder zu tun beabsichtigt, in der betreffenden Situation das Richtige ist." (Bettelheim 1987, S. 15) Eben diese Sicherheit wird den Kindern im Angesicht der sexualisierten Gewalt genommen. Sicher scheint ihnen nur, dass sie selbst verantwortlich sind, weil ihnen diese Erfahrung von geheimen Mächten mit auf den Weg gegeben wurde.

Dabei ist Sicherheit gerade für ein Kind besonders bedeutsam, denn ein Kind ist von einer ausgesprochen verwirrenden Welt umgeben, die viel verwirrender ist als die Welt der Erwachsenen. Korczak verdeutlicht dies mit einem Beispiel: Das Kind hat ein Glas zu Boden fallen lassen. „Etwas sehr Verwunderliches ist geschehen. Das Glas ist verschwunden, dafür sind ganz andere Gegenstände da. Es bückt sich, nimmt Glasscherben auf, verletzt sich, tut sich weh, Blut tropft vom Finger. Alles ist voller Geheimnisse und Überraschungen." (Korczak 1997, S. 78) So stehen dem Kind und den Erwachsenen nur dieser eine Weg offen: "The children learn not to complain. The adults learn not to listen." (Summit, 1983, S. 188) Wie immer die Umstände gestaltet sind, das Kind hat keine Wahl mehr, sondern muss sich geräuschlos unterwerfen und sein Geheimnis bewahren. So fügen sich die Jungen dem Schweigegebot, einem Gebot, dass ihnen die Möglichkeit nimmt, „sich zu äußern, sich mitzuteilen, das Geschehen im Dialog zu verarbeiten und dadurch real sein zu lassen und Unterstützung und Hilfe Dritter zu suchen. Das Schweigen-Müssen nimmt den Übergriffen ihre Faktizität, denn Darüber-Reden ermöglicht eine kommunikative Validierung im Sinne einer Einordnung von Ereignissen in einen Kontext und verleiht ihnen so Realitätscharakter. Verschwiegenes bleibt letztlich unwirklich." (Birck 2001, S. 42)

Professionelle Berater*innen und Therapeut*innen machen es nicht unbedingt besser. Summit zufolge fällt es ihnen sogar schwerer als dem unmittelbaren sozialen Umfeld, dem Jungen Glauben zu schenken. Nach Summit ist der Grund dafür darin zu suchen, dass die Professionellen komplizierte Theorien gelernt haben, die es geradezu verhindern, die einfache Wahrheit zu sehen, dass ein Machtmissbrauch vorliegt. Stattdessen verstricken sie sich in Überlegungen zum Ödipus-Komplex oder versinken in komplizierten innerfamiliären „systemischen" Abhängigkeiten, in denen alles mit allem zusammenhängt und die Ursachen daher ein komplexes Bündel bilden, das schwer zu durchschauen sei. (Summit 1983, S. 11) Auch ihre professionelle Haltung kann daher mit dazu beitragen, die von uns oben genannte Notwendigkeit für die Jungen, in der Schamverstrickung verbleiben zu müssen, zu übersehen und nicht verstehen zu können.

So entsteht ein System doppelter Geheimhaltung: Die Jungen (und Mädchen) sehen sich erstens selbst zur Geheimhaltung gezwungen, weil sie in den Missbrauch verstrickt sind. Und da, zweitens, sexualisierte Gewalt ohnehin ein Tabuthema ist, entsteht nunmehr eine doppelte Geheimhaltung: Beide Seiten sind sich unausgesprochen einig darin, die sexualisierte Gewalt nicht zu thematisieren. Norbert Elias hat in diesem Zusammenhang von den „einzelmenschlichen Selbstzwängen" (1976, S. LXI) gesprochen, die die zwischenmenschlichen Fremdzwänge früherer Zeiten ersetzen. Beide Gruppen, sowohl jene, die die sexualisierte Gewalt erfahren haben, als auch jene, die nicht unmittelbar betroffen sind, sich aber dem Tabu unterwerfen, handeln aus ihrem einzelmenschlich fundierten Selbstzwang heraus, der ihnen durch die immer stärker gewordene Ersetzung des Fremdzwanges durch den Selbstzwang auferlegt worden ist. Dieser Selbstzwang beruht, Elias zufolge, auf der „Selbsterfahrung der eigenen Vereinzelung, der unsichtbaren Mauer, die das eigene ‚Innen' von allen Menschen und Dingen ‚draußen' absperrt." (ebd., S. LXV-LXVI) Für die Jungen ist diese unsichtbare Mauer noch einmal weiter verstärkt und erhöht: „Es existiert ein Wissen darüber, dass Mädchen sexuell misshandelt werden, auch wenn möglicherweise kein Wissen darüber besteht, dass ein bestimmtes Mädchen sexuell missbraucht wird. In Bezug auf Jungen stellt sich die Situation anders dar: Es existiert kein Wissen darüber, dass ein bestimmter Junge sexuell missbraucht wird, da nur ein unzureichendes Wissen darüber existiert, dass Jungen sexuell missbraucht werden." (Mosser 2009, S. 20)

Und so ist es nicht verwunderlich, dass wir die bloße Vorstellung, dass einem Jungen sexualisierte Gewalt widerfährt, dass er zum sexuellen Objekt einer erwachsenen Person geworden ist, unter allen Umstanden zu vermeiden trachten. Und es sind eben nicht, wie ausgeführt, rein individuelle Gründe, die eine Beschäftigung mit sexualisierter Gewalt gegen Jungen verhindern. Wir sind hier auf einer Gesprächsebene hoher Verfänglichkeit, auf der außerhalb eines geschützten und vertrauten Rahmens nicht gesprochen werden kann. Über sexualisierte Gewalt, sei es gegenüber Jungen, Mädchen, Männern oder Frauen, wird nur hinter vorgehaltener Hand geredet.

Und selbst die Soziale Arbeit, deren Aufgabe gerade darin besteht, soziale Probleme zu verhandeln, und zwar alle Arten sozialer Probleme, ohne auch nur ein einziges auszuschließen zu wollen, hat sich viele Jahre gescheut, sexualisierte Gewalt zu ihrem Gegenstand zu machen, vielleicht auch nicht zuletzt deshalb, weil sie selbst darin verstrickt sein kann. Dabei vereinigt dieses Thema alle Merkmale, die es für professionelles sozialarbeiterisches Handeln geradezu hervorheben und in den Mittelpunkt ihrer Überlegungen stellen könnten: Hintergrund sexualisierter Gewalt sind stets asymmetrische Beziehungen, zugrunde liegt oft eine verfehlte Erziehung, regelhaft ist damit Gewalt verbunden, und zwar Gewalt gegenüber jungen Menschen, die ihr hilflos ausgeliefert sind. Sexualisierte Gewalt begrenzt daher stets die Entfaltungsmöglichkeiten einzelner junger Menschen. Und gerade an der Entfaltung der Lebenspotenziale soll die Soziale Arbeit in jedem einzelnen Fall mitwirken, will sie ihre Bestimmung nicht verfehlen. Neben diesem individuellen Zugang nimmt die Soziale Arbeit zugleich für sich in Anspruch, auch für die Bearbeitung genereller gesellschaftlicher Problemstellungen zuständig zu sein, weil individuelle Entwicklungen und gesellschaftliche Zustände untrennbar miteinander verbunden sind. Daher kommt ihr in Ergänzung dieses Fallbezugs zugleich die Aufgabe zu, aus ihrer intimen Kenntnis des Alltags von sexualisierter Gewalt auf den gesellschaftlichen Taburahmen aufmerksam zu machen, den es aufzudecken und zu überschreiten gilt, damit im öffentlichen Diskurs über Ursachen und Verantwortungen geredet werden kann. Dass diese Tätigkeit unmittelbar mit dem Bruch von Tabus zu tun hat, liegt auf der Hand. Und dass es sich bei sexuellen Handlungen gegenüber Kindern um eines der stärksten, wenn nicht um das am stärksten verbliebene Tabu handelt, ist ebenfalls nicht in Abrede zu stellen. Darum geht es im folgenden Abschnitt.

2.2 Der Tabubruch

In seinem Essay „Sexualtabus und Recht heute" schrieb Adorno (1963, S. 61): „Das stärkste Tabu von allen (...) ist im Augenblick jenes, dessen Stichwort ‚minderjährig' lautet und das schon sich austobte, als Freud die infantile Sexualität entdeckte. Das universale und begründete Schuldgefühl der Erwachsenenwelt kann, als seines Gegenbilds und Refugiums, dessen nicht entraten, was sie die Unschuld der Kinder nennen, und diese zu verteidigen, ist ihnen jedes Mittel recht. Allbekannt, daß Tabus um so stärker werden, je mehr der ihnen Hörige selber begehrt, worauf die Strafe gesetzt ist."

Worum handelt es sich bei diesem Tabu? In unserer Gesellschaft sind sexuelle Beziehungen zwischen direkter Verwandtschaft, also Mutter – Sohn, Vater – Tochter, Bruder – Schwester verboten, und zwar in einer Weise verboten, dass eine Abweichung von diesem Verbot in der Regel nicht einmal gedacht, jedenfalls nicht thematisiert werden darf. Dieses Verbot ist im Übrigen ausgesprochen heteronormativ. So wird in § 173 StGB vom Verbot des Beischlafes gesprochen, wobei es sich um vaginalen Geschlechtsverkehr handelt. Diese heteronormative Auslegung macht indessen wenig Sinn, wenn wir davon ausgehen, dass der Gesetzgeber das Inzestverbot neben dem Schutz der Familie und der eugenischen Gesundheit der Nachkommenschaft auch aus Gründen der seelischen Gesundheit der Minderjährigen normiert hat.

Diese Tabuisierung geht so weit, dass es schon an die Grenze des Möglichen reicht, überhaupt auf bekannte kulturabhängige Definitionen des Inzesttabus aufmerksam zu machen und etwa darauf hinzuweisen, dass zwar in fast allen Gesellschaften ein Inzesttabu für sexuelle Beziehungen zwischen direkten Verwandten besteht und einige Gesellschaften sogar noch weitere Verwandte in dieses Verbot mit einschließen, andere Gesellschaften jedoch auch einen Verzicht von dieser universalen Regel zugelassen haben. So galt dieses Inzesttabu etwa nicht für den royal-familiären Inzest im alten Ägypten, in Peru bei den Inkas, und auch auf Hawaii war ein Absehen von diesem Tabu möglich. Hier etwa bestanden die Möglichkeiten der Bruder-Schwester-Heirat, in Ägypten sogar die der Vater-Tochter-Heirat. (Stone 2006, S. 59)

In unserer Gesellschaft jedoch wird von einem gesellschaftlichen Grundmodell ausgegangen, wonach nur zwei Menschen einander lieben und damit anerkannten und dauerhaften sexuellen Beziehungen nachgehen dürfen, die geschlechtsverschieden und generationengleich sind. (Lautmann 1994, S. 49) Wenn die Variationsbreite von Abweichungen von diesem Grundmodell in den vergangenen zwanzig Jahren größer geworden ist, so wohl nur deshalb, um dieses Grundmodell in einer pluralisierten Lebenswirklichkeit aufrechterhalten zu können. Andere Modelle sind möglich geworden und dürfen zunehmend offen gelebt werden, ändern aber nichts an diesem Schema, im Gegenteil, sie weisen immer wieder darauf zurück. Dieses Grundmodell der Geschlechterverschiedenheit und der Generationengleichheit wird als anthropologisch konstant behauptet, als ein immer wiederkehrendes Strukturmodell, das in der Natur des Menschen liege. Abweichungen davon bleiben Abweichungen, die mal mehr, mal weniger toleriert werden – oder eben überhaupt nicht. Hier verläuft eine prekäre Grenze mit der Tendenz, sie auch überschreiten zu dürfen, allerdings nur, um sich das Überschrittene dann gesellschaftlich einzuverleiben, um es als Ausnahme in einer toleranten Gesellschaft zu normalisieren. Im Wesentlichen ist damit die Diskussion um gleiche Rechte und Pflichten im Blick auf Familiarität gemeint, etwa für schwule Paare. Die „heilige Ehe" (Engels) steht weiterhin im Zentrum. Nur so ist die Rede vom toleranten Verhalten in einer toleranten Gesellschaft zu verstehen. Toleriert wird das Andere als mögliche Abweichung und nicht als selbstverständliches Verhalten. Doch wie auch immer: Die Diversität von sexuellen Lebensentwürfen endet stets an der Schranke des Inzests. Nur innerhalb dieser Schranke sind die geschilderten Abweichungen möglich.

In den meisten Teilen der Welt ist es üblich, vehement zu beteuern, dass man unter keinen Umständen auch nur an Inzest denkt und zu keinem Zeitpunkt seines Lebens ein sexuelles Bedürfnis gegenüber einem nahen Verwandten hegt. Die eigene Integrität steht auf dem Spiel, sobald nur der Gedanke der inzestuösen Begierde aufkommt. Darüber nicht zu sprechen heißt nicht, dass es diese Begierde nicht gibt. Doch besteht ein großes Hindernis, diese Bedürfnisse als Fantasie oder auch als tatsächliche Praxis zuzulassen. Dieses Hindernis erklärt, warum Tabus ständig und überall im Geheimen verletzt und warum Tabus in der Regel nicht als illegal behandelt werden können, denn wir ziehen die Dunkelheit und das Nichtwissen der Illegalität vor. Sie sind noch nicht einmal illegal. Es gibt sie einfach nicht.

Das Inzest-Tabu ist aufs engste mit der Debatte um sexualisierte Gewalt gegenüber Abhängigen verwoben. Als oberste Richtschnur hat zu gelten, dass die sexuelle Selbstbestimmung des Kindes zu achten und zu schützen ist. Und die sexuelle Selbstbestimmung ist an die Zustimmung des Kindes gebunden, die es nach unserer Auffassung jedoch nicht geben kann: „Mit der kindlichen Unfähigkeit, sexuellen Handlungen mit Erwachsenen zuzustimmen, ist eine schlüssige und allumfassende Antwort gefunden, die die präsumtive Liebe zu Kindern stets zu einem Fall von Missbrauch stempelt", schreibt Lautmann (1994, S. 51). Nach unserer Auffassung ist diese kindliche Unfähigkeit in der Tat nicht zu leugnen und daher völlig zu Recht als Missbrauch zu qualifizieren und zu benennen. Drei Positionen sind dabei zu unterscheiden. Liebe von Erwachsenen zu Kindern sei weder als schlecht noch als gut zu generalisieren. Sie ist aber in jedem Fall belastet durch das Auseinanderfallen der Wünsche und der Sexualziele, was allerdings nicht notwendig bedeuten muss, dass sie schädlich ist. Zweitens folgende Position: Das Kind hat einen Wunsch nach Zärtlichkeit, aber es will deshalb noch lange nicht zum sexuellen Objekt werden. Der Erwachsene verwechselt den Wunsch des Kindes nach Spielerei und Zärtlichkeit mit seinen eigenen leidenschaftlichen Wünschen als reife Person. Aber das Kind ist nicht reif. Das Kind ist erziehungsbedürftig. Drittens diese Sicht: Die sexuelle Kommunikation verläuft eindimensional vom Älteren aus, und das trifft vor allem auf den Anfang des Kontaktes zu. Von Zustimmungsfähigkeit kann also auch hier nicht die Rede sein.

Lautmann indessen sieht die Möglichkeit einer Zustimmungsfähigkeit, wenn und soweit eine ideale Kommunikation gewährleistet werden kann: „Eine ideale Kommunikation zwischen Sexualpartnern kann nicht darauf verzichten, dass eine Art von Waffengleichheit besteht, die bei größtmöglicher Erlebnistiefe die Fairness des Verlaufs sichert. Sich der eigenen Triebwünsche gewiss und in der Situationsgestaltung nicht hoffnungslos unterlegen zu sein gehört dazu." (Lautmann 1994, S. 53) Aber schon der verwendete Begriff der „Waffengleichheit" zeigt in unseren Augen, dass die Kommunikation zwischen Erwachsenen und Kindern nicht gleich sein kann, und über Waffen, wenn dieses Wort hier überhaupt passt, verfügen lediglich die Erwachsenen. Hinzu kommt, dass das Verhältnis von Erwachsenen zu Kindern immer auch von der Entwicklungstatsache geprägt ist. Menschen kommen in Angewiesenheit auf andere Menschen als Kinder auf die Welt, als Menschenkinder unterscheiden sie sich von den Erwachsenen vor allem durch ihren weit höheren Grad der Angewiesenheit auf andere. Das Kind muss graduell mit der Welt bekannt gemacht werden, und das obliegt den Erwachsenen. Das schließt jede Gleichrangigkeit aus. Die Beziehungen zwischen Erwachsenen und Kindern sind notwendig asymmetrisch.

Selbstverständlich ist unsere Betrachtung der Entwicklungstatsache laufend Änderungen unterworfen, Pestalozzi oder Rousseau sehen das anders als Bettelheim oder Bernfeld mehr als hundert Jahre später, und heute sind wir wieder anders mit ihr konfrontiert. Doch in der Aufklärung geht es seit Kant immer wieder um die Frage, wie mit der Beziehungsasymmetrie zwischen Erwachsenen und Kind umgegangen werden muss: „Eines der größten Probleme der Erziehung", so Kant, besteht in der Lösung der Frage, „wie man die Unterwerfung unter den gesetzlichen Zwang mit der Fähigkeit, sich seiner Freiheit zu bedienen, vereinigen könne. Denn Zwang ist nötig! Wie kultiviere ich die Freiheit, bei dem Zwange? Ich soll meinen Zögling gewöhnen, einen Zwang seiner Freiheit zu dulden, und soll ihn selbst zugleich anführen, seine Freiheit gut zu gebrauchen. Ohne dies ist alles bloßer

Mechanism, und der der Erziehung Entlassene weiß sich seiner Freiheit nicht zu bedienen. Er muss früh den unvermeidlichen Widerstand der Gesellschaft fühlen, um die Schwierigkeit, sich selbst zu erhalten, zu entbehren, und zu erwerben, um unabhängig zu sein, kennen zu lernen." (Kant 1997, S. 29) Und mit dieser Zwangsfrage gehen wir in verschiedenen historischen Epochen ganz unterschiedlich um. In der Gesellschaft der Tuareg etwa ist das Schlagen von Kindern als ein ganz und gar notwendiges Mittel anerkannt, weil davon ausgegangen wird, dass die Kinder nur über den Körper und das körperliche Fühlen zur Einsichtsfähigkeit kommen. Bei uns ist gerade das Gegenteil der Fall, wir orientieren uns bei der Entwicklung der Einsichtsfähigkeit nicht an körperlichen, sondern an geistigen Prozessen. So steht alles Handeln in einem Zeit- und Ortsbezug; was wir jeweils denken und für gut oder richtig halten, ist nur zu erklären, wenn die jeweilige Gesellschaft in ihrer Zeit verstanden und erklärt wird. Dazu eine Geschichte, die Herodot erzählt:

Der Perserkönig Darius der Erste rief die Griechen seines Herrschaftsgebietes zu sich in der Absicht, ihrem Hochmut eine Lektion zu erteilen. Bekanntlich verbrannten die Griechen ihre Toten, und so fragte er sie: „Wie viel muss ich Euch dafür bezahlen, dass Ihr Eure verstorbenen Väter aufesst?" Die Griechen reagierten erwartungsgemäß empört: Um nichts in der Welt würden sie das tun, und sie verbaten sich diese scheußliche Frage. Da rief Darius die Vertreter eines anderen Stammes herein, die in einem Nebengelass gewartet hatten, und die dafür bekannt waren, dass sie ihre toten Väter verspeisten. Und er fragte sie, vor den Augen der Griechen und durch die Ohren eines anwesenden Übersetzers: „Wie viel muss ich Euch dafür bezahlen, dass Ihr Eure verstorbenen Väter verbrennt?" Auch sie reagierten empört auf dieses furchtbare Ansinnen.

Um diese Erzählung auf unseren Gegenstand zu beziehen: Die sexuelle Liebe von Erwachsenen zu Kindern ist, technisch und anthropologisch gesprochen, durchaus möglich. Sie ist für uns aber nicht denkbar, so wenig, wie für die einen das Verbrennen und für die anderen das Verspeisen ihrer Väter möglich erscheint. Vielleicht können wir daher von einer strukturalistischen Grundannahme sprechen, die sich wie eine Glocke über unsere Vorstellungswelt gelegt hat. Wir folgen der Idee, dass es eine immer wiederkehrende, menschliche Grundausstattung gibt, die sich unter allen Umständen stets Geltung verschafft, und dass wir diese Grundausstattung mit bestimmten Prinzipien unterlegt haben, etwa jenem des eingangs erwähnten Grundprinzips eines binaren Geschlechtsunterschiedes in Verbindung mit Generationengleichheit. Davon sind dann gewisse Abweichungen möglich, aber eben nur gewisse; und bei uns gehört die sexuelle Liebe von Erwachsenen zu Kindern nicht als mögliche Abweichung von dieser Grundregel dazu. Diese Abweichung ist nicht zulässig, und das verdeutlichen wir mit unserer Sprache: Wir sprechen von sexualisierter Gewalt gegen Kinder, und nicht von sexueller Liebe zu Kindern. Diesen Gewaltaspekt verdeutlicht Finkelhor (1984, S 54ff), der vier Voraussetzungen für sexuellen Missbrauch aufführt: Erstens die Motivation des Täters, zweitens die Überwindung innerer Hemmungen, drittens die Beseitigung äußerer Hemmfaktoren, viertens die Überwindung des kindlichen Widerstandes.

Fast scheint es nicht möglich, auch nur dieses zu sagen, weil jener, der abwägt und einordnet, große Gefahr läuft, als Befürworter und Unterstützer von Pädosexualität und nicht als Gegner von sexueller Gewalt gegen Kinder zu gelten. Wir sprechen von Dingen, über die nicht gesprochen werden darf, die daher unaussprechlich sind, weil wir dazu keine Sprachpraxis haben und, wenn wir uns über Unaussprechliches zu sprechen bemühen, eine Grenze überschreiten, die nicht überschritten werden darf. Wer ein Tabu anspricht, läuft Gefahr, nicht mehr diskursfähig zu sein, er bricht aus der Ordnung des Diskurses aus, und sein Wort verliert alle Macht und bleibt ungehört, weil nicht Gehör gegeben, sondern lediglich Widerstand geleistet wird, denn: „Niemand kann in die Ordnung des Diskurses eintreten, wenn er nicht gewissen Erfordernissen genügt." (Foucault 1972/1991, S. 26)

Die Soziale Arbeit, deren Haltungen und Handlungen im Umgang mit sexualisierter Gewalt gegen Kinder unter anderem Gegenstand dieses Buches sind, hält sich strikt an die Ordnung des Diskurses. Sie spricht daher nicht von sexueller Kinderliebe, Kinderliebe oder Pädophilie, sondern reiht das Thema in ihren Sprachgebrauch ein. Die Kinder sind Opfer und von sexualisierter Gewalt Betroffene. Sie spricht daher mindestens von Vernachlässigung, maximal von sexuellem Missbrauch.

Reflexionsfragen

■ Hatten Sie im beruflichen Kontext schon einmal Kontakt mit dem Thema „sexueller Missbrauch/sexualisierte Gewalt"? Wenn ja, wie sind Sie mit dieser Situation umgegangen?

Versuchen Sie, sich in die Gedanken und Gefühlslage eines Jungen hineinzuversetzen, der sexualisierte Gewalt erlebt hat.

■ Welche Gefühle könnten diesen Jungen bewegen?

■ Welche (guten) Gründe könnten den Jungen darin hindern, sich Unterstützung zu suchen?

Jetzt versetzen Sie sich bitte in die Situation, dass Sie pädagogisch mit Jungen arbeiten. Mit dem Wissen, dass auch unter den Jungen Betroffene von sexualisierter Gewalt sein können, stellen Sie sich folgende Frage:

■ Was braucht ein Betroffener, damit er Sie als Vertrauensperson sehen könnte? Beziehen sie dabei die unterschiedlichen Ebenen ein wie z.B. gesellschaftliche Rahmenbedingungen, Strukturen Ihres Arbeitsbereiches, Ihre eigene Haltung etc.

3. Die Betroffenen

Was Sie in diesem Kapitel erwarten können:

Im folgenden Kapitel gehen wir auf zwei Sichtweisen ein. Zunächst zeigen wir jene der sogenannten „harten Fakten", dann die Handlungsperspektive der Sozialen Arbeit. Einführend liefern wir Daten und Fakten zum Ausmaß und den Erscheinungsformen sexualisierter Gewalt gegen Jungen, jedenfalls soweit das möglich ist. Wie wir im vorhergehenden Kapitel gezeigt haben, werden die Betroffenen systematisch daran gehindert, über ihr Geheimnis zu sprechen. So ist ein unabsehbares Dunkelfeld entstanden, und alle Daten und Zahlen können nur Hochrechnungen von Wissenschaftler*innen und Erfahrungswissen von Fachleuten sein. Im Teil über die Sichtweise Sozialer Arbeit thematisieren und verteidigen wir zunächst den sehr umstrittenen Begriff des „Opfers", um dann praxisorientiert zu diskutieren, dass eine spezialisierte Beratung durch dafür spezialisierte und erfahrene Praktiker*innen in jedem Fall anzustreben ist. Diese Beratung sollte immer im Blick behalten, dass die zu beratenden Personen mehr sind als nur Opfer sexualisierter Gewalt. Diese Sicht kann nur der Ausgangspunkt sein, niemals aber der einzige Gesichtspunkt, denn das würde die betroffenen Menschen unzulässig auf die Opferrolle reduzieren. Wie alle anderen Menschen auch haben sie nicht nur Sorgen und Probleme, sondern auch Hoffnungen, Wünsche und Freuden. Es kann daher für sie nicht besonders nützlich sein, sie erneut zu stigmatisieren, nun aber als Opfer.

3.1 Ausmaß und Erscheinung sexualisierter Gewalt gegen Jungen

Dass dem Thema der sexualisierten Gewalt gegen Jungen jahrelang nur rudimentär Betrachtung geschenkt wurde, hat auch zu Auswirkungen auf die Forschungslage geführt. Bis in die 1970er-Jahre wurden Männer in Studien nicht einmal gefragt, ob sie jemals sexuell belästigt oder vergewaltigt wurden[3]. (Sanyal 2016, S. 124) Bis heute haben sich nur drei größere Studien (Brandes 2004, Mosser 2009, Rieske et al. 2018) explizit Jungen als Betroffene von sexualisierter Gewalt gewidmet. [4]262ff.) Immerhin beschäftigen sich einige Arbeiten implizit mit der Frage, wie oft sexualisierte Gewalt an Jungen vorkommt und wie hoch die Prävalenzrate ist, also wie viele Personen einer Gruppe zu einem bestimmten Zeitpunkt betroffen sind. Unter anderem seien hier die Mikado-Studien genannt. Mikado steht für *Missbrauch von Kindern: Aetiologie, Dunkelfeld, Opfer* und ist ein Forschungsprojekt der Universität Regensburg, das über drei Jahre vom Bundesfamilienministerium gefördert wurde. Einzelne Ergebnisse sind auf der Homepage zu finden. (Mikado-Studie 2015) Trotz solcher Studien müssen Jud et al. (2016, S. 1) zusammenfassen, dass genaue Daten zur Häufigkeit sexueller Viktimisierung von Kindern und Jugendlichen in Deutschland nicht vorhanden sind.

Dabei sind Kenntnisse über Ausmaß und Vorkommen sexualisierter Gewalt gegen Jungen für die pädagogische Auseinandersetzung und insbesondere die Vorbeu-

---

3 Einen Überblick zu Studien zu sexualisierter Gewalt gegen Männer liefert Schlingmann (2021)
4 (Zu den Schwierigkeiten bei der Erhebung von sexualisierter Gewalt bei Männern siehe auch Caspari (2021)

gung von zentraler Bedeutung. Denn nur wenn ein Wissen darüber vorliegt, wie oft und in welchen Zusammenhängen sexualisierte Gewalt virulent ist, kann entgegengesteuert werden. Auch in der Elternarbeit oder in der Auseinandersetzung mit Kolleg*innen, die sich in ihrer Arbeit mit einem Missbrauch konfrontiert sehen oder ihn zu sehen glauben, ist dieses Wissen von Bedeutung.

In unserer Beratungsarbeit haben wir die Erfahrung gemacht, dass das Wissen über die Hintergründe und das Ausmaß des Phänomens für mittelbar und unmittelbar Betroffene zentral ist. Dabei ist es besonders hilfreich und nützlich, zunächst einmal über Zahlen aufzuklären. Wir konnten immer wieder erleben, dass Mythen bestehen, die mit dem realen Geschehen nur in Teilen übereinstimmen. Diese Mythen sind sicherlich Ausdruck des in den vorherigen Kapiteln geschilderten bedachtsamen Umgangs mit dem Geheimnis. So wird sowohl dramatisiert als auch bagatellisiert. Weder die eine noch die andere Reaktion ist förderlich für betroffene Jungen und kann auch eine Traumatisierung unterstützen bzw. retraumatisierend wirken. Ohne das notwendige Hintergrundwissen geht es daher auch hier nicht.

Doch nicht nur im Umgang mit dem sozialen und beruflichen Umfeld wie Eltern und Lehrer*innen, auch in der direkten Arbeit mit Jungen ist es wichtig, über die bekannten Zahlen zu informieren. Zum einen haben betroffene Jungen oft das Gefühl, dass nur ihnen so etwas passieren konnte, sie also das Erleben des Missbrauchs in besonderer Weise heraushebt und anders macht. Zum anderen ist es in der vorbeugenden Arbeit mit Jugendlichen entscheidend, ihnen zu verdeutlichen, dass so etwas nicht nur bei Mädchen vorkommt, sondern dass sexualisierte Gewalt eben auch das Thema von Jungen werden kann.

Im Folgenden wollen wir die uns vorliegenden Studien und Überblicksarbeiten einer kurzen Betrachtung unterziehen und die zentralen Ergebnisse vorstellen. Hierbei werden wir uns auf die für die Arbeit von Pädagog*innen wichtigen Informationen beschränken. Bei der Betrachtung der Zahlenlage muss grundsätzlich zwischen dem Hellfeld und dem Dunkelfeld unterschieden werden. Unter dem Hellfeld versteht man diejenigen Taten, die tatsächlich angezeigt werden, also aktenkundig gemacht und in die polizeiliche Kriminalstatistik Aufnahme finden. Die daraus entstandenen Daten werden daher häufig auch als Tätigkeitsnachweis der Polizei beschrieben, weil sich aus ihnen keine Aussagen über tatsächliche Verurteilungen oder anschließende Verfahrenseinstellungen ableiten lassen. Daher kann aus naheliegenden Gründen aus diesem Hellfeld nur eingeschränkt darauf geschlossen werden, wie groß das Ausmaß von sexualisierter Gewalt tatsächlich ist, weil zudem nur ein Bruchteil der tatsächlichen Übergriffe der Polizei auch bekannt wird. Darüber hinaus ist es leider noch etwas komplizierter. Feltes und Fischer (2014) weisen darauf hin, dass selbst dieser bekanntgewordene Bereich mit dem irreführenden Namen „Hellfeld" nur bedingt interpretiert werden kann, weil sich auch das Anzeigeverhalten und damit der Datenzufluss in die Polizeiliche Kriminalstatistik ändern kann. Daher sind Längsschnittvergleiche (also die Gegenüberstellung der Entwicklung von Jahr zu Jahr) nur bedingt möglich. Aus diesen Gründen sind diese Daten zwar unverzichtbare und wichtige Anhaltspunkte, aber eben doch eher, wie bereits formuliert, ein Arbeitsnachweis der Polizei und weniger eine auch nur einigermaßen sachgerechte Abbildung von Kriminalität.

Hinzu kommt: Zwischen dem sog. Dunkelfeld, in dem der größte Teil der Straftaten verbleibt, und dem Hellfeld kann noch ein „Graufeld" unterschieden werden. Damit sind Taten gemeint, die der Polizei bekannt geworden sind, von dieser aber aus verschiedenen Gründen nicht erfasst werden. „Man kann also differenzieren zwischen dem absoluten (umfassenden) Dunkelfeld (alle begangenen Straftaten, auch die, die von den Betroffenen überhaupt nicht bemerkt worden sind), dem eingeschränkten (engeren) Dunkelfeld (alle begangenen Straftaten, die bemerkt, aber nicht angezeigt wurden), dem Graufeld (angezeigte Straftaten, die polizeilich nicht registriert werden) und dem Hellfeld (in der PKS oder anderen Statistiken ausgewiesene Taten)." (Feltes/Fischer 2014, S. 70-71)

Wie bereits begründet und ausführlich gezeigt, veröffentlichen gerade Jungen als die Betroffenen mit hoher Wahrscheinlichkeit keinen an ihnen verübten sexuellen, strafrechtlich möglicherweise relevanten Übergriffe. Da nun die Sexualdelikte im Vergleich zu anderen Straftaten wie etwa Diebstähle ohnehin nicht besonders häufig sind, wird die Qualität jeder auf der Polizeilichen Kriminalstatistik beruhenden Aussage zu sexualisierter Gewalt weiter minimiert.

Die Daten des Hellfeldes geben daher nur einen fragwürdigen Ausschnitt des tatsächlichen Geschehens wieder. Möchte man exakter etwas über die Prävalenzrate wissen, muss man sich dem Dunkelfeld zuwenden. Zumeist werden dann (möglichst) repräsentative Befragungen von potenziellen Opfern, Täter*innen oder Zeug*innen durchgeführt. Hier taucht nun ein erneutes Problem auf: Da Sexualdelikte, wie eben gezeigt, etwa im Vergleich zu Diebstählen nicht besonders häufig sind, entsteht die Folge, „dass man für aussagekräftige, repräsentative Zahlen sehr große Stichproben wählen müsste, was mit einem häufig nicht leistbaren zeitlichen und finanziellen Aufwand verbunden ist." (Elz 2010, S 73) Mit einem Stichprobenverfahren ist ein Verfahren gemeint, mit dem methodisch gewährleistet werden soll, dass eine sinnvolle Auswahl aus der Grundgesamtheit (etwa: alle Jungen zwischen 12-14 Jahren) getroffen werden kann, und dass aus einer Auswertung dieser begründeten Auswahl sinnvolle Rückschlüsse auf die Grundgesamtheit gezogen werden können. Dieses Verfahren muss immer dann gewählt werden, wenn es nicht möglich ist, alle zu befragen. Und das ist fast immer der Fall. Diese Auswahl wird dann „hochgerechnet". Dieses Verfahren ist mit den bekannten Hochrechnungen bei einer Wahl vergleichbar: Es ist nicht möglich, alle Wahlberechtigten zu befragen, sondern nur einen Teil, der aber begründet sein muss, um das Attribut „aussagefähige Stichprobe" zu erhalten.

Möchte man eine Aufklärung des Dunkelfeldes im Bereich der sexualisierten Gewalt vornehmen, wird in der Regel auf die Befragung von erwachsenen Männern zurückgegriffen. Sie berichten in der Rückschau (retrospektiv) über ihre Kindheit und/oder ihre Jugend. Nur in Ausnahmefällen werden die Jungen unmittelbar befragt. (Brandes 2003, Bieneck et al. 2011) Die aus diesen Daten gewonnenen Erkenntnisse lassen sich dann mehr oder weniger gut nutzen, um eine Annäherung an das Hellfeld zu wagen. Generell muss jedoch konstatiert werden, dass diese

Annäherungen immer Annäherungen bleiben und nie einen exakten Wert darlegen können. Trotzdem lässt sich durch die Zusammenschau unterschiedlicher Studien ein recht stimmiges Bild zeichnen.

Zunächst betrachten wir die Polizeiliche Kriminalstatistik (PKS) von 2020. Sie wird vom Bundeskriminalamt erstellt und erscheint jährlich, meist in der zweiten Hälfte des Jahres. 2020 sind 14.500 Straftaten im Bereich Kindesmissbrauch verzeichnet. Besonders stark angestiegen (um 53 %) sind die Fälle von Missbrauchsabbildungen.

Sexuelle Handlungen § 176 Abs. 1 und 2 StGB			
	Männlich	Weiblich	Insgesamt
Gesamt	1.625	4.563	6.188

Tabelle 1 (Sexuelle Handlungen § 176), Quelle: PKS Bundeskriminalamt, 2020

Ein anderes Bild in der Geschlechterverteilung zeigen die Daten, die die Herstellung von pornografischen Schriften dokumentieren: Hier ist kein großer Unterschied zu erkennen. Viel auffälliger ist hier der zeitliche Verlauf. In der ersten Auflage unseres Buches haben wir die Zahlen von 2016 verwendet. Seinerzeit waren 40 männliche und 80 weibliche Tatverdächtige angegeben (PKS Bundeskriminalamt 2016). In 2020 hat sich die Geschlechterverteilung angeglichen und ein deutlicher Anstieg ist insgesamt zu verzeichnen.

Schwerer sexueller Missbrauch von Kindern zur Herstellung und Verbreitung pornographischer Schriften § 176a Abs. 3 StGB			
	Männlich	Weiblich	Insgesamt
Vollendet	96	108	204
Versucht	42	7	5

Tabelle 2 (Schwerer sexueller Missbrauch § 176a), Quelle: PKS Bundeskriminalamt 2020

Mit all den anfangs skizzierten Einschränkungen lässt sich daher zunächst einmal festhalten, dass auch in der PKS sexualisierte Gewalt an Jungen erfasst wird. Trotzdem ist gerade bei den Zahlen zu den Jungen als Opfer große Vorsicht geboten, denn die hier dokumentierten mutmaßlichen Straftaten können kaum als eine Annäherung an das tatsächliche Ausmaß betrachtet werden.

Eine umfangreiche und nach eigener Aussage repräsentative Studie zum Thema sexualisierte Gewalt hat das Kriminologische Forschungsinstitut Niedersachsen e.V. (KFN) 2011 publiziert. In dieser Studie (Bieneck et al. 2011) wurden 11.428 Personen befragt. Die Befragten waren zu 48,1 % männlich und zu 51,9 % weiblich. Insgesamt kommen die Autoren auf eine recht geringe Prävalenzrate. So berichteten 1 % aller befragten Jungen von mindestens einem sexuellen Missbrauch mit Körperkontakt und 1,3 % von exhibitionistischen Handlungen durch männliche Täter. Bei Frauen lag ein sexueller Missbrauch mit Körperkontakt bei 5 %, exhibitionistische Handlungen durch männliche Täter bei 4.5 % der befragten Fälle vor. Herausgearbeitet wurde zudem, dass bei 8,6 % der weiblichen Opfer sexualisierte Gewalt durch einen Lehrer erlebt wurde.

In der Fachdebatte schneidet die Studie von Bieneck et. al (2011) jedoch nicht sehr gut ab. Kritiker*innen (Enders 2012; Bange 2012) bemängeln fehlende Repräsentativität. Dieser Kritik zufolge wurden in der befragten Stichprobe Menschen in Internaten, Gefängnissen und Heimen nicht ausreichend berücksichtigt, was aber erforderlich gewesen wäre, da gerade an diesen Orten häufiger von Missbräuchen berichtet wird. Ebenso sind sexuelle Übergriffe durch Minderjährige an Minderjährigen nicht in den Zahlen enthalten. Hiermit bleibt die Studie hinter der aktuellen Debatte zurück. Enders kritisiert ferner, dass es sich bei dem Fragebogen um einen opferfeindlichen Fragebogen gehandelt habe, da „nur sexuelle Handlungen als sexueller Missbrauch erfasst [wurden], bei denen das Opfer die Absicht des Täters/der Täterin erkennen konnte, sich selbst sexuell zu erregen." (Enders 2012, S. 374)

Weitere Erkenntnisse über Ausmaß und Umfang konnten über die Unabhängige Beauftragte zur Aufklärung des sexuellen Kindesmissbrauchs gewonnen werden. Sie hatte frühzeitig nach ihrer Amtsübernahme 2010 eine Anlaufstelle installiert, bei der sich Betroffene von sexualisierter Gewalt und ihre Angehörigen sowohl telefonisch als auch per Post oder Email melden konnten. Diese Anlaufstelle wurde intensiv besucht. Insgesamt wandten sich 2.917 Betroffene an diese Stelle. Hier nun allerdings meldeten sich erstaunlich viele Männer, weit mehr, als die eben genannten Zahlen erwarten ließen: 36,5 % aller Betroffenen waren männlich.[5] (Bergmann 2001, S. 44) Die in diesem Zusammenhang gewonnenen Daten sind also aus retrospektiven Befragungen zusammengestellt und bilden daher nur Aussagen jener Betroffenen ab, die sich bei der Unabhängigen Beauftragten zu Wort gemeldet haben. Sie können daher keine Hinweise zur Häufigkeit der sexualisierten Gewalt gegen Jungen geben, aber Wissen zu Täter*innen, Orten und Formen des Missbrauchs liefern.

Dass sich ein so hoher Prozentsatz von männlichen Betroffenen zu Wort gemeldet hat, lag sicherlich auch darin begründet, dass die Anlaufstelle nach dem Bekanntwerden der Missbrauchsfälle in katholischen Internaten und Heimen installiert wurde, in denen überwiegend Jungen missbraucht wurden. So bekam das Thema der sexualisierten Gewalt in den Medien vorübergehend eine stark auf Männer und Jungen bezogene Konnotation, denen es dadurch leichter fiel, sich zu Wort zu melden und ihre Missbrauchserfahrungen zu veröffentlichen. Gerade ältere Männer konnten, zum Teil zum ersten Mal, von ihren Erlebnissen erzählen.

Aus den Aussagen der Berichtenden lassen sich Rückschlüsse über die Missbrauchshäufigkeit ziehen. Demnach ist sexualisierte Gewalt in der Regel kein

---

5   63,2 % waren weiblich, 0,2 % der Befragten distanzierten sich von einer Geschlechterzuordnung.

einmaliges Ereignis. 59,3 % der Befragten berichteten, dass sexualisierte Gewalt für sie ein wiederkehrendes Erlebnis war. (ebd., S. 45)

Einen Überblick über das Ausmaß der sexualisierten Gewalt stellt Deegener (2010, S. 32 f.) vor, wobei hier zu beachten ist, dass in diesen Zahlen keine Unterscheidungen nach dem Geschlecht der Betroffenen vorgenommen wurden.

Sehr intensiver sexueller Missbrauch Versuchte oder vollendete vaginale Vergewaltigung; Opfer musste Täter oral befriedigen und/oder anal penetrieren	15 %
Intensiver sexueller Missbrauch Opfer musste vor Täter masturbieren; Täter masturbierte vor Opfer; Täter fasste Opfer an die Genitalien; Opfer musste Täter an die Genitalien fassen; Opfer musste Täter die Genitalien zeigen	35 %
Weniger intensiver sexueller Missbrauch Täter versuchte die Genitalien des Opfers anzufassen; Täter fasste Brust des Opfers an; sexualisierte Küsse, Zungenküsse	35 %
Sexueller Missbrauch ohne Körperkontakt Exhibitionismus; Opfer musste sich Pornos anschauen, Täter beobachtete Opfer beim Baden	15 %

Tabelle 3 (Übersicht sexueller Missbrauch)

Neben der Frage, wie oft sexualisierte Gewalt an Jungen vorkommt, ist es auch interessant zu erfahren, wo diese stattfindet. Im Abschlussbericht der Unabhängigen Beauftragten sind dazu folgende Zahlen genannt:

Ort	Männer	Frauen	Gesamt
Organisationen	523	314	862
Familien	292	1.061	1.394
Umfeld	79	163	148

Tabelle 4 (Orte der sexuellen Gewalt), Quelle: Abschlussbericht Bergmann 2011, S. 47

Hier zeigt sich, dass Jungen eher in Organisationen wie der Schule, in der Jugendhilfe oder etwa Sportvereinen von sexualisierter Gewalt betroffen sein können. Doch auch hier wird deutlich: Familien sind und bleiben der Ort, an dem Kinder nach wie vor den größten Gefahren ausgesetzt sind, sexualisierte Gewalt erfahren zu müssen.

3.2 Eine geschlechtsspezifische Sichtweise: Jungen als Betroffene sexualisierter Gewalt

Kritiker*innen des Opferbegriffs verweisen auf die vorherrschende gesellschaftliche Sicht, wonach ein Opfer ein Verlierer bzw. ein passives Wesen ist, welches vom Gewinner überboten wurde. In eben dieser Dichotomie sehen sie das Problem: „In hierarchisch strukturierten Gesellschaften (als die unsere trotz einigen Jahrzehnten der Demokratisierung nach wie vor gekennzeichnet ist) genießen die ‚Gewinner‘, die Handelnden, diejenigen, die aktiv sind, Ansehen. Sie werden mit Stärke, Kompetenz, Macht, Einfluss, Tatkraft, Lebenstüchtigkeit, Verdiensten, Souveränität usw. in Verbindung gebracht. Dem ‚Opfer‘ dagegen wird Schwäche, Inkompetenz, Ohnmacht, Hilflosigkeit, Inaktivität, Lebensuntüchtigkeit, Versagen, Dummheit usw. unterstellt." (netzwerkb 2011) Von dieser Dichotomisierung von Gewinnern und Opfern, einer Gegenüberstellung, die unabdingbar mit dem Opferbegriff verbunden ist, denn der Begriff des Opfers ist ohne jenen des Gewinners leer, möchte man sich in der Fachdiskussion befreien. Das Argument dazu lautet: Sieht sich der Junge selbst als Opfer, weil er so bezeichnet wird oder sich selbst so bezeichnet, so schwächt ihn das noch weiter und macht ihn nicht nur zum Opfer eines sexuellen Übergriffs, sondern zu einem Verlier in toto. Er ist dann immer und überall nicht nur jemand, der eine sexuelle Missetat erlebte, sondern hat generell versagt. Daher formuliert etwa das Projekt „Berliner Jungs" in seinen Tipps für Eltern und Fachkräfte: „Vermeiden Sie das Wort ‚Opfer‘." (Berliner Jungs 2013) Als Alternative wird in der Regel der Begriff „Betroffene" vorgeschlagen.

Wir verstehen diese Argumentation. Wir halten jedoch den Begriff des Opfers nicht für irreführend, „denn tatsächlich ist es so, dass Menschen, die sexualisierte Gewalt erleben bzw. überlebt haben, real Opfer geworden sind. Innerhalb des Rechtssystems werden diejenigen, die gegen Gesetze verstoßen, üblicherweise als Täter bezeichnet, und diejenigen, die Angriffen ausgesetzt sind oder waren, als Opfer. Der Begriff ‚Opfer‘ benennt die tatsächliche Schädigung einer Person und die gesellschaftliche Pflicht zur strafrechtlichen Verfolgung der Täter." (netzwerkb 2011)

Diese Benennung als Opfer trifft, worauf wir aufmerksam machen wollen. Wir sind uns gleichzeitig der Schwierigkeit bewusst, dass eine unüberbrückbare Diskrepanz besteht zwischen der Würdigung des Leids, das den Jungen widerfahren ist und der Belastung, die die Bezeichnung als „Opfer" erzeugt. Die Bezeichnung „Opfer" ist gerade bei Jungen mit der größtmöglichen Abwertung verbunden, es ist eines der am meisten verbreiteten Schimpfwörter unter Jugendlichen. In der Arbeit mit Jungen legen wir daher großen Wert auf einen sensiblen Umgang mit den Begriffen. Hier bedarf es der Fantasie und des Raumes, sich mit Jungen gemeinsam darüber zu besprechen.

So sind wir insgesamt der Auffassung, sofern der Kontext betrachtet und thematisiert wird, dass die Wahl des Begriffes „Opfer" angemessen sein kann. Wegen der Schwierigkeit, die Zuschreibungen prinzipiell mit sich bringen und der Gewissheit, dass der Sprache und daher den Begriffen eine zentrale Bedeutung in Bildungszusammenhängen zukommt, verstehen wir auch den Gebrauch des Begriffs „Betroffene", sofern dieser als Selbstbezeichnung gewählt wird. Doch haben wir in Seminaren mit Jungengruppen und bei der Beratung die Erfahrung gesammelt, dass diese mit dem Begriff „Betroffene" häufig nichts anfangen können. Er gehört nicht zu ihrem Sprachgebrauch. Der Begriff des Opfers ist ihnen näher.

3.3 Argumente für eine geschlechtsspezifische und geschlechtersensible Arbeit mit Jungen und Männern

Beratungsstellen für von sexualisierter Gewalt betroffene Menschen sind in Deutschland nicht durch staatliche Initiativen entstanden. Sie haben ihren Ursprung in der Selbsthilfe. Anfang der 80er-Jahre begannen Frauen über die erlebte sexualisierte Gewalt in ihrer Kindheit und Jugend zu sprechen. Flankiert durch die Frauenbewegung wurden erste Beratungsstellen gegründet, so z. B. „Wildwasser Berlin" im Jahr 1983. Parallel dazu begann eine Auseinandersetzung in der Fachliteratur. 1982 etwa erschien das Buch von Kavemann/Lohstöter (1982) „Väter als Täter". Diesen und vielen weiteren Mitstreiterinnen ist es gelungen, sexuelle Gewalt im Bewusstsein der Öffentlichkeit zu verankern.

Aus dieser Tradition heraus ist es zu verstehen, dass der parteiliche Ansatz ein wichtiger Bezugspunkt in der Arbeit der Beratungsstellen ist, die auf eine deutlich feministisch geprägte Geschichte zurückblicken. Aus der Grundannahme, dass fast alle Täter Männer sind, entwickelten sich eindeutige Erklärungsmuster für Täterverhalten, die stark von der Wahrnehmung von Mädchen und Frauen in einer männerdominierten Welt und von der Beschreibung der Gesellschaft als einer patriarchalen ausgingen. Aus der Analyse gesellschaftlicher Bedingungen entstanden Erklärungsmuster für sexualisierte Gewalt mit einem starken Fokus auf Macht und Machtausübung, in erster Linie durch Männer. Viele dieser entwickelten Erklärungsmuster sind auch heute noch hilfreich, müssen wir doch weiterhin davon ausgehen, dass 80 bis 90 % der Täter Männer sind. Der von uns später noch genauer betrachtete Prozess des „Grooming" zeigt, wie zumeist männliche Täter ihre Macht einsetzen, um Kinder und Jugendliche in Abhängigkeit zu zwingen.

So kann es nicht verwundern, dass Jungen als Opfer zu Beginn der Auseinandersetzung um sexualisierte Gewalt in den 80er-Jahren kaum in den Blick der Fachöffentlichkeit gerieten. Zwar entstanden Anfang der 90er-Jahre erste Veröffentlichungen in Deutschland zu Jungen. (Glöer/Schmiedeskamp-Böhler 1990, Bange 1992) Doch noch fehlten Mitstreiter*innen, um dieses Thema stärker in die fachliche Diskussion bringen zu können. Da Männer sexualisierte Gewalt seltener thematisieren als Frauen, und da eine Männerbewegung nicht im gleichen Umfang wie die Frauenbewegung existierte, konnten auch von dieser Seite weniger Impulse kommen.

Im Jahr 1995 entstand dann in Berlin aus einer Selbsthilfegruppe die Anlaufstelle Tauwetter. „Ziel war es, Männern, die als Junge Opfer sexualisierter Gewalt geworden waren, Unterstützung bei der Bildung von Selbsthilfegruppen und durch Einzelberatung zukommen zu lassen. Tauwetter ist bis heute im Bundesgebiet einzigartig und wird demzufolge auch überregional in Anspruch genommen." (Tauwetter Berlin 2018)

Die KIBS (Kontakt-, Informations- und Beratungsstelle) in München wurde 1999 gegründet. „Die Arbeit begann mit dem sogenannten ‚Pfadfinderfall‘: Zwei Pfadfinderführer waren angeklagt, über mehrere Jahre 20 Jungen sexuell missbraucht und vergewaltigt zu haben. Der Zufall wollte es, dass das Münchner Opferschutzdezernat, eine Spezialabteilung der Münchner Polizei, die nicht ermittelnd tätig sein darf, von dem Vorhaben erfuhr, eine Beratungsstelle für missbrauchte Jungen zu gründen. Das Opferschutzdezernat bat die Initiatoren dieses Vorhabens um Unterstützung im ‚Pfadfinderfall‘. Damit konnte das Projekt schneller als geplant umgesetzt werden, denn für die Initiatorin entstand so die Möglichkeit, bereits während der polizeilichen Ermittlungen die Opfer und deren Angehörige zu betreuen und zu beraten. Mit diesem intensiven Einstieg konnte sie in relativ kurzer Zeit viele Erfahrungen machen und einen realistischen Einblick in die Materie gewinnen." (KIBS München 2018)

Ende der 80er-Jahre entstanden auch die ersten Projekte und Einrichtungen, die sich aus anderen Perspektiven, also nicht im Zusammenhang mit sexualisierter Gewalt, sondern z. B. in Diskussionen zu Rollenbildern und Geschlechterfragen mit den Jungen und Jungenarbeit befassten. Beispielhaft ist die Heimvolkshochschule (HVHS) Frille zu nennen, die seit 1985 ein Konzept parteilicher Mädchenarbeit und antisexistischer Jungenarbeit entwickelte und erprobte. (Glücks, Ottemeier-Glücks 1999) Besonders an der Weiterbildung der HVHS Frille war auch, dass die antisexistische Jungenarbeit nie als Abgrenzung zur Mädchenarbeit betrieben wurde, sondern, wie es im Vorwort zu „Geschlechtsbezogene Pädagogik" (Glücks, Ottemeier-Glücks 1999) heißt: „Wir beschreiben unsere Ziele und Grundsätze parteilicher Mädchenarbeit und antisexistischer Jungenarbeit als Wege zu einer koedukativen Praxis der Gleichwertigkeit in Differenz." Die HVHS Frille hat somit beginnend in den 80er-Jahren bis 2011 Generationen von Männern aus dem gesamten Bundesgebiet in antisexistischer Jungenarbeit weitergebildet und die Auseinandersetzung über Männlichkeiten mitgeprägt. Viele der Teilnehmer haben sich dann auf den Weg gemacht, diese Aspekte in ihre Arbeit einzubeziehen oder eigene Projekte zu gründen. Auch Bücher wie „Kleine Helden in Not" (Schnack/Neutzling 1990) halfen Männern in der pädagogischen Arbeit, sich mehr und mehr mit der Situation von sexualisierter Gewalt betroffener Jungen zu beschäftigen.

All diese unterschiedlichen Ansätze und die Auseinandersetzung mit Betroffenen haben immer wieder nahegelegt, dass eine Hilfe für von sexualisierter Gewalt betroffene Jungen stets einem geschlechtsspezifischen und geschlechtersensiblen

Ansatz folgen sollte. Besonders die aus ihrer männlichen Sozialisation resultierenden Bewältigungsstrategien, aber auch die Schwierigkeiten bei der Hilfesuche weisen auf die Notwendigkeit hin, sowohl im Hinblick auf Präventionskonzepte als auch für die Beratungsarbeit die Situation von Jungen in unserer Gesellschaft und die Konstruktionen von Rollenbildern und Geschlechtszuschreibungen zu berücksichtigen. In der Debatte zum Genderbegriff ist dazu viel erarbeitet worden. Zentral ist das Konzept der „hegemonialen Männlichkeiten" von Connell (2005) geworden, das auf dem Hegemoniebegriff von Gramsci fußt. Damit ist jene Form von Herrschaft beschrieben, in der ein „aktiver Konsens der Regierten" (Gramsci) vorliegt. Herrschaft wird als integraler Bestandteil des Konsenses anerkannt und bejaht. So ist ein Modus von Herrschaft benannt, der nicht gewaltsam vorgehen muss, weil er auf der Zustimmungsbereitschaft der Regierten beruht.

Connell beschreibt, dass sich in jeder Gesellschaft eine Form von Männlichkeit durchsetzt, die ihre Position in Relation zu anderen Formen von Männlichkeit erreicht. Bei dieser hegemonialen Version handelt es sich jedoch nicht um eine „Eigenschaft von Personen, sondern um ein Orientierungsmuster, das nur von einer Minderheit von Männern, wenn überhaupt, in vollen Umfang realisiert werden kann." (Meuser 2011, S. 197) Trotzdem wird diese Version von der Mehrheit der Männer als Ideal akzeptiert. Männer unterwerfen sich ihrem normativen Druck und streben danach, diesem Ideal so nahe wie möglich zu kommen. Dieser normative Druck ist so stark, dass selbst Männer, die versuchen, alternative Formen von Männlichkeit zu leben, sich ihm nicht entziehen können, weil sie unter dem ständigen und auf Dauer zermürbenden Erfordernis stehen, sich von der hegemonialen Form von Männlichkeit abzugrenzen. Sie sind damit Dissidenten, werden ständig an ihre Abweichung erinnert und unterliegen somit einem besonderen Leidensdruck.

Umgekehrt werden das Leben und das Streben nach einem hegemonialen Männlichkeitsideal nicht mit einem Leidensdruck in Verbindung gebracht. Hierbei denken wir zum Beispiel an diejenigen Jungen, die körperlich stark und sportlich sind und sich nicht davor fürchten müssen, mit weiblichen Zuschreibungen bedacht zu werden. Hier kann also auf der einen Seite von dem Erreichen des Männlichkeitsideals gesprochen werden. Gleichzeitig stellen wir in unseren Beratungen immer wieder fest, dass auch diese Jungen unter dieser Männlichkeit leiden können. Nicht nur ist das Erreichen oft mit vielen Entbehrungen verbunden, auch das Ideal selbst ist nicht immer der Zustand, der von den Jungen tatsächlich angestrebt wird. Hierdurch entstehen oft Ambivalenzen, die schmerzhaft sein können. Dies trifft nicht nur auf Jungen zu, sondern auch erwachsene Männer sind vor diesen Ambivalenzen nicht geschützt. Auf der einen Seite etwa gelten beruflich erfolgreiche Männer als hegemonisch, können dabei aber gleichzeitig darunter leiden, sich nicht in gewünschter Qualität und Quantität um die eigene Familie zu kümmern.

Welche Form von Männlichkeit in einer gewissen Epoche eine Vormachtstellung erringt, unterliegt gewiss geschichtlichen und kulturellen Veränderungen. Generalisierend kann man davon ausgehen, dass gesellschaftliche Eliten die hegemoniale Form von Männlichkeit vorgeben. Connell/Wood sprechen von „transnational business masculinity." (2005) In unserer Arbeit erleben wir parallel dazu ein

Modell des körperlich starken und wehrhaften Mannes. Jungen und Männer, denen es nicht möglich ist, sich beruflich und finanziell erfolgreich präsentieren zu können, können alternativ den Weg über den eigenen Körper wählen. Hier werden dann keine Aktentaschen getragen, sondern besonders schwere Hanteln, die den eigenen Körper als Bühne nutzen und präsentieren.[6]

Gleichzeitig erkennt Connell eine Unterordnung. Darunter versteht sie, dass Männer grundsätzlich an der Machterhaltung des Patriarchats interessiert sind und sie daher jede Form von Männlichkeit oder Praktiken unterdrücken müssen, die diesen Machterhalt in Frage stellen könnten. Damit kann ihre hegemoniale Männlichkeit zugleich weiter konstruiert und gefestigt werden, eben in Abgrenzung zu allem Weiblichen oder als weiblich konnotierten Eigenschaften.

Es reicht daher nicht aus, dem männlichen Geschlecht anzugehören, um sich sicher zu fühlen. Vielmehr ist ein Mann in dieser Gesellschaft gefordert, und das trifft auf Jungen in der Adoleszenz in besonderer Weise zu, ihre Männlichkeit zu entwickeln, nach außen zu tragen und durchzusetzen. Männlichkeit und insbesondere die Festigung von Männlichkeit ist dabei ein unsicherer Prozess, weil er auf kompetitiven Praktiken beruht. Da dieses Prinzip der Konkurrenz vorherrscht, gewinnen der Mann oder der Junge einerseits Bestätigung, lebt aber andererseits in ständiger Frustration durch das immer mögliche Nichterreichen von anzustrebenden Idealen.

Solche Praktiken werden gerade unter Jungen angewendet, um sich ihrer (traditionellen) Männlichkeit zu versichern und um den Rang in der Gruppe zu erhalten. Meistens äußern sich diese Handlungen in verbaler oder körperlicher Gewalt. „Es lief dann auch so innerhalb der Schule dann stark ab..., dass man sich so halt an die Geschlechtsteile fasst, das kommt halt so. [...] Also so der Stärkere, der hat dann sich da auch, also so sein, seine Stärke, seine Macht natürlich demonstriert, das war aber schon aggressiv." (Engelfried 1997, S. 122)

Körperliche Gewalt unter Jungen, die neben der Verletzung des anderen auch die Funktion des Kämpfens um die Rangordnung haben kann, ist zwar mit einem Machtverlust, aber nicht unbedingt mit einem Gesichtsverlust für den Unterlegenen verbunden, da diese Rangkämpfe gesellschaftlich anerkannt sind. Sexuelle Übergriffe unter Jungen dagegen bedeuten für den Betroffenen immer eine Ausgrenzung. Er wird in die Rolle des Weiblichen und somit Schwachen oder Nicht-Männlichen gedrückt.

Damit wird deutlich, dass sexuellen Übergriffen eine funktionale Bedeutung bei der Konstruktion des eigenen Geschlechts und der damit verbundenen Rollenbilder zukommen kann. Präventionsarbeit wie auch beraterische Begleitung und therapeutische Aufarbeitung müssen diesen Aspekt aufgreifen und reflektieren.

---

6 Besondere Stärke und Umfang der Schultern können auch als Bewältigungsstrategie gewählt werden. Jungen, die durch die erlebte sexualisierte Gewalt ihre Männlichkeit entwertet gesehen haben, können sie durch ein intensives Krafttraining zurückgewinnen und gleichzeitig die erlebte Wehrlosigkeit verarbeiten. Sie werden stark, um in Zukunft nicht zum Opfer zu werden.

3.4 Risiko- und Schutzfaktoren bei Jungen und deren Bedeutung für die Präventionsarbeit

Sexualisierte Gewalt kann jeden Jungen treffen. Bestimmte Bedingungen verstärken jedoch das Risiko. Gleichzeitig können andere Faktoren eine schützende Funktion entfalten. Finkelhor hat schon 1984 eine Liste mit Risikofaktoren zusammengestellt, die sich jedoch größtenteils auf innerfamiliäre sexualisierte Gewalt an Mädchen bezog. Finkelhor nennt hier unter anderem: Leben mit Stiefvater, Leben ohne Mutter und fehlende körperliche Zuneigung des Vaters. In der Arbeit mit Jungen, die etwa am Hamburger Hauptbahnhof Kontakte zu Pädosexuellen hatten, wurden die biographischen Gemeinsamkeiten dieser Jungen deutlich und berücksichtigt. „Viele von ihnen lebten zunächst mit ihrer alleinerziehenden Mutter oder mit ihrer Mutter und deren neuen Partner, dem ‚Stiefvater‘ zusammen. Nur wenige der Jungen hatten jemals Kontakte zu ihren leiblichen Vätern. In der Regel hatten die Familien der Jungen sehr früh Kontakte zum Hilfesystem. Alle Jungen befinden sich aktuell oder befanden sich bis vor kurzem in Maßnahmen der ‚Hilfen zur Erziehung‘ (Heime, Wohngruppen etc.). Die Jungen haben in der Regel Heimkarrieren hinter sich, die durch eine große Zahl von Beziehungsabbrüchen gekennzeichnet sind. Verlässliche Beziehungen zu Erwachsenen hat es für sie meist nicht gegeben." (Lembeck/Ulfers 2003, S. 106) In der Praxis konnte auch festgestellt werden, dass emotional bedürftige oder vernachlässigte Jungen für Täter leichter zu erreichen sind: „Auf der Opferseite finden wir nicht selten bedürftige Kinder und Jugendliche, die sich nach Zuwendungen, Anerkennung, Beachtung, Schutz, Solidarität, Unterstützung und Liebe sehnen. Ein Pädosexueller setzt hier an und bemüht sich, diesen Kindern und Jugendlichen planmäßig alle erwünschten Dinge verstärkt zu geben." (Nöthen-Schürmann 2003, S. 113)

Bange und Deegener (1996) weisen außerdem darauf hin, dass besonders die Abwesenheit von männlichen Bezugspersonen von Täter*innen ausgenutzt wird. Mey (zitiert in Brandes 2004, S. 11) hat darüber hinaus Risikofaktoren speziell für außerfamiliären Missbrauch von Jungen benannt: Danach führen ein geringes Einkommen der Herkunftsfamilie, eine broken-home-Situation, die Vernachlässigung durch die Eltern, vorhergegangene homosexuelle Kontakte, eine mangelhafte schulische und familiäre Integration sowie eine schlechte finanzielle Situation zu besonderen Problemstellungen.

Eine Studie an jugendlichen männlichen „Wegläufern" von Janus, Burgess und McCormack (1987, zit. nach Brandes 2004) zeigt deutlich erhöhte Raten von körperlichem und sexuellem Missbrauch. Trotz dieser Befunde ist bei der Arbeit mit Jungen stets zu betrachten, welche eigenen Ressourcen sie mitbringen. Diese Ressourcen können als Schutzfaktoren wirken. Daher sind nicht nur die genannten Risiko-, sondern auch die Schutzfaktoren für die Soziale Arbeit mit Jungen von großer Bedeutung. Weil das so ist, gehen wir generell sehr vorsichtig mit dem Begriff der „Risikofaktoren" um. So können etwa Eltern und Personensorgeberechtigte einerseits ein Risiko begünstigen, andererseits aber durch gewaltfreies Erziehungsverhalten, durch emotionale Zuwendung oder durch eine gute Sexualaufklärung ihrer Kinder ganz im Gegenteil dabei helfen, Schutzfaktoren auszubilden.

Schutzfaktoren können auch als Botschaften bezeichnet werden, die von Fachberatungsstellen vermittelt werden:

- *1. Botschaft: „Mein Körper gehört mir."* Diese Botschaft ist so banal nicht, wie sie auf den ersten Blick erscheint, denn Kinder sind in den ersten Jahren auf Erwachsene angewiesen, die auch ihren Körper pflegen müssen. Kinder besitzen daher in gewisser Weise zwar ihren Körper, müssen es jedoch hinnehmen, dass Erwachsene damit etwas anstellen, worauf sie keinen Einfluss nehmen können. Auch wenn diese Handlungen zum Wohle des Kindes zwingend erforderlich sind, so werden die Windeln doch gewechselt, und anschließend wird eingecremt, ohne dass das Kind den Wunsch danach äußert. Die ersten Lernerfahrungen verlaufen daher durchaus konträr zu der Botschaft, dass der Körper dem Kind selbst gehört. Mit der körperlichen und geistigen Entwicklung des Kindes muss daher auch die körperliche Autonomie gelernt und an die Kinder weitergereicht werden. Kinder müssen in diesem Zusammenhang lernen, sich zu artikulieren und die Erfahrung machen, dass ihnen zugehört wird. Täter versuchen diese noch schwache körperliche Autonomie zu untergraben. Auch deshalb ist es von elementarer Bedeutung, dass Kinder sich sicher sind, dass ihr Körper nur ihnen gehört. Erst dann können sie ein Gefühl dafür ausbilden, was überhaupt ihr Körper ist, was ihnen daran gefällt und was nicht. Kinder können sich schon sehr früh damit auseinandersetzen und darüber sprechen. Oft genug sind es jedoch die Erwachsenen, die nicht auf ihre Botschaften reagieren bzw. nicht nachfragen[7].
- *2. Botschaft: „Erkenne Deine Gefühle."* Niemand fühlt sich jeden Tag gleich, und nicht jede Tätigkeit fühlt sich gleich an. Das Lernen von Lateinvokabeln kann Frust bereiten, das Lernen von Englischvokabeln hingegen Freude. Kinder müssen in den ersten Jahren lernen, ihre Gefühle zu erkennen und zu beschreiben. Hierbei benötigen sie Erwachsene, die sie dabei begleiten und Vorbild sein können. Gleichzeitig müssen Kinder lernen, dass nur sie diejenigen sind, die ihre Gefühle kennen und daher wissen, was ihnen gut tut und was nicht. Auch hier versuchen Täter Einfluss zu nehmen und die Kinder zu verunsichern.[8]
- *3. Botschaft „Kinder brauchen Geheimnisse."* So sehr sie Geheimnisse benötigen, so sehr müssen Kinder lernen, mit ihren Geheimnissen umzugehen. Sie müssen unterscheiden lernen, dass es Dinge gibt, die sie lieber für sich behalten sollten, aber dass es manchmal angebracht sein kann, sein Geheimnis einem anderen anzuvertrauen. Das bedeutet dann auch, dass sie die Erfahrung machen müssen, dass mit ihren anvertrauten Geheimnissen behutsam und einfühlsam umgegangen wird. Kinder brauchen Modelle, an denen sie sich orientieren können. Wenn es einmal nicht möglich ist, ein Geheimnis für sich zu behalten, wenn es angebracht ist, dass es auch andere erfahren und diese Möglichkeit besteht, dann benötigen Kinder Transparenz und Offenheit der Erwachsenen.
- *4. Botschaft: „Kinder müssen lernen, Nein und Ja zu sagen."* Kinder müssen nicht zu allem Ja sagen. Kinder sollen im Rahmen ihrer Entwicklung lernen, dass sie ein Mitspracherecht haben, dass sie Grenzen aufzeigen können und

---

7 Siehe zur praktischen Umsetzung das Kinderbuch „Pepe. Ein Ausflug der stark macht." (Fobian/Röder 2017)
8 Siehe zur praktischen Umsetzung auch das Kinderbuch „Die Gefühlebande". (Fobian/Zels 2018)

dass diese Grenzen auch wahrgenommen werden. Sexuelle Gewalt bedeutet immer, dass ein anderer über die Grenzen meiner Person geht und diese Grenzen nicht akzeptiert. Daher ist es von zentraler Bedeutung, dass Kinder überhaupt wissen, wo ihre eigenen Grenzen verlaufen. Aus der Erfahrung mit betroffenen Jungen wissen wir, dass viele Täter an diesem Punkt angesetzt und eben nicht auf das „Nein" gehört haben bzw. dem Kind versucht haben einzureden, dass es „Ja" gesagt hätte.

- ■ *5. Botschaft: „Ich kann mir Hilfe holen."* Jungen haben große Probleme, sich Hilfe und Unterstützung zu suchen. Jungen haben vielfach gelernt, den gesellschaftlichen Bildern entsprechend, ihre Probleme aus eigener Kraft lösen zu wollen. Für Jungen bedeutet dies, dass sie nicht wissen, wie sie an Personen herankommen, die ihnen bei speziellen Fragen und Notlagen weiterhelfen. Dies gilt jedoch nicht nur für sich selbst, sondern auch, wenn andere Jungen sie ansprechen. Einen Rat können sie häufig gar nicht geben. Dabei werden in unseren Seminaren die besten Freunde immer wieder als wichtige Ansprechpartner genannt. Dies bedeutet also, dass insbesondere die Thematisierung der Hilfesuche und die praktische Übung bzw. das Aufzeigen von Möglichkeiten eine zentrale Aufgabe in der Prävention von sexueller Gewalt gegen Jungen ist. Vor allem aber müssen die Jungen lernen, dass die Suche nach Hilfe ein angemessenes und brauchbares Mittel ist – gerade auch für sie.

Methodisch kann hier unterschiedlich vorgegangen werden. Einige Ideen liefern wir weiter unten. Ferner ist es möglich, auch Bilderbücher zu verwenden. (Fobian/Zels 2021) Bei der Vermittlung dieser fünf Botschaften ist es wichtig, den geschlechtsspezifischen Blick nicht zu verlieren, denn Jungen und Mädchen werden nun einmal unterschiedlich sozialisiert. So werden etwa Jungen „im Durchschnitt vollständiger und länger versorgt als Mädchen. Ihnen wird häufig zu wenig Sorge für den eigenen Körper zugetraut und zugemutet. Neben der damit einhergehenden Bequemlichkeit für die Jungen hat das zur Folge, dass sie weniger Bezug zu ihrem Körper haben und dessen Bedürfnisse weniger sensibel wahrnehmen. Dieser Mangel macht sie abhängig von der Versorgung anderer und anfällig für fremdbestimmte Vorstellungen darüber, wie etwas zu sein hat oder funktionieren muss." (Ottemeier-Glücks in: kibs München 2009, 66)

Diese andere Sozialisation kommt dann in der Botschaft „Ich kann mir Hilfe holen" noch einmal in besonders verwirrender Weise zum Ausdruck. Für viele Jungen ist das ein Eingeständnis von Schwäche, und das ist gleichbedeutend mit „unmännlich". Deshalb ist es bedeutsam, dass gerade Männer (Väter, Lehrer, Pädagogen) deutlich machen, dass es ganz im Gegenteil eine Stärke ist, festzustellen, wann man Hilfe braucht, und dass man sich Hilfe organisieren kann.

3.5 Folgen und Gefühle von Jungen, die sexualisierte Gewalt erlebt haben

In der Begleitung und Betreuung von betroffenen Jungen ist es elementar, sich der Einzigartigkeit des Jungen zu vergewissern und ihn mit allen seinen Stärken und Schwächen zu betrachten. Gleichzeitig gibt es Erkenntnisse und Erfahrungen zu jungenspezifischem Verhalten und Reaktionen auf sexualisierte Gewalt, die sich zumindest so weit vereinheitlichen lassen, dass sie zu einem besseren Verständnis betroffener Jungen beitragen können.

Für viele Jungen ist Homosexualität (gerade in der Altersgruppe 10-16 Jahre) ein gefährlicher Begriff, von dem sie sich deshalb abgrenzen müssen. Neben „Du Opfer" ist die Beleidigung „Schwule Sau" eines der verbreiteten Schimpfwörter unter Jungen. Jungen, die sexualisierte Gewalt erlebt haben, sind oft sehr verunsichert, ob das Erlebte ein Indikator dafür ist, dass sie schwul sein könnten oder geworden sind, denn es ist davon auszugehen, dass 80-90 % der Täter männlich sind. Auch die Befürchtung, dass andere sie als schwul ansehen könnten, ist für viele Jungen ein zentrales Thema. Diese Verunsicherung erschwert es oftmals, dass sich Jungen Hilfe holen. In der Präventionsarbeit ist es uns deshalb besonders wichtig, genau zu benennen, dass es hierbei um sexualisierte Gewalt ging („Ein Erwachsener hat dich ausgenutzt") und dass das Erlebte nichts mit Homosexualität zu tun hat. Gleichzeitig muss dabei klargestellt werden, dass Homosexualität eine gleichwertige und ebenfalls mögliche Form der Sexualität sein kann. In der Arbeit mit den Jungen ist die Auseinandersetzung über unterschiedliche sexuelle Orientierungen und deren Akzeptanz daher ein wichtiger Baustein.

In vielen Situationen werden betroffene Jungen mit ihren eigenen Rollenbildern von Jungen und Männern oder mit den an sie herangetragenen Rollenerwartungen konfrontiert. Sie trauen sich daher oft nicht, zu ihren Ängsten zu stehen. Ein Junge, der Angst hat, ist kein richtiger Junge, sondern eben ein Angsthase. Dies spiegelt sich auch darin wider, dass viele Jungen sich zum Vorwurf machen (oder auch von anderen vorgeworfen bekommen), dass sie sich nicht oder nicht genügend gewehrt hätten. Eine nicht vorhandene Wehrhaftigkeit entspricht nicht den Rollenvorgaben, an denen sie sich zu orientieren haben. Wir müssen daher mit den Jungen gemeinsam herausarbeiten, wo sie sehr wohl geäußert oder signalisiert haben, dass sie etwas nicht wollten. Gleichzeitig müssen wir ihnen anhand des „Groomingprozesses" (Siehe Kapitel „Täterstrategien") aufzeigen, wie ein Täter strategisch vorgeht und mit welchen Manipulationen er arbeitet, denn diese Manipulationen machen es den betroffenen Jungen häufig unmöglich zu erkennen, welche Absichten der Täter hatte.

Viele Jungen berichten auch von Situationen oder Momenten der sexuellen Erregung während des Erfahrens von sexualisierter Gewalt, was bei ihnen zu weiteren Irritationen und Schuldgefühlen führt. Da die Erregung als Erektion sichtbar wird, können sie ihren Zustand weder vor sich noch vor dem Täter verbergen. „Ein Teil der Jungen glaubt wegen der sexuellen Erregung, sie hätten den Missbrauch selbst gewollt oder wären zumindest aktiv beteiligt gewesen. Die dadurch entstehenden Schuldgefühle werden von den Täter*innen häufig – fast im Sinne einer Gehirnwäsche – verstärkt, indem sie zu den Jungen sagen, ‚siehst du, das macht dir doch auch Spaß'." (Bange 2007, S. 54, vgl. auch Bange/Schlingmann 2016)

Darum ist es für die Jungen sehr hilfreich, über ihren Körper Bescheid zu wissen. Sie können dann zum Beispiel erkennen, dass ihre Erektion bereits durch bloße manuelle Stimulation entstehen kann. Hier sind aus unserer Sicht, wenn irgend möglich, Männer als Bezugspersonen gefordert. Sie können ihnen vermitteln, dass

Erektionen nicht steuerbar sind und auch Beispiele dafür benennen, etwa eine Erektion während des Sportunterrichts oder ausgelöst durch Angst. Außerdem gibt es in Berichten von Jungen auch Momente, in denen sie, besonders bei emotionaler Bedürftigkeit, diese Gefühle als angenehm schildern – wofür sie sich dann häufig besonders schuldig fühlen. Hier ist es wichtig, ihnen diese Schuldgefühle zu nehmen und aufzuzeigen, dass ihre emotionale Bedürftigkeit vom Täter benutzt wurde, um sexuelle Gewalt auszuüben.

Im „Grooming-Prozess" wird auch eine Phase beschrieben, in der der Täter sein Opfer isoliert. Diese Isolation kennen viele betroffene Jungen. Sie verhindert, dass sie sich zutrauen, die Situation zu verlassen und mit Freunden, den Eltern oder Personen zu sprechen, die ihnen Unterstützung geben könnten, also mit jenen Menschen, die gerade in der Phase vor und in der Pubertät eine große Bedeutung für sie haben. So kommen zum Vertrauensverlust Gefühle von Verrat und Trauer, die Hilflosigkeit- und Ohnmacht hervorrufen. Diese Gefühle werden noch dadurch verstärkt, dass der Junge sich nicht hat wehren können, wie es seinem Rollenbild entspricht. Am Ende bleibt eine große, unüberwindbare Scham zurück und das Gefühl einer Mitschuld am erlebten Missbrauch, was nicht selten zu Wut und Hass gegenüber sich selbst führt.

Hinzu kommt, dass viele Jungen, vor allem ältere, durch die medialen und gesellschaftlichen Diskurse eine Angst entwickeln, nun auch ihrerseits als Sexualstraftäter angesehen zu werden. Zwar muss konstatiert werden, dass es sehr wohl eine Gruppe von Betroffenen gibt, die in späteren Jahren selbst zu Täter*innen werden können; doch davon einmal abgesehen ist es für die Jungen stets eine weitere Bürde, wenn ihnen diese Unterstellung gemacht wird. Häufig ist auch zu erleben, dass Eltern mit diesem Thema in die Beratung kommen. Hier steht dann nicht die von ihrem Kind erlebte Gewalttat im Mittelpunkt, sondern die potenzielle Gefährdung des Kindes als möglicher Gewalttäter. „Bei sexuell missbrauchten Jungen und Männern gleich darauf zu schielen, ob sie nicht Täter sind, verstellt folglich den Blick auf ihr Opfersein. Sexuell missbrauchte Jungen sind zunächst einmal Opfer und haben das Recht, Hilfe zu bekommen, weil sie verletzt worden sind und nicht, weil sie irgendwann vielleicht einmal Täter werden könnten." (Bange 2007, S. 82, vgl. auch Bange 2018a und 2018b)

Nicht nur das spezifische Wissen über Folgen von sexualisierter Gewalt bei Jungen, sondern generell die Auseinandersetzung mit Jungen, mit jungenspezifischen Verhaltensweisen und auch mit eigenen Bildern, wie Jungen sind oder zu sein haben, hilft ihnen weiter. Dabei ist es immer wieder wichtig, auch die Unterschiede zu betrachten: Da gibt es vielleicht den stillen Jungen, der sich immer mehr in seine Isolation zurückzieht. Hier sind wir als Eltern oder Pädagog*innen vielleicht schon etwas aufmerksamer. Aber was ist mit dem aggressiven Jungen, der seine eigene Verletztheit hinter Aggression und Abwehr verbirgt bzw. versucht, sich so zu spüren? Diesen Jungen wird oft sehr schnell mit Sanktionen geantwortet und weniger gefragt, warum sie dieses Verhalten zeigen.

Reflexionsfragen

Reflexion der eigenen Geschlechtersozialisation
Erinnern Sie sich an Ihre Kindheit und Jugend und reflektieren Sie für sich folgende Fragen:

- Wie war die Geschlechterverteilung in Ihrer Herkunftsfamilie?
- Wie war die Rollenverteilung in Ihrer Herkunftsfamilie: wer hat welche Geschlechterrollen wahrgenommen?
- Haben Sie sich als Kind/Jugendliche*r bewusst als Junge/Mädchen wahrgenommen? Was war daran gut/schön?
- Haben Sie sich in ihrem (Ihnen zugeschriebenen) Geschlecht wohlgefühlt?
- Hätten Sie gerne einmal in eine andere Geschlechterrolle getauscht? Wenn ja, wie ging es Ihnen damit?

Reflexion zu Jungen als Opfer und Betroffene

- Konstruieren Sie sich eine Situation in ihrem Arbeitsbereich, in der Sie erfahren, dass ein Ihnen anvertrautes Mädchen sexuelle Gewalt erlebt hat.
  Welche Gefühle treten bei Ihnen auf, wie können Sie das Mädchen unterstützen?
- Jetzt konstruieren Sie bitte die gleiche Situation, wobei dieses Mal ein Ihnen anvertrauter Junge betroffen ist.
  Welche Gefühle treten nun bei Ihnen auf, wie können Sie den Jungen unterstützen?
  Vergleichen Sie bitte beide Situationen: Ist Ihre Wahrnehmung, sind Ihre Gefühle und Handlungsschritte unterschiedlich?

4. Die Täter – Der Weg zur Gewalttat

Was Sie in diesem Kapitel erwarten können:

„Wie kann jemand nur so etwas tun?" Diese Frage wird häufig mit gerunzelter Stirn gestellt. Doch auch hier gilt, wie schon in dem vorherigen Kapitel über das Ausmaß der sexuellen Gewalt und mögliche Antworten der Sozialen Arbeit darauf, dass wir ruhig Blut bewahren sollten. In erster Linie kommt es darauf an, das Phänomen zu verstehen. Etwas zu verstehen heißt nicht, es zu billigen. Davon kann auch keine Rede sein. „Nicht bemitleiden, nicht auslachen, nicht verabscheuen, sondern verstehen", zitiert Bourdieu (1997, 13) eine Anweisung Spinozas. Daran wollen wir uns auch halten, denn es geht uns darum, die Fachleute dabei zu unterstützen, die Jungen zu verstehen. Und wir verstehen sie umso besser, je mehr wir über die andere Seite und deren Motive wissen, denn das Vorgehen der Täter*innen wirkt unmittelbar auf das Erleben ihrer Opfer. Moralische Verurteilungen sind für eine professionelle Perspektive ganz und gar abträglich. Daher berichten wir sachlich über bestehende Erklärungsmodelle und das strategische Vorgehen der Täter*innen, denn nach allem, was wir wissen, handeln sie in der Regel nicht einfach aus dem Bauch heraus. Sie überlegen sich sehr genau, wie sie ihre Taten beginnen, aufrechterhalten und geschickt verschleiern.

4.1. Erklärungsmodelle zur Entstehung sexualisierter Gewalt

Wie kann es zu sexuellen Handlungen von Erwachsenen gegenüber Kindern kommen? Warum werden Menschen zu Täter*innen? Auf diese Fragen gibt es bisher keine einheitlichen Antworten.

Nehmen wir die häufig zitierte Definition von sexuellem Missbrauch, die Bange entwickelt (Bange 2007), so handelt es sich dabei um jede sexuelle Handlung, die an oder vor einem Kind entweder gegen seinen Willen vorgenommen wird oder der das Kind aufgrund körperlicher, psychischer, kognitiver oder sprachlicher Unterlegenheit nicht wissentlich zustimmen kann. Der Täter nutzt seine Macht- und Autoritätsposition aus, um seine eigenen Bedürfnisse zu befriedigen.

Allerdings gibt diese Definition noch keinen Hinweis darauf, ob der Täter Macht ausübt, um Sexualität zu erzwingen, oder ob er die Sexualität für seine (All-)Machtphantasien nutzt. „Ein noch ungeklärter Diskussionspunkt ist die Frage, ob es sich bei sexuellem Missbrauch um sexualisierte Gewalt oder um gewalttätige Sexualität handelt." (Heyden/Jarosch 2009, S. 15)

Wir wenden uns zunächst dem feministischen Erklärungsansatz zu und stellen dann die medizinische Definition vor, um uns daraufhin dem schon genannten Modell von Finkelhor zuzuwenden, dessen Worte wir an den Beginn dieses Kapitels stellen: „In my view the debate about the sexual motivation of sexual abuse is something of an unfortunate red herring. Sexual abuse does have a sexual component; sometimes it is strong, sometimes weak, sometimes primary, sometimes secondary. Along with nonsexual motivations it does need to be taken into account. The goal should be to explain how the sexual component fits in." (Finkelhor 1984, S. 35)

4.1.1 Feministisches Modell

Ausgehend von der Frauenbewegung und konfrontiert mit der großen Zahl von betroffenen Mädchen und Frauen wurde in den 70er-Jahren ein feministisches Ursachenmodell entwickelt. Hierbei waren vier verschiedene Annahmen maßgeblich:

1. Mädchen und Frauen sind nicht nur in Ausnahmefällen Betroffene von sexualisierter Gewalt, sondern sie ist vielmehr fester Bestandteil ihrer Erfahrungswelt. Es ist demnach nicht von individuellen Ursachen und Faktoren auszugehen, sondern es muss eine gesellschaftliche Dimension anzunehmen sein, die dazu führt.
2. Daher ist sexualisierte Gewalt ein geschlechtsspezifisches Phänomen. Die Opfer sind überwiegend Mädchen und Frauen, die Täter überwiegend männlichen Geschlechts.
3. Macht spielt eine zentrale Rolle bei der Durchsetzung sexualisierter Gewalt.
4. Sexualisierte Gewalt wird als Herrschaftsinstrument angesehen, mit dem Männer ihre Vormachtstellung gegenüber Frauen durchsetzen. (vgl. Kolshorn/Brockhaus 2002, S. 110)

Der feministische Ansatz analysiert daher die gesellschaftliche Vormachtstellung des Mannes als ursächlich für sexualisierte Gewalt. Verschiedene Studien untermauern diesen Ansatz, wonach ein Zusammenhang zwischen traditionellen Geschlechterrollen und dem Umfang sexualisierter Gewalt vorliegt. (vgl. Baron/Strauss 1987) Zwar können Jungen als Opfer und Frauen als Täterinnen in diesem Ansatz nicht ausreichend berücksichtig werden, doch ist dieser feministische Gesichtspunkt der traditionellen und starren Geschlechterrollen auch für das Verstehen der sexualisierten Gewalt gegen Jungen gewinnbringend. Er verdeutlicht, warum es auch Jungen und Männern erschwert wird, sich Hilfe und Unterstützung zu suchen und erklärt zudem, wie Täterstrategien zur Manipulation des Opfers auf diesem traditionellen Zusammenhang aufbauen. Und selbstverständlich verdeutlicht er darüber hinaus die Bedeutung der Macht, deren Verständnis für die Arbeit mit Jungen grundlegend ist.

4.1.2 Pädophilie und sexualisierte Gewalt gegenüber Kindern

Grundsätzlich können die Täter in zwei Gruppen eingeteilt werden: Einmal jene, die Kinder sexuell präferieren, die sog. Pädophilen, dann jene, die aus anderen Gründen zu sexueller Gewalt gegenüber Kindern greifen.

Der Begriff der Pädophilie wurde 1890 von Krafft-Ebing eingeführt. Damit ist eine medizinische Diagnose ausgesprochen, die sich im ICD-10 (International Classification of Diseases) und DSM IV (Diagnostic and Statistical Manual of Mental Disorders) wiederfindet. Im ICD-10 wird Pädophilie unter F65.4 beschrieben und liegt damit aus medizinischer Sicht im Bereich der Persönlichkeits- und Verhaltensstörungen: „Sexuelle Präferenz für Kinder, Jungen oder Mädchen oder

Kinder beiderlei Geschlechts, die sich meist in der Vorpubertät oder in einem frühen Stadium der Pubertät befinden." Pädophilie wird als Präferenz beschrieben, und für die Diagnostik ist es daher irrelevant, ob diese sexuelle Präferenz ausgelebt wird. Die Diagnose „Pädophilie" sagt daher nichts darüber aus, ob es zu einschlägigen strafbaren Handlungen gekommen ist.

Im DSM IV wird eine genauere Klassifikation vorgeschlagen:

a. Über einen Zeitraum von mindestens 6 Monaten wiederkehrende intensive sexuell erregende Phantasien, sexuell dranghafte Bedürfnisse oder Verhaltensweisen, die sexuelle Handlungen mit einem präpubertären Kind oder Kindern (in der Regel 13 Jahre oder jünger) beinhalten.

b. Phantasien, die sexuell dranghafte Bedürfnisse oder Verhaltensweisen und in klinisch bedeutsamer Weise Leiden oder Beeinträchtigungen in sozialen, beruflichen oder anderen wichtigen Funktionsbereichen verursachen.

c. Die Person ist mindestens 16 Jahre alt und mindestens 5 Jahre älter als das Kind oder die Kinder nach Kriterium a.

Bisher wurde noch keine größere Studie über pädophile Täter durchgeführt. Auf Grundlage von verschiedenen kleineren Studien lässt sich jedoch festhalten, dass höchstens fünf Prozent der Männer ein sexuelles Interesse an Kindern haben. (Seto 2009, S. 392)

Interessant in diesem Zusammenhang ist die Unterscheidung in fixierte vs. regredierte Pädophilie, die von Groth (1978, S. 1982) eingeführt wurde. Fixierte Täter weisen eine primäre sexuelle Orientierung an Kindern auf, während regredierte Täter eine primäre sexuelle Orientierung auf Gleichaltrige zeigen und parallel sexuell auf Kinder orientiert sind. Deegener (1995) stellt diese beiden Personengruppen gegenüber und zeigt, dass Jungen die primären Opfer der fixierten Missbrauchstäter sind, Mädchen dagegen bei den regredierten Missbrauchstäter*innen die primäre Opfergruppe bilden. Heyden und Jarosch (2010) weisen jedoch darauf hin, dass diese dichotome Einteilung zwar als praktikabel angesehen werden kann und auch klinische Belege dafür angeführt werden können, eine empirische Bestätigung jedoch noch aussteht. Für therapeutische Zwecke halten sie diese Einteilung daher für ungeeignet.

Der Begriff der Pädophilie ist übrigens umstritten, bedeutet er doch übersetzt „Liebe zum Kind". Aus diesem Grund wird insbesondere von Betroffenen Kritik formuliert. Als Alternative wird der Begriff der Pädosexualität vorgeschlagen. Dieser soll verdeutlichen, dass es sich bei sexuellen Handlungen an Kindern nicht um Liebe handeln kann. Zusätzlich muss festgehalten werden, dass es aus der der Sicht der Betroffenen auch Sexualität ist, denn Betroffene erleben in den meisten Fällen die Übergriffe als Gewalt.

Gleichzeitig muss berücksichtigt werden, dass nur bei ca. 40-50 % Seto 2009, S. 393) der Fälle von sexualisierter Gewalt tatsächlich pädosexuelle Handlungen vorliegen[9]. Den Zahlen von Seto (ebd., S. 392) zufolge leben 78.6 % aller Pädophilen ihre sexuellen Phantasien nicht aus. Eine alleinige Klassifikation als Pädophile eignet sich daher nicht, um Täter sexualisierter Gewalt hinreichend zu beschreiben. Diese muss differenzierter vorgenommen werden.

Daneben ist es auch nicht unumstritten, wie der Begriff der Pädophilie verwendet und diagnostiziert wird. (Schlingmann 2015)

4.1.3 Das Modell der vier Voraussetzungen von Finkelhor

Finkelhor kam 1984 nach der Analyse verschiedener Studien zur Ursachenerklärung von sexualisierter Gewalt zu dem Ergebnis, dass es aus seiner Sicht bis dato keine ausreichende Erklärung dafür gab. Eine seiner Hauptkritikpunkte war, dass soziale und kulturelle Faktoren zu wenig Beachtung finden. Entsprechend entwickelte er das hier vorgestellte Erklärungsmodell. Sein Modell der vier Voraussetzungen wird seither stark rezipiert und bietet nach wie vor für die Praxis der Arbeit mit Jungen einen sinnvollen Erklärungsrahmen. Diese vier Voraussetzungen sind:

Erstens: *Motivation zur sexuellen Gewalt.* Als mögliche Motivationen zur sexuellen Gewalt sieht Finkelhor die Befriedigung eines emotionalen Bedürfnisses nach sexueller Erregung. Diese Erregung wird von einem Kind hervorgerufen, wobei alternative Möglichkeiten zur sexuellen Befriedigung nicht verfügbar scheinen. Hierbei ist zu beachten, dass es nicht zwingend zur sexuellen Erregung kommen muss. Auch das Ausleben von Macht oder das Bedürfnis der Erniedrigung kann Motivation sein.

Zweitens: *Überwindung innerer Hemmungen.* Ist eine sexuelle Erregung entstanden, verbunden mit oder ohne Machtphantasien, müssen im nächsten Schritt die vorhandenen inneren Hemmungen überwunden werden, die, davon geht Finkelhor aus, bei den meisten Menschen bestehen. Als Hilfsmittel zur Überwindung dieser Hemmungen können Alkohol oder andere Drogen dienen. Allerdings geht Finkelhor davon aus, dass die unter dem ersten Punkt genannten Motive stets vorliegen müssen. Wer auch im nüchternen Zustand keine sexuelle Orientierung auf ein Kind hat, wird dieses auch nicht durch Alkoholkonsum oder andere Hilfsmittel erzeugen können.

Drittens: *Überwindung äußerer Hemmfaktoren.* Die Überwindung äußerer Hemmfaktoren hängt stark davon ab, wie gut das Kind in *schützenden Netzwerken integriert und von Personen umgeben ist, die auf es achten. Das können Nachbarn, Lehrer*innen, Freund*innen und Eltern sein. Eine Sonderstellung nehmen bei Finkelhor Mütter ein. Ihm zufolge liegt gerade bei Kindern, wo die Mutter nicht präsent ist (psychisch wie physisch) eine besondere Risikolage vor.* "Mothers appear to be especially crucial in protecting children from abuse." (Finkelhor 1984, S. 58) Er fährt fort: "Just what are all forms of protection that a mother provides is not entirely clear. Supervision does not mean simply being

---

9 Auch das Strafgesetzbuch macht keinen Unterschied bei der Beurteilung und kennt sexuellen Missbrauch an Kindern bzw. sexuellen Missbrauch bei Schutzbefohlenen.

present with the child at all times. It also includes knowing what is going on for a child, knowing when a child is troubled, and being someone to whom the child can readily turn for help." (ebd., S. 59)

Wir möchten hier kritisch einwerfen, dass heute eine derartige Hervorhebung der Rolle der Mutter nicht mehr zeitgemäß ist. Auch wenn nach wie vor überwiegend Frauen in der häuslichen Erziehung die primäre Person darstellen und daher eine besondere Rolle einnehmen, übersetzen wir in unserer Arbeit die von Finkelhor betonte Rolle der Mutter mit der Rolle der primären Bezugsperson, die eben auch der Vater einnehmen kann. Kinder, die mit zwei Vätern aufwachsen oder Familien, in der die Väter die Sorge übernehmen, sind nicht zwangsweise Risikofamilien. Wichtig ist, dass jemand da ist, an den oder die sich das Kind umstandslos und vertrauensvoll wenden kann.

Viertens: *Überwindung des kindlichen Widerstandes.* Als vierte Voraussetzung muss schließlich der Widerstand des Kindes gebrochen werden. Kinder können in vielen Fällen dem Bestreben der Täter*innen etwas entgegensetzen oder gar den Übergriff abwehren, wobei ausdrücklich darauf hingewiesen werden muss, dass es auch viele Fälle gibt, in denen die Kinder der psychischen und physischen Überlegenheit nicht gewachsen sind. Hier nun müssenss die Täter*innen entsprechend handeln. Dies kann entweder durch den Einsatz körperlicher Gewalt geschehen oder, viel häufiger, über die Anwendung der im Folgenden beschriebenen Täterstrategien.

4.2 Die Strategien der Täter*innen

Mit Ruud Bullens (vgl. Bullens 1995) vertreten wir die These, dass sexualisierte Gewalt nicht die Folge eines Zusammentreffens zufälliger Umstände ist, die die Täter*innen überwältigen und gegen die sie sich nicht wehren können. Dieses klischeehafte Bild des „Triebtäters" hält einer genaueren Betrachtung nicht stand. Vielmehr setzt sexualisierte Gewalt an Kindern ein strukturiertes, methodisches Vorgehen voraus, wobei die Täter*innen eine sehr aktive Rolle einnehmen müssen, um überhaupt ihr Ziel erreichen zu können. „Forschung und klinische Erfahrungen konnten zeigen, dass Missbrauchstäter eine Vielzahl von Strategien nutzen, welche schrittweise eine Tat vorbereiten." (Kuhle u.a. 2014, S. 119) Diese Strategien werden mit dem Begriff des „Grooming"[10] beschrieben. Der englische Begriff des „Grooming" lässt sich mit Fellpflege übersetzen. Damit wird deutlich, worum es geht: Die sexualisierte Gewalt gegen Kinder muss sorgfältig geplant werden. Verbinden wir Grooming mit den geschilderten vier Phasen von Finkelhor, so wird das planvolle Vorgehen der Täter*innen sehr deutlich und konturiert. Diese wissenschaftliche Betrachtung deckt sich mit den Erfahrungen in unserer Beratungsarbeit. Nur in einigen wenigen Ausnahmen werden Jungen plötzlich und brutal angegriffen. Sexualisierte Gewalt wird sukzessive aufgebaut.

---

10 Christiansen und Blake (1990) beschreiben Grooming folgendermaßen: „Rather than being a sudden initially traumatic occurrence, most father-daughter incest involves a gradual, deliberate, and predictable entanglement, planned and carried out by the father, whereby the daughter is groomed to participate in sexual intimacies."Diesen Prozess kann man auch auf sexuelle Gewalt gegenüber Jungen übertragen.

Für die Täter*innen selbst kann dies dazu führen, dass sie die sexualisierte Gewalt überhaupt nicht als Gewalt wahrnehmen, sondern als eine Handlung, die auf gegenseitiger Zustimmung beruht. Das kommt auch bei den Jungen häufig so an, die sich dann eine Mitschuld an der sexuellen Handlung geben.

Doch zunächst beschreiben wir die Täterstrategien, die uns aus unserer eigenen Beratungspraxis sehr geläufig sind und immer wieder geschildert werden. (vgl. Fobian 2016) Das Wissen um die Täterstrategien ist für uns aus drei Gründen von Bedeutung:

1. Dieses Wissen kann in der Präventionsarbeit genutzt werden. Hierbei denken wir an Angebote für Kinder und Jugendliche sowie Fachkräfte und Eltern.
2. Das Wissen um die Strategien der Täter*innen hilft, Signale der Kinder besser zu verstehen und sie in ihren Lebenszusammenhang einzuordnen. Ein Ausstieg kann so ermöglicht werden.
3. Dieses Wissen der Erwachsenen ist auch für die betroffenen Kinder von Bedeutung, da ihnen so deutlich gemacht werden kann, das die Handlungen der Täter*innen in einen genauen Plan eingebettet waren und sie daher keine Mitschuld treffen kann.

Aufbau von Vertrauen

Das Vertrauen des Jungen zu gewinnen kann als der Schlüsselplan der Täter*innen angesehen werden und ist ihr Ausgangspunkt. Insbesondere jüngere Kinder müssen Erwachsenen vertrauen. Kinder benötigen Erwachsene, die auf sie aufpassen, ihnen die Welt erklären und sie versorgen. Für das Kind ist daher nicht zu erkennen, dass Täter*innen in eine Beziehung mit ihm eintreten und das entstehende Vertrauen als das Mittel für sexualisierte Gewalt missbraucht. Kinder, insbesondere jüngere, können nicht zwischen den unterschiedlichen Intentionen des Erwachsenen unterscheiden. Und da die Übergriffe häufig durch Mitglieder der eigenen Familie geschehen, ist es für die Betroffenen ohnehin nicht zu erwarten und daher noch schwerer zu erkennen, zumal wenn die weiteren Familienmitglieder offensichtlich Vertrauen zu den Täter*innen haben. Die Kinder müssen dann davon ausgehen, dass auch sie vertrauen können. Dieses Vertrauen wird häufig auch durch vertraute Familienmitglieder an Personen außerhalb der Familie übertragen. Die Kinder sehen und erfahren, dass die Eltern ihr Kind beim Schwimmtrainer oder der Kitaerzieherin abgeben, wertschätzend über sie sprechen und den Kontakt mit diesen Menschen freundschaftlich pflegen. Die Täter*innen haben es daher häufig sehr leicht, dieses ihnen geschenkte Vertrauen aufzugreifen und zu steigern.

Anders ist es, wenn die sexualisierte Gewalt nicht in der Familie geschieht, sondern durch externe Personen wie zum Beispiel den Nachbarn. In diesem Fall müssen sich die Täter*innen zunächst dem Jungen annähern. Hierfür werden sie in einem ersten Schritt möglichst viel über den Jungen herausfinden und sich ihm dann erst bekanntmachen. Dabei werden sie sich frühzeitig eines Belohnungssystems bedienen, indem sie dem Kind materielle oder emotionale Zuwendungen geben, das es an anderer Stelle vermisst. Dieses Aufbauen und der anschließende

Verrat des Vertrauens können dazu führen, dass die Betroffenen auch Jahrzehnte nach der Tat anderen Personen kein Vertrauen mehr geben können. Damit ist der Ausstieg aus dem sexuellen Missbrauch zusätzlich erschwert, weil dieser Ausstieg stark davon abhängt, sich anderen Personen anzuvertrauen.

Bevorzugen des Kindes

Nachdem Vertrauen aufgebaut wurde, versucht die Täter*innen in der nächsten Phase, die Zuwendung zum Kind zu intensivieren. Sie werden dem Kind das Gefühl geben wollen, dass es etwas Besonderes ist. Kleine Geschenke oder besondere Ereignisse befördern diesen Prozess. In der Familie kann diese Zuwendung intensiviert werden, indem dem Kind ein besonderer Platz eingeräumt wird. Häufig kommt es dabei vor, dass sich die Täter*innen und der Junge gegen die eigene Mutter oder andere wichtige Personen in der Familie verbünden. Durch die Bevorzugung werden Anlässe geschaffen, die die Täter*innen und den Jungen exklusiv zusammenbringen. Gleichzeitig kann damit die spätere sexualisierte Gewalt eingeleitet und legitimiert werden. Sie kann dann als etwas vollkommen Normales dargestellt werden und als Ausdruck der besonderen Liebe und Beziehung zueinander.

Isolierung

Die Phase, die nach der Bevorzugung des Jungen eintritt, ist die der Isolierung. Die Täter*innen versuchen nun, den Jungen von der Familie, von Gleichaltrigen und anderen Vertrauenspersonen zu trennen. Innerhalb der Familie sind diese Vertrauenspersonen in vielen Fällen die Mutter und die Geschwister. Doch nicht nur die Täter*innen treiben die Isolierung voran. Häufig ist zu beobachten, dass die Jungen nach dem erlebten Missbrauch selbst beginnen, sich abzusondern, weil sie diese entwicklungsgeschichtlich verfrühten Handlungen nicht in ihre Lebenswelt integrieren können. Sie finden niemanden, dem sie trauen und bei dem sie sich vorstellen können, sich zu offenbaren, zumal diese Erlebnisse mit großer Scham behaftet sind und es auch deshalb nicht möglich ist, darüber zu sprechen. Weil dieser Konflikt schwer auszuhalten und als ein Geheimnis bewahrt werden soll, wird die naheliegende Lösung häufig in der Isolation gefunden, denn wer sich zurückzieht und nicht über viele Sozialkontakte verfügt, kann sich auch nicht versprechen. Auch an diesem dann eintretenden Entfremdungsprozess fühlen die Jungen häufig eine Mitschuld. Das gilt insbesondere in der Familie, wenn sich der Junge, falls der Täter der Vater ist, von der Mutter zurückzieht, oder, falls die Mutter die Täterin ist, eine Entfremdung vom Vater stattfindet. Da die Grooming-Strategie für die Jungen nicht von Anfang an erkennbar gewesen ist, beginnt die Mitschuld häufig dann, wenn der Junge die an ihm vorgenommenen Handlungen als Missbrauch erkennt. Die Jungen können allerdings auch in Wut darüber geraten, dass ihre Signale nicht wahrgenommen werden und ihnen so das Gefühl vermittelt wird, dass die sexuellen Handlungen angemessen und in Ordnung sind und dass ihnen daher niemand helfen kann und will.

Die beschriebene Isolation findet nicht nur innerpsychisch statt, sondern kann auch räumlich vorgenommen werden. In Beratungen wird uns immer wieder berichtet, wie die Täter*innen beispielsweise Ausflüge mit dem Kind unternommen haben, ein spezieller Raum im Haus eingerichtet wurde oder aber die Geschwisterkinder im Sportverein untergebracht wurden, so dass sich wöchentliche Zeitfenster ergaben, in denen der Junge und der Täter oder die Täterin allein waren.

Isolierte Kinder fühlen sich einsam. Es liegt eine große Tragik darin, dass dann die Täter*innen häufig die einzigen Menschen sind, die die Beziehung zu dem Jungen ausbauen und daher den vermeintlichen Ausweg aus der Isolation anbieteten. Das kann dazu führen, dass die Jungen ihrerseits versuchen, die Beziehung zu den Täter*innen weiter zu intensivieren. Gleichzeitig steigert sich so die Ambivalenz des Jungen weiter. Wie ausgeprägt diese Isolation sein kann, zeigen uns immer wieder Schilderungen, in denen Betroffene fälschlicherweise davon ausgegangen sind, dass sie die einzigen in der Familie oder einem anderen System gewesen sind, die sexuelle Gewalt erfahren haben, obwohl dies auch andere betraf. Im Nachhinein kann dieses später gewonnene Wissen eine weitere Verzweiflung auslösen, denn das eigene Erzählen hätte auch die andere Person retten können.

Geheimhaltung

Kinder werden fast immer zur Geheimhaltung gezwungen. Dieser Druck zum Schweigen wird auf unterschiedlichen Wegen erreicht. Dabei müssen die Täter*innen nicht ausdrücklich erwähnen, dass über die erlebte Gewalt nicht gesprochen werden darf. Gleichwohl wird uns in Beratungen berichtet, dass es nie eine Unklarheit darüber gegeben hat, ob man sprechen darf. Die Täter*innen sorgen zunächst durch Aktivitäten zur Isolierung dafür, dass sich Jungen nicht mitteilen können. So wird die Geheimhaltung wirkungsvoll, denn es sind keine Personen da, an die sich die Jungen wenden könnten. Dazu arbeiten die Täter*innen mit Drohungen, dass etwas Schlimmes passieren könnte, wie z.B., dass die Familie auseinanderbricht. Dazu wird dem Kind häufig eine gewollte Beteiligung suggeriert: „Es macht dir doch auch Spaß." Die Jungen sind dann in einem Dilemma, weil das häufig zutrifft; die meisten Jungen berichten, dass Teile des Missbrauchs mit positiven Gefühlen verbunden waren. Dass damit keine Zustimmung verbunden ist, ist Teil ihrer Ambivalenz. Gerade ältere Jungen sind zusätzlich damit konfrontiert, dass bei ihnen eine Erregung nicht zu verheimlichen ist. All diese Punkte führen dazu, dass es der Täter*innen relativ einfach haben, das Geheimnis ohne ausdrücklichen Hinweis aufrechtzuerhalten.

Grenzüberschreitung

Die Täterstrategien sind durch eine ständig gesteigerte Grenzüberschreitung gekennzeichnet. Die kontinuierliche, dabei fast unmerkliche Steigerung kann wegen dieses schleichenden Vorgehens von dem Kind als vermeintliche Normalität erlebt und von den Täter*innen auch so dargestellt werden. Das können z. B. unangemessenes Reden über Sexualität, das „zufällige" Zeigen von pornografischem Material oder unangemessene Berührungen sein. Für den Jungen führt das zu einer andauernden Verwirrung, in der er seinen eigenen Gefühlen nicht mehr trauen kann. Fast immer nimmt er wahr, dass etwas nicht stimmt, und dass es sich nicht richtig anfühlt. In der Phase der Grenzüberschreitung wird häufig ein Testritual eingeführt, mit dem die Täter*innen herausfinden möchten, wie weit sie bereits vordringen konnten. So realisieren viele Jungen die Absichten der Täter*innen erst zu einem Zeitpunkt, an dem es auch für sie kein Zurück mehr geben kann, weil sie selbst tief in die Täterstrategien verwoben sind.

Ausstieg

Das Grooming erscheint endgültig und unaufhebbar, und für viele Jungen ist es das auch. Vielfach wurde uns berichtet, dass für die Jungen eine Möglichkeit des Ausstiegs nicht erkennbar war. Gleichzeitig wird aber auch berichtet, dass der Missbrauch in der Regel recht schnell beendet werden konnte, wenn die Jungen sich von den Täterstrategien befreiten. Ein Ausstieg ist natürlich immer möglich. Die Jungen brauchen dafür jedoch Menschen, die sie unterstützen. In der Beratung muss dieser Punkt deshalb vorsichtig thematisiert und diskutiert werden. Die Botschaft ist: „Hol dir Hilfe, und Sprechen hilft richtig". Gleichzeitig darf diese Botschaft nicht zu einem unhintergehbaren Imperativ werden, wonach Helfen lassen und Sprechen immer erforderlich sind und, wenn das nicht geschieht, eine Mitschuld bei dem Jungen liegt. Die Verantwortung dafür liegt nicht auf Seiten des Jungen. Stets tragen die Täter*innen die volle Verantwortung für ihre bewusst intendierte Tat.

Doch auch ein Ende des Missbrauchs bedeutet nicht zwingend ein Ende der Verwobenheit in die Täterstrategien. Diese Verwobenheit kann noch Jahre bis Jahrzehnte andauern. Das Wissen um diese andauernde Verwobenheit ist ein weiterer Baustein, um zu verstehen, warum es manchmal sehr lange dauert, bis über die erlebte sexuelle Gewalt gesprochen werden kann.

4.3 Frauen als Täterinnen

Jungen und auch Mädchen werden hauptsächlich von Männern missbraucht – zumindest zeigen das die Studien. Trotzdem lassen sich Frauen als Täterinnen nicht wegdiskutieren, und die Auseinandersetzung mit ihnen rückt langsam in ein (fach-)öffentliches Interesse. Im Jahr 2011 berichtete das Magazin Stern (Arnsperger 2011, 05.11.2021) über einen Mann, der als Kind von seiner Mutter sexuell missbraucht wurde. Im Jahr 2012 wurden dann zunächst vom NDR (Tieg/Winer 2012, 13.01.2013) und kurze Zeit später von der ARD (2012, 13. 01. 2013) zwei Dokumentationen ausgestrahlt, die sich des Themas „Mütter und Missbrauch" angenommen hatten, was zu weiteren Presseartikeln führte. (vgl. Apfel 2012, Jüttner 2012) In kurzen Zeitabschnitten wurde so ein bis dahin tabubelastetes Thema für eine breite Öffentlichkeit aufbereitet. Auch in der Fachdebatte wird seither parallel eine Diskussion geführt. So wurde das Thema der Frauen als Täterinnen bei zwei Tagungen (18.-20.05.2012 in Wuppertal und 12.10.2012 in Nürnberg) benannt.

Betrachtet man die einschlägige Fachliteratur und den Forschungsstand, muss man jedoch feststellen, dass es nahezu keine Debatte zur Frage der weiblichen

Täterschaft gibt[11], obwohl es durchaus möglich ist, aus unterschiedlichen Studien (wie wir gleich sehen werden), die nach Missbrauchserfahrungen gefragt haben, Informationen darüber zu erhalten. Es stellt sich hier die Frage nach den Hintergründen für die geringe Beachtung dieses Themas. Die Antwort lässt sich aus der Entstehungsgeschichte der Beratungsstellen gegen sexuellen Missbrauch und dem von ihnen entwickelten Zugang zu sexueller Gewalt ableiten, wie wir weiter oben bereits thematisiert haben. Diese Beratungsstellen von Frauen für Frauen mussten gegen männlichen Widerstand durchgesetzt werden und dabei die patriarchalen Strukturen zum Gegenstand machen. Entsprechend lag ihr Schwerpunkt auf Männern als Täter. Weiter müssen auch das vorherrschende Geschlechterbild und insbesondere das Bild der Frau berücksichtigt werden. So paradox es klingt: Das Verneinen der Möglichkeit, dass auch Frauen zu Täterinnen werden können, transportiert nach wie vor ein gesellschaftliches Bild, das Frauen eigene Sexualität und Aggressivität aberkennt.

Allerdings liegt eine frühe Veröffentlichung zu Täterinnen von Finkelhor vor (1984, S. 169), der die in der nachfolgenden Tabelle dargestellten Daten veröffentlicht hat:

Woman as Perpetrators of Sexual Abuse		
	% Male Victims (N= 757)	% Female Victims (N=5052)
Female involved	41	31
Female alone	14	6
Mother involved	36	27
Mother alone	12	5

Tabelle 5 (Woman as Perpetrators of Sexual Abuse)

Diese Zahlen zeigen, dass Frauen sowohl als Mittäterinnen als auch als Haupttäterinnen in Erscheinung treten. Auf Seiten der Betroffenen ist zu erkennen, dass Frauen sowohl weibliche als auch männliche Opfer wählen, wobei offensichtlich eher Jungen gefährdet sind. Insbesondere Mütter scheinen unter der Gruppe der Frauen eine besondere Stellung einzunehmen; Missbrauch durch Frauen scheint also hauptsächlich innerhalb der Familie zu passieren.

Auch in der Studie von Bieneck et al. (2011) werden Frauen benannt. So berichten 1.8 % der weiblichen und 16.9 % der männlichen Betroffenen von Frauen als Täterinnen. Diese Zahlen unterscheiden sich zwar von denen Finkelhors (1984), verweisen aber ebenfalls darauf, dass signifikant eher Jungen als Mädchen Opfer von Frauen werden.

---

11 Ausnahmen unter anderen sind Enders 1995 und Finkelhor/Russel 1984. Interessante Hinweise finden sich auch in der Belletristik, etwa Berentzen/Palmer 1994 sowie Bieler 1989.

Der Bericht von Bergmann (2011, S. 48) verdeutlicht, dass bei ca. 20 % aller Jungen mit sexueller Gewalterfahrung eine Frau beteiligt gewesen ist, in 14.4 % aller Fälle gar als alleinige Täterin.

Täter/Täterinnen (N= 2419)		
	Häufigkeit	Prozent
Täter	682	79,3
Täterinnen	124	14,4
Beide	54	6,3
Gesamt	860	100

*Tabelle 6 (Täter*innen), Quelle: Bergmann 2011, S. 48*

Auf einen weiteren interessanten Aspekt machen Finkelhor, Williams und Burns (1988) aufmerksam. So waren nach ihren Untersuchungen in Organisationen der Kindertagespflege 40 % der Täter*innen *innen weiblich. Hier ist allerdings der hohe Frauenanteil der Fachkräfte zu berücksichtigen; nur 5 % der Mitarbeiter in den untersuchten Einrichtungen waren männlich. „Im Vergleich zu männlichen Tätern sind Missbrauchstäterinnen vorwiegend Betreuungspersonen (Mütter, Angehörige, Babysitter etc.) und kennen ihre Opfer meist persönlich." (Kuhle et. al 2014, S. 117)

Wissen wir bei erwachsenen Frauen recht wenig über ihre Rolle als Täterin, ist unser Wissen bei jugendlichen Täterinnen etwas besser. In einer Expertise des DJI zitiert Peter Mosser (2012) einige Studien zu grenzverletzenden Jugendlichen und extrahiert hier den Anteil von Mädchen: Bonner et al. (1999): 37 %, Pithers et al. (1998a): 35 % und in der Institutionsbefragung von Helming et al. (2011): 19 % bzw. 24 %. In Heimen lag der Anteil der Täterinnen sogar bei 33 %. Diese Zahlen verweisen auf eine deutliche Leerstelle: Mädchen werden nach wie vor kaum mit der Rolle der Täterin assoziiert, was sich empirisch jedoch nicht bestätigen lässt.

In diesem Zusammenhang ist ein kaum nachzuweisender, aber gleichwohl bedenkenswerter und in der Praxis anzutreffender Effekt interessant: Jungen haben stark zu sein, Jungen dürfen kein Opfer werden. Zusätzlich wird diese Rollenzuschreibung noch dadurch vertieft, dass Männer sexuell dominant und aktiv sein müssen. Wenn nun die sexuelle Initiative von einer weiblichen Person ausgeht, die ihre sexuellen Handlungen zusätzlich gegen den Willen der männlichen Person vornimmt, kann es im Nachhinein zu Umdeutungen durch das männliche Opfer kommen. Wegen der auf ihm lastenden Rollenzuschreibung sieht er sich gezwungen, die an ihm vorgenommenen sexuellen Handlungen als von ihm gewollt zu definieren. So kann dieses Rollenbild durch die Verleugnung der erlebten Gewalt aufrechterhalten werden, zumal Jungen nicht nur kein Opfer sein wollen; sie wollen Frauen auch nicht als Täterinnen sehen.

Das gesellschaftlich geteilte Bild ist das der helfenden, liebenden und sorgenden Frau. Die Worte „Mutter" und „Frau" werden noch immer in vielen Fällen synonym verwendet. Dieses helfende und umsorgende Bild der Frau kann jedoch auch dafür genutzt werden, die dunkle Seite der Mutterschaft zu verdecken.

Ein weiterer für die betroffenen Jungen nachteiliger Effekt des weitgehenden Verzichts auf die Wahrnehmung von Frauen als mögliche Täterinnen liegt darin, dass die betroffenen Jungen mit dem Wissen leben müssen, dass andere Menschen ihnen nur schwer glauben würden, dass ihnen sexualisierte Gewalt durch eine weibliche Person widerfahren ist.

Nicht nur in Seminaren mit Jungen erleben wir immer wieder, dass die Ausübung von sexualisierter Gewalt durch Frauen schwer vorstellbar ist. Diese fehlende Vorstellungskraft erschwert es, eigene Erfahrungen als sexualisierte Gewalt zu erkennen. Wie weit die fehlende Wahrnehmung verbreitet ist, lässt sich auch in der Popkultur erkennen. Peter Maffay singt: „Ich war 16 und sie 31 – und über Liebe wusste ich nicht viel – sie wusste alles – und sie ließ mich spüren". Wären in diesem Lied die Geschlechterrollen umgekehrt, würde es sicherlich wesentlich schwerer fallen, romantische Bilder zu bedienen. Lediglich die Tatsache, dass missbräuchliche Handlungen nicht vorstellbar sind, erlaubt es, die besungene Sommernacht als Abenteuer eines Jungen auf dem Weg in die Männerwelt zu erkennen. Einen anderen Weg wählt Udo Lindenberg, wenn er einen Jungen zur Klavierspielerin gehen lässt und diese ihm „Klavierspielen" beibringt. Auch hier funktioniert der Text lediglich durch das gesellschaftlich geteilte Wissen, dass es keinen Missbrauch von Frauen an Jungen geben kann.

Reflexionsfragen

Reflexion zu Täter*innen und Täterstrategien

- Stellen Sie sich bitte vor, dass in Ihrem beruflichen Umfeld ein*e Kolleg*in unter dem Verdacht steht, sexuelle Übergriffe begangen zu haben.
  Welche Gefühle treten bei Ihnen auf? Löst es Handlungsimpulse aus?
  Gibt es einen Unterschied in <u>Ihren Gefühlen</u>, ob der Verdacht gegen einen männlichen Kollegen oder eine weibliche Kollegin erhoben wird?
- Stellen Sie sich die Situation vor, dass ein Jugendlicher in Ihrem beruflichen Kontext über seine sportlichen Aktivitäten Kontakte zu einem Erwachsenen hat. Obwohl der Jugendliche nichts Negatives über diesen Erwachsenen berichtet, empfinden Sie den Kontakt als zu eng. Wie gehen Sie mit dem Gefühl um? Halten Sie es für erforderlich einzuschreiten, zu warten, oder wie würden Sie darauf reagieren?

5. Sexualisierte Gewalt. Einige theoretische Überlegungen zum praktischen Umgang mit diesem Begriff

Was Sie in diesem Kapitel erwarten können:

Worte sind Ausdruck von Wirklichkeit und schaffen Wirklichkeit. Damit befassen wir uns im folgenden Abschnitt. Wenn wir von „sexualisierter Gewalt" sprechen, so betonen wir damit das Wort „Gewalt". Gewalt ist in vielen Formen möglich. Sie kann seelisch und körperlich ausgeübt werden. Seelische Gewalt hat Auswirkungen auf den Körper und umgekehrt. Stets jedoch wird sie bewusst und mit voller Absicht ausgeführt. Sexuelle Gewalt ist eine Gewalthandlung, weil eine sexuelle Handlung von einem einvernehmlichen zu einem überhaupt nicht einvernehmlichen Gewalthandeln verschoben wird. Sie wird gegen den Willen und nicht mit Billigung und schon gar nicht mit uneingeschränkter Zustimmung ausgeführt. Gewalt erzeugt stets ein Opfer. Davon hat sich Erziehung freizumachen, obwohl auch Erziehung gegen den Willen der zu Erziehenden stattfinden kann und gelegentlich sogar muss. Aber Erziehung will immer zu eigenem Wollen und zur Entwicklung eines eigenen Willens anleiten. Kinder kommen mit einem grenzenlosen Vertrauen auf die Welt, und daher sind wir gut beraten, wenn wir dieses Vertrauen in der Pädagogik achten und erhalten.

Was ist sexualisierte Gewalt und wo fängt sie an? So leicht diese Frage zu stellen ist, so schwer ist es, eine angemessene Antwort darauf zu finden, die auch den Opfern gerecht wird. Denn es ist nicht damit getan, eine möglichst exakte Definition vorzulegen, es muss auch darum gehen, die subjektiven Faktoren der Betroffenen zu berücksichtigen. Im Folgenden wollen wir daher auch nicht versuchen, eine endgültige Antwort zu liefern, sondern ein wenig Licht in das Dickicht der unterschiedlichen Begriffe tragen. Hierzu nähern wir uns über die Begriffe Macht, Gewalt und Grenzverletzung dem Thema des Missbrauchs und der sexualisierten Gewalt. Einige der von uns gemachten Unterscheidungen mögen sehr akademisch wirken. Wir sind jedoch der Ansicht, dass durch die jeweilige Wahl eines Begriffs eine Wertung und Haltung transportiert wird, denn Begriffe drücken immer eine bestimmte Sicht der Dinge aus.

Bei der Betrachtung der Begriffe Macht und Gewalt haben wir uns in der praktischen Arbeit in unseren Seminaren an Hannah Arendt und Johan Galtung orientiert. Wir beginnen die aus unserer Sicht notwendigen Unterscheidungen, die den von uns benutzten Begriff der sexuellen bzw. sexualisierten Gewalt begründen, mit einigen Hinweisen auf Hannah Arendt. Denn es ist nicht die Rede von sexuellem Missbrauch – dieser Begriff geht nicht weit genug und kann beschönigen; es sollte auch nicht von Pädophilie gesprochen werden, denn dies ist ein Begriff aus der Sicht des Täters. Es ist aber auch nicht die Rede von „sexueller Macht", denn mit dem Begriff der Macht, wie wir sogleich erläutern werden, wird nach unserem Verständnis auf eine einvernehmliche Handlung hingewiesen. Das alles mag verwirrend klingen und bedarf daher einer Erläuterung, an deren Ende klar sein dürfte, warum der Begriff der sexuellen Gewalt die angemessene Bezeichnung ist.

Es sollte schon deutlich geworden sein, dass wir Macht nicht in dem klassischen Sinne von Max Weber benutzen, wie es in seinem meistzitierten Satz zum Ausdruck kommt: „Macht bedeutet jede Chance, innerhalb einer sozialen Beziehung den eigenen Willen auch gegen Widerstand durchzusetzen". Gegen diese Auffassung macht Hannah Arendt geltend, dass Weber Macht mit Zwang und tendenziell auch mit Gewalt vermischt. Sie formuliert dagegen, und an diese Definition halten wir uns: „Macht entspricht der menschlichen Fähigkeit, nicht nur zu handeln oder etwas zu tun, sondern sich mit anderen zusammenzuschließen und im Einverständnis mit ihnen zu handeln. Über Macht verfügt niemals ein Einzelner, sie ist im Besitz einer Gruppe und bleibt nur solange existent, als die Gruppe zusammenhält." (Arendt 1970, S. 45) Gewalt tritt immer dann auf, wenn diese Macht verloren ist. (ebd., S. 36 ff.) Gewalt hat instrumentellen Charakter. Entsprechend erscheint sie dort, wo die Macht gegenüber den Kindern und Jugendlichen verloren ist. Wir folgen dieser arendtschen Unterscheidung von Macht und Gewalt, weil sexuelle Handlungen, die Erwachsene an Kindern vornehmen, niemals mit ihrem Einverständnis geschehen können, selbst dann, wenn es den Kindern aus Gründen, die wir im vorherigen Kapitel ausführlich erläutert haben, so erscheinen mag. Es muss sich daher zwingend um Gewalt handeln.

Macht, in diesem Sinne verstanden, ist dann kein schmutziges Wort, das einen beklagenswerten Zustand beschreibt. Macht ist unvermeidlich und unverzichtbar immer dort, wo sich Menschen interessiert einander zuwenden. Erst wenn diese aneinander interessierte, machterzeugende Zuwendung verloren ist, tritt Gewalt auf. Hannah Arendt hat diesen Begriff von Macht als ein gemeinsames, zeitlich begrenztes und einvernehmliches Handeln auf ihrer Unterscheidung zwischen „Arbeiten", „Herstellen" und „Handeln" gegründet. Dabei entspricht die Arbeit dem biologischen Prozess des menschlichen Körpers und dient dem Fortbestand der Gattung. Arbeit gehört notwendig zum menschlichen Leben. Der Arbeit unterliegen wir, sie ist nicht mit Freiheit verbunden, sondern stellt einen Zwang zur Erhaltung des Lebens dar. Die Produkte der Arbeit sind zum Verbrauch bestimmt. Auf der Grundlage der die Existenz sichernden Arbeit beginnt der Mensch dann über sein endliches Dasein nachzudenken. Er schafft sich eine Welt aus Dingen, die seine Lebenszeit überdauern. Das ist mit „Herstellen" bezeichnet. Im Herstellen bauen wir uns unsere eigene Welt aus einzelnen Artefakten, zu denen wir eine Beziehung entwickeln. So werden wir in der Welt heimisch. Die Produkte der Herstellung sind im Gegensatz zu jenen der Arbeit nicht zum Verbrauch, sondern zum Gebrauch bestimmt.

Handeln nun spielt sich zwischen den Menschen ab und zeigt unsere Einzigartigkeit, unsere Verschiedenheit und unsere Pluralität. Handeln ist die wahrhaft menschliche Eigenschaft. Handeln besteht in der menschlichen Fähigkeit, „sich mit seinesgleichen zusammenzutun, gemeinsame Sache mit ihnen zu machen, sich Ziele zu setzen und Unternehmungen zuzuwenden." (Arendt 1970/1989, S. 81) Mächtig ist daher nicht derjenige, der über besondere Kompetenzen oder Mittel verfügt, sondern einzig der, der in seinem Handeln von vielen unterstützt wird.

Macht ist also Element jeder Kooperation. Das Einverständnis über die Art und Weise der Kooperation und die Ziele der Kooperierenden ist nicht mit Harmonie gleichzusetzen, sondern fordert im Gegenteil Konflikt- und Entscheidungsfähigkeit. Es bedarf der Auseinandersetzung um Wege und Ziele, um Bestimmung und Gewinnung der dazu notwendigen Ressourcen sowie um die Überprüfung der eingegangenen Verpflichtungen. Das kann nur unter tendenziell Gleichrangigen geschehen und daher nicht zwischen Täter*innen und Opfer. Zwischen Täter*innen und Opfer herrschen weder Macht, Autorität oder Stärke, sondern Gewalt.

Autorität kommt der Macht recht nahe. Sie kann entweder die Eigenschaft einer Person oder eines Amtes sein. Über Autorität verfügt man so lange, wie sie von anderen anerkannt wird. Sie bedarf daher „weder des Zwanges noch der Überredung." (Arendt 1970, S. 46) „Ihr gefährlichster Gegner ist nicht Feindschaft, sondern Verachtung, und was sie am sichersten unterminiert, ist das Lachen" (ebd., S. 47) Unter Stärke versteht Arendt, anders als Macht, die individuellen Eigenschaften einer Person. Diese mögen noch so ausgeprägt sein, sie halten nie der Macht (der Vielen) stand.

Diese drei Begriffe sind von dem der Gewalt abzugrenzen. Ähnlich wie bei den folgenden Ausführungen von Galtung verweist auch Arendt auf den instrumentellen Charakter von Gewalt. Gewalt ist niemals ein Selbstzweck, sondern immer Instrument *für* etwas. Macht und Gewalt sind demnach keine Widersprüche, sondern sich ausschließende Gegensätze. Täter*innen etwa, die in einer Organisation wie einer Kindertagesstätte, einer Schule oder einer Jugendwohngruppe sexuelle Übergriffe planen, haben demnach zwei Möglichkeiten. Als Mitarbeiter*innen können sie die ihnen übertragene Autorität ausnutzen und zum Ausgangspunkt für eine sexuelle Beziehung zu einem Kind wählen. Hierbei müssen sie mittels Manipulation (Grooming) und Aufrechterhaltung ihres formalen Status dafür Sorge tragen, dass das Kind nicht oppositionell wird. Ist dies nicht möglich, müssen sie den Status der Autorität aufgeben und zur Stärke greifen. Allerdings ist diese Variante die unwahrscheinlichere, da sie zumeist dem Selbstbild der Täter*innen widerspricht. Der von uns im vorherigen Kapitel gezeigte Grooming-Prozess kann vor dem hier entfalteten begrifflichen Hintergrund auch als der Versuch gesehen werden, bei dem Kind den Eindruck zu erzeugen, als ob die sexuellen Handlungen einvernehmlich stattfinden, also auf gemeinsam geteilter Macht beruhen. Eben dieser Täuschungsversuch wird durch die Unterscheidung der Begriffe Macht und Gewalt deutlich. Die Täuschung besteht darin, dass die Gewalt verschleiert und als gemeinsam geteilte Macht und damit als Einvernehmen manipulativ hergestellt wird, ohne dass das Kind sich dagegen wehren kann, ja sogar, dass diese Gegenwehr von ihm als Verrat an den Täter*innen interpretiert wird, die ja angeboten hatten, mit dem Kind ein gemeinsames, kooperatives Machtverhältnis einzugehen.

Neben Arendt beziehen wir uns auf das Gewalt-Dreieck von Johan Galtung (1998). Er gilt als einer der Gründungsväter der Friedens- und Konfliktforschung. Mit seinem Namen ist das erste universitär verankerte Friedensforschungsinstitut Europas verbunden. Galtung unterscheidet kulturelle, strukturelle und direkte Gewalt. Unter direkter Gewalt versteht er diejenige Gewalt, die unmittelbar von einer Person ausgeht und einer anderen Person direkten Schaden zufügt. In diesem Fall existieren also ein Gewaltausübender und ein Opfer. Neben der direkten Gewalt ist für das Thema der sexualisierten Gewalt in Organisationen ein Blick auf die strukturelle Gewalt von Bedeutung. Hierunter werden Umstände und Rahmenbedingungen gefasst, die bei einem Menschen ebenfalls Schaden anrichten können, ohne dass diese Schadensursache unmittelbar von einer anderen Person ausgeht. Als weitere Komponente sieht er die kulturelle Gewalt. Aspekte der Kultur wie Religion, Sprache oder Wissenschaft werden dazu instrumentalisiert, das Vorhandensein direkter Gewalt zu rechtfertigen.

Die unterschiedlichen Ecken des Dreiecks können ineinander übergehen. So kann etwa strukturelle Gewalt in der Heimerziehung in direkte Gewalt umschlagen. Galtung formuliert seine Thesen zur Gewalt vor dem Hintergrund der Analyse von Staaten und der Entstehung von Kriegen. Trotzdem lassen sich seine Thesen auf die Soziale Arbeit übertragen. Besonders hervorzuheben ist sein Verweis auf strukturelle Gewalt. Hier denken wir z.B. an Maßnahmen und Umstände, die in sozialen Einrichtungen das Kindeswohl gefährden oder einschränken. (Lindenberg 2015) In unserer Beratung von Mitarbeiter*innen müssen wir immer wieder die Erfahrung sammeln, dass Organisationen der Sozialen Arbeit strukturelle Gewalt zulassen. Die immer vorhandene strukturelle Gewalt verweist darauf, dass sich auch Institutionen über diesen Aspekt Gedanken machen und ihre eigenen Abläufe und Rahmenbedingungen kritisch überprüfen müssen. Möglichkeiten und Bausteine, die hier bedacht werden können, beschreiben wir in unserem Kapitel zu Schutzkonzepten.

Gewalt fängt demnach nicht mit der körperlichen Schädigung einer Person durch direkte Gewaltanwendung an, sondern kann auch subtilere Formen annehmen. Organisationen und ihre Mitarbeiter*innen müssen sich daher damit befassen, wo sie noch zum Wohle des Kindes agieren und wo ihr Handeln bereits Gewalt wird; eine Gewalt, die dann auch in sexuelle Gewalt umschlagen kann. Aufgrund der ihnen gegebenen Autorität entsteht für sie eine besondere Verantwortung. Nach unserer Ansicht können die Mitarbeiter*innen dieser Verantwortung am besten gerecht werden, wenn sie Situationen schaffen und strukturelle Gegebenheiten fördern, die eine gemeinsam geteilte Macht im Sinne Arendts erzeugen. Sozialpädagog*innen müssen in der Regel dabei keine Sorgen entwickeln, bleiben sie im besten Falle doch immer Autoritätspersonen.

Die Definition von Gewalt ging von einem bewussten Akt aus, der Mittel für etwas ist. Bei der Grenzverletzung verhält es sich jedoch anders. Hier unterscheiden wir zwischen beabsichtigten und nicht beabsichtigten Handlungen. Viele Grenzverletzungen im pädagogischen Alltag sind oft nicht intendiert, sondern entstehen unbeabsichtigt oder aus Überforderungen. Bei der Bestimmung der Grenzverletzung gehen wir von zwei Perspektiven aus. Die erste bezieht sich auf die Empfindung desjenigen, mit dem gehandelt wird. Die Frage lautet hier, wie die Handlung einer Person von einer anderen interpretiert wird. Wird eine persönliche Grenze angetastet oder wird sie verletzt? Die andere Perspektive fragt nach der Sicht der handelnden Person: Was beabsichtigt sie mit ihrer Handlung, und was motiviert sie dabei? Beide Aspekte stehen in Wechselwirkung zueinander, bedingen sich gegenseitig und sind Ausdruck der jeweiligen Interpretationsleistungen.[12]

Damit wird deutlich, dass Grenzverletzungen sowohl intendiert als auch unbeabsichtigt herbeigeführt werden. Grenzverletzungen haben die Eigenschaft, dass sie aus der subjektiven Sicht der Handelnden erklärt werden können. Dies liegt in der Natur der Sache, da Grenzen bei jedem Menschen unterschiedlich sind. Es kommt darauf an, was man selbst bereits erlebt und für sich eingeordnet hat; je nach biographischen Vorerfahrungen werden Situationen anders bewertet.

Sehen wir nur neben den Absichten auf einen weiteren Punkt – die Motivation der handelnden Personen. Abgesehen davon, dass es nur schwer möglich ist, eine eigene Handlung als Grenzverletzung zu interpretieren – denn das würde schwerlich dem Bild entsprechen, das wir von uns selbst entworfen haben – wird hier auch deutlich, dass im Alltag viele Schwierigkeiten auftauchen, Grenzverletzungen anderer Personen wahrzunehmen. Motivationen sind schwer zu erkennen und können gut verdeckt werden. In der Praxis hat es sich als gewinnbringend herausgestellt, über das persönliche Gespräch zu einem Verstehen zu kommen. Habe ich ein „komisches Bauchgefühl" bei dem, wie ein Kollege, eine Kollegin in den Kontakt mit Kindern geht, dann liegt es an mir, mit dieser Person in eine Auseinandersetzung einzutreten. Hier muss es nicht darum gehen, der Person gegenüber einen Vorwurf zu formulieren, sondern ein fachliches Gespräch darüber zu führen, warum so gehandelt wurde.

Es mag auf den ersten Blick unangemessen erscheinen, dass wir von einem Bauchgefühl sprechen. Damit plädieren wir nicht dafür, fachliches Handeln aus dem Bauch heraus zu begründen. Doch wir haben immer wieder die Erfahrung gesammelt, dass bei grenzverletzenden Kolleg*innen die Personen im Umkreis zwar ein ungutes Gefühl hatten, diesem jedoch sehr häufig nicht nachgegangen sind. Wir sind der Auffassung, dass es sich lohnt, dieses Gefühl nicht beiseite zu drängen. Gerade bei sexualisierter Gewalt bringen die meisten Menschen ein verlässliches Gespür für grenzverletzende Handlungen mit. Auf seinen Bauch zu vertrauen bedeutet nicht, ihn als endgültiges Entscheidungsgremium zu belassen, jedoch als ersten Anhaltspunkt, dem dann, fachlich begründet, nachgegangen werden kann.

Klar abgegrenzt von der Grenzverletzung ist der Missbrauch. Hier kann es keine unbeabsichtigte Variante geben. Missbrauch ist immer beabsichtigt, und Missbrauch an Kindern unterliegt, wie wir gezeigt haben, stets einer strategischen Planung mit sorgsam abgewogenen taktischen Schritten. Der Begriff des Missbrauchs steht jedoch in der Kritik. Der Wortanteil „Gebrauch" verweist darauf, dass es

---

12 Auf einer theoretischen Ebene kann hier ein Bezug zu Mead hergestellt werden, der ausgeführt hat, dass das Individuum sein Ich aus der Erfahrung entwickelt, „daß es sich an sich selbst wendet und dabei die Rolle eines anderen innehat. [...] Wenn es sich in der Haltung der Gruppe oder der Gemeinschaft an sich selbst wendet, ist das Individuum also fähig, zu einem generalisierten Anderen zu werden. In dieser Situation ist es zu einem bestimmten Ich gegenüber dem sozialen Ganzen geworden, dem es angehört." (Mead 1969, S. 426 f.) Diese Sicht ist in den sogenannten „symbolischen Interaktionismus" eingeflossen, der auf drei einfachen Prämissen beruht: Erstens, Menschen handeln „Dingen gegenüber auf der Grundlage der Bedeutung („Meaning") [...], die diese Dinge für sie besitzen." Zweitens, die Bedeutung dieser Dinge ist ein Resultat „der sozialen Interaktion, die man mit seinen Mitmenschen eingeht." Drittens, diese Bedeutungen werden gehandhabt und dabei fortlaufend geändert. (Blumer 2013, S. 64)

auch einen positiven Gebrauch (etwa von Kindern) geben kann, der eben nur im konkreten Fall missbraucht wurde. Bei Erwachsenen, die ihre Sexualität an Kindern ausleben, ist dies jedoch eine irrige Vorstellung. Einen positiven „Gebrauch" von Sexualität zwischen Kindern und Erwachsenen kann es nicht geben. Der Begriff des Missbrauchs ist jedoch weit verbreitet und wird daher auch von uns in vielen Situationen verwendet. Zudem handelt es sich hier um ein juristisch geprägtes Wort, das ebenso in der sozialpädagogischen Fachliteratur zur Anwendung kommt: „Sexueller Missbrauch oder sexuelle Gewalt an Kindern ist jede sexuelle Handlung, die an oder vor Mädchen und Jungen gegen deren Willen vorgenommen wird oder der sie aufgrund körperlicher, seelischer, geistiger oder sprachlicher Unterlegenheit nicht wissentlich zustimmen können. Der Täter oder die Täterin nutzt dabei seine/ihre Macht- und Autoritätsposition aus, um eigene Bedürfnisse auf Kosten des Kindes zu befriedigen." (Unabhängiger Beauftragter für Fragen des sexuellen Kindesmissbrauchs, 17.11.2017) Wegen dieser Kritik am Begriff des Missbrauchs ist eine stärkere Verlagerung auf den Begriff der sexuellen bzw. sexualisierten Gewalt entstanden. Wie wir zu Beginn dieses Kapitels verdeutlicht haben, ist sexuelle Gewalt eine Gewalthandlung, bei der eine sexuelle Handlung vom einvernehmlichen Handeln in ein Gewalthandeln verschoben ist. Die Sexualität ist das Medium, das für die Gewalthandlung benutzt wird.

Neben sexueller wird auch von sexualisierter Gewalt gesprochen. Damit soll verdeutlich werden, dass auch andere Formen von Gewalt eine sexuelle Komponente beinhalten. Hierunter fallen etwas das ungewollte oder gewollte Zeigen von pornografischen Bildern oder sprachliche Äußerungen, die in ihrer Absicht und ihrem Inhalt eine sexuelle Beleidigung transportieren.

5.1 Gewalt und die Aufgaben der Erziehung

„Du willst den Kindern die Freiheit sichern?" fragt der große Pädagoge Janusz Korczak, und er fährt fort: Du willst ihnen sichern, „alle ihre seelisch-geistigen Kräfte harmonisch entwickeln zu können, ihre verborgenen Fähigkeiten voll auszuschöpfen, und du möchtest sie in Ehrfurcht vor dem Guten und Schönen und vor der Freiheit erziehen? Oh Du Einfältiger, versuche es nur! Die Gesellschaft hat dir den kleinen Wildfang anvertraut, damit du ihn zurechtbiegst und dressierst, ihn für die Umwelt genießbar machst, und nun wartet sie ab. Es warten der Staat, die Kirche, der künftige Brotherr. Sie fordern, warten, passen auf. Der Staat verlangt staatszugewandten Patriotismus, die Kirche Kirchengläubigkeit, der Arbeitgeber Redlichkeit – und alle wollen sie Mittelmäßigkeit und ein demütiges Wesen." (Korczak 1997 S. 158)

Korczak hat diesen Satz in seinem Hauptwerk: „Wie man ein Kind lieben soll" zwischen 1914 und 1916 geschrieben. Hier schildert und verarbeitet er seine Erfahrungen als Leiter eines Waisenhauses für jüdische Kinder. „Wie man ein Kind lieben soll" ist in der Sozialen Arbeit eine bedeutsam gewordene klassische Schrift. Sie steht Seite an Seite mit den Arbeiten Pestalozzis, der seinerseits seine Erfahrungen als Leiter eines Kinderhauses in dem berühmten „Stanzer Brief" weitergegeben hat. Dieser Stanzer Brief zeige „das Urphänomen des pädagogischen Genies in jener unmittelbaren Beziehung zu den Kindern, wie keine andere Schrift." (Nohl 1927, S. 80, zit. in Niemeyer 2010, S. 45) Was könnte das sein, dieses Urphänomen des pädagogischen Genies? Unserer Ansicht nach bezeichnet dies eine besondere Haltung gegenüber dem Zögling, dem zu Erziehenden. Denn darum handelt es sich, erziehen müssen wir. Diese Haltung gegenüber dem Kind wird an dem vielleicht bekanntesten Satz Pestalozzis aus diesem Brief deutlich: „Alles, was es lieb macht, das will es. Alles, was ihm Ehre bringt, das will es. Alles, was große Erwartungen in ihm rege macht, das will es. Alles, was in ihm Kräfte erzeugt, was es aussprechen macht, ich kann es, das will es." (Pestalozzi 1975, S. 12)

Das Kind will, das Kind kann. Es braucht dazu Liebe, Ehre, Erwartungen. Darin unterscheidet sich ein junger Mensch überhaupt nicht von einem alten Menschen, doch haben wir Alten die Jungen in die „Uniform der Kindlichkeit" (Korczak 1967, S. 98) gesteckt. „Es ist aber ein bösartiger Fehler anzunehmen, die Pädagogik sei die Wissenschaft vom Kind – und nicht die Wissenschaft vom Menschen." (ebd., S. 56)

Darum heißt Korczaks Hauptwerk: „Wie man ein Kind lieben kann." Liebe ist für ihn der Bezugspunkt für Eltern und Fachkräfte. Aber Korczak versteht sich als „konstitutioneller Pädagoge". Er arbeitete, wie wir heute sagen, professionell, er leitete ein Kinderheim, er war, wie wir es heute bezeichnen, in der erzieherischen Jugendhilfe tätig, bei einem freien Träger der Jugendhilfe. Und in seinem beruflichen Handeln muss der Pädagoge in seiner Macht eingeschränkt werden. Korczak hat diese pädagogische Liebesmacht durch eine „Konstitution", also eine Verfassung, eingehegt und geregelt. Ein konstitutioneller Pädagoge ist ein Pädagoge, „der den Kindern nicht deshalb kein Unrecht zufügt, weil er sie gern hat oder liebt, sondern deshalb, weil es eine Institution gibt, die sie vor Ungerechtigkeiten, Willkür und Despotismus des Erziehers schützt." Korczak macht an allen Ecken und Enden in seiner Schrift deutlich, wie sehr der Erzieher seinen Launen und seinen Vorlieben unterworfen ist. (Korczak, 1999 [1919], S. 311) Daher schuf er die Kinderversammlung, genannt das Kameradschaftsgericht, und die Kinder gaben sich ein Gesetzbuch. Das Kameradschaftsgericht, also das Gericht der Kinder über die Kinder, konnte sein Bedauern ausdrücken, es konnte belobigen, um Nachsicht ersuchen, verzeihen, bedingt verzeihen, aber es konnte auch verurteilen, und die Urteile waren bindend. Die einleitende Erklärung zur Einrichtung des Kameradschaftsgerichtes lautete: „Wenn jemand etwas Böses tut, so ist es am besten, wenn man ihm verzeiht." (Korczak 1967, S. 319) Das Kameradschaftsgericht verzieh fast immer, und Korczak war sich bewusst: „Wir wissen, da gibt es einige, denen es missfällt, daß das Gericht zu vieles verzeiht." (ebd., S. 319) So ist es immer. Es fällt schwer, zu verzeihen. Aber es ist wichtig, das Unrecht zu benennen. Ist das Unrecht benannt und nicht unter dem Teppich gekehrt, so ist schon viel gewonnen. Das ist der erste Schritt zur Macht des Vergebens. „Könnten wir einander nicht vergeben, d.h. uns gegenseitig von den Folgen unserer Taten wieder entbinden, so beschränkte sich unsere Fähigkeit zu Handeln gewissermaßen auf eine einzige Tat, deren Folgen uns bis auf unser Lebensende im wahrsten Sinne des Wortes verfolgen würden." (Arendt 1958/2008, S. 301)

Und dem Jungen Menschen müssen wir unablässig verzeihen, schon in unserem eigenen erzieherischen Interesse, denn „nur wem bereits verziehen ist, kann sich selbst verzeihen; nur wem Versprechen gehalten werden, kann sich selbst etwas versprechen und es halten." (Arendt 1958/2008, S. 304)

Wir kommen zu einem weiteren Gewährspädagogen, der sich ebenfalls darüber Gedanken gemacht hat, wie der stetig drohende Gewaltumschlag in der Erziehung verhindert werden kann. Siegfried Bernfeld (1892–1953) gründete 1919 in Wien das Kinderheim Baumgarten für jüdische Kriegswaisen mit 300 Kindern zwischen 3 und 16 Jahren. Er ging noch einen Schritt weiter als Korczak. Er erhob die Partizipation zum Zentrum seines pädagogischen Handelns und nahm sich selbst zurück und sprach sich dafür aus, dass des Erziehers Tun ein Nichttun sein sollte, er soll beobachten, zusehen, ermahnen.

Die Erziehung ist, so beginnt Bernfeld zögernd und neutral, „die Summe der Reaktionen einer Gesellschaft auf die Entwicklungstatsache" (Bernfeld 1925/1967, S. 51), um dann gesteigert fortzufahren, sie ist „eine gesellschaftliche Maßnahme gegenüber Kindern." (ebd., S. 52) Dass sie eine gesellschaftliche Maßnahme gegenüber Kindern ist, hat auch Korczak nicht geleugnet. Im Gegenteil hat er genau dies hervorgehoben, wie sein Eingangszitat zeigt: Wir sollen Kinder zurechtbiegen, dressieren, für die Umwelt genießbar machen. Wie kann das jemand sagen, dessen Hauptwerk den Titel trägt: „Wie man ein Kind lieben soll?"

Die Antwort liegt vielleicht hier. „Wie kultiviere ich die Freiheit bei dem Zwange?" (Kant 1997, S. 29) In der Pädagogik ist das eine sehr berühmte Frage. Immanuel Kant hat sie vor mehr als 200 Jahren gestellt. Mit dieser Frage konnte er das Kunststück vollbringen, mit nur acht Worten die zentrale Frage aller Pädagogik aufzuwerfen. Freiheit und Zwang liegen dicht beieinander, gewiss. Doch Kant ist deutlich: die Freiheit gilt es zu kultivieren, nicht den Zwang. Die Freiheit ist das Ziel, der Zwang ein Mittel, um dieses Ziel zu erreichen. Laut Kant bedarf es immer eines gewissen Zwanges, um zur Mündigkeit zu führen. „Denn Zwang ist nötig", (ebd., S. 29) fährt er fort. Aber richtig ist auch, dass er gefragt hat, wie die Freiheit bei dem Zwange zu kultivieren ist: „Ich soll meinen Zögling gewöhnen, einen Zwang meiner Freiheit zu dulden, und soll ihn selbst zugleich anführen, seine Freiheit gut zu gebrauchen. Ohne dies ist alles bloßer Mechanism, und der der Erziehung Entlassene weiß sich seiner Freiheit nicht zu bedienen." (ebd.) Er fragt offensichtlich danach, wie Freiheit zu kultivieren ist. Nicht gefragt hat er: „Wie kultiviere ich den Zwang, um zur Freiheit zu kommen?" Ein sehr bedeutender Unterschied.

Entsprechend unterscheidet Kant in der Erziehung auch zwischen „absolutem" Gehorsam, der aus Zwang abgeleitet ist, und einem Gehorsam, der auf Vertrauen bzw. „Zutrauen" gründet und damit freiwillig ist. (Brumlik 2013, S. 245) „Eine autoritäre Berufung auf Kant bei weiter vorgegebenem Anspruch, damit moralische Ziele zu verfolgen, ist selbstwidersprüchlich und erweist sich als mit einer demokratischen Kultur unverträglich [...]. Basis jeder demokratischen Kultur ist nach Kant die Unterweisung in Moralität, die gerade ohne Strafe und Sanktion auskommen muss." (ebd., S. 246)

Darum kommt Zwang bei Kant als eigenständige Aufgabe von Erziehung nicht vor, denn ihm geht es darum, dass die Menschen lernen, auf der Grundlage ihres eigenen Wollens und Wissens zu handeln. Diese Fähigkeit gilt es auszubilden, und der junge Mensch bringt alle Voraussetzungen dafür mit, wir erinnern an das Zitat von Pestalozzi: „Alles, was es lieb macht, das will es. Alles, was ihm Ehre bringt, das will es. Alles, was große Erwartungen in ihm rege macht, das will es. Alles, was in ihm Kräfte erzeugt, was es aussprechen macht, ich kann es, das will es." (Pestalozzi 1975, S. 12)

Wir wollen noch auf das bedeutsame Wort „Ich" hinweisen, dass Kant ebenfalls in diesen Satz gesteckt hat. Denn es sind nicht irgendwelche geheimen oder geheimnisvollen Mächte, die diese Kultivierung, also Urbarmachung der Freiheit bewerkstelligen oder herbeizaubern, sondern wir selbst sollen es tun. Niemand anderes kann das für uns regeln. Wenn dann bei dieser Freiheit Zwang liegt, dann sind wir es selbst, die diesen Zwang ausüben müssen, der zur Freiheit befähigen soll. Wenn es daher Grenzen der Freiheit gibt, dann sind wir selbst es, die diesen Grenzen über die Anwendung des Zwanges setzen.

Zwang ist daher nicht das zentrale Thema der Erziehung. Wenn Kinder etwas von den Erwachsenen unterscheidet, dann doch nur dies: sie verfügen über noch weniger Sicherheit und Kenntnisse als Erwachsene. Sie wissen viel weniger von den Geheimnissen der Welt, von denen die Erwachsenen immerhin eine Ahnung haben. Daher ist gerade die Sicherheit für ein Kind besonders bedeutsam, denn ein Kind ist von einer ausgesprochen verwirrenden Welt umgeben. Korczak gibt dazu ein Beispiel: Das Kind hat ein Glas zu Boden fallen lassen. „Etwas sehr Verwunderliches ist geschehen. Das Glas ist verschwunden, dafür sind ganz andere Gegenstände da. Es bückt sich, nimmt Glasscherben auf, verletzt sich, tut sich weh, Blut tropft vom Finger. Alles ist voller Geheimnisse und Überraschungen." (Korczak 1997, S. 78)

Junge Menschen suchen nach Sicherheit, und diese Sicherheit erwarten sie von den Erwachsenen. Hannah Arendt hat daher formuliert: „Sofern das Kind die Welt noch nicht kennt, muss es mit der Welt graduell bekannt gemacht werden; sofern es neu ist, muss darauf geachtet werden, dass dies Neue nach Maßgabe der Welt, so wie sie ist, zur Geltung kommt und nicht von dem Alter der Welt erdrückt wird." (Hannah Arendt, zit. in Kahl 1999)

Mit diesem Satz werden zwei zentrale pädagogische Aufgaben miteinander in Verbindung gebracht: Das Kind muss sich nach Maßgabe der Welt entwickeln, und dazu muss es so in die Welt eingefügt werden, bis es selbst dazu in der Lage ist. Dieses Einfügen ist die Voraussetzung, dass es selbst zur Geltung kommt, unter ständigen Bezug auf die anderen Menschen wird es selbst zum Menschen. Aber dabei darf es nicht vom Alter der Welt erdrückt werden, denn das Kind ist das Neue, es ist die Zukunft. So schmerzlich das für die Erwachsenen sein mag: sobald ein Kind geboren wurde, sind wir nicht mehr die Zukunft, sondern das geborene Kind ist die Zukunft.

Kinder kommen mit einem grenzenlosen Vertrauen auf die Welt, das sie in die Erwachsenen setzen, von denen sie wissen, dass sie schon vor ihnen auf der Welt gewesen sind und deshalb wissen müssen, was sie noch nicht wissen können. Die Grenzen, die wir den Kindern setzen, sind zugleich unsere eigenen Grenzen. Wir sind daher vermutlich gut beraten, wenn wir sehr vorsichtig mit diesen Grenzen umgehen.

6 Gesellschaftliche Reaktionen auf sexualisierte Gewalt gegen Jungen und ihre Bedeutung für die fachliche Arbeit

Was Sie in diesem Kapitel erwarten können:

Auf den folgenden Seiten unterscheiden wir drei Betrachtungsebenen. Zunächst fragen wir danach, wie mit dem Thema in der Öffentlichkeit umgegangen wird. Alle Medien spielen dabei eine tragende Rolle. Sie sind aber janusköpfig: Einerseits klären sie auf, andererseits skandalisieren sie. Aber ohne ihre aufklärerische Rolle wäre es niemals zu Runden Tischen, Entschädigungen und den Versuchen konkreter wissenschaftlicher Nachweise gekommen. Das Thema ist dadurch von Jahr zu Jahr tiefer in das öffentliche Bewusstsein eingedrungen. Das hat Folgen für die rechtliche Bewertung gehabt. Mittlerweile können wir erkennen, dass der Umgang der Justiz mit sexualisierter Gewalt sehr viel differenzierter geworden ist und viele Gesetzesnormen der Bedeutung des Themas angepasst wurden, wobei wir auch die Frage aufwerfen, ob die damit verbundenen Verschärfungen den Betroffenen wirklich helfen. Das ist unser zweiter Punkt in diesem Kapitel. Davon abgesehen kann sexualisierte Gewalt aber auch für politische Ziele missbraucht werden, etwa um Hass auf Migrant*innen zu schüren und die Behauptung zu stärken, dass die deutsche Volksgemeinschaft von außen bedroht werde. Diesen Aspekt diskutieren wir abschließend.

6.1 Umgang mit sexualisierter Gewalt in der Öffentlichkeit

Sexualisierte Gewalt an Kindern und Jugendlichen wird unter verschiedenen Aspekten von den Medien aufgegriffen und in der Öffentlichkeit wahrgenommen. Grundsätzlich ist es sowohl für die fachliche Diskussion als auch für die Würdigung betroffener Opfer von sexualisierter Gewalt von großem Nutzen, dieses Thema nicht zu übersehen. Besonders die Debatte in den 80er-Jahren über das ungeahnte Ausmaß innerfamiliärer Gewalt hat ein Tabu gebrochen und in der Folgezeit zu einer Erweiterung von Hilfeangeboten geführt. Sexualisierte Gewalt ist heute nicht nur ein Aufgabengebiet von Fachberatungsstellen, sondern mittlerweile ein sehr beachteter Gesichtspunkt bei der Betrachtung des Kindeswohls und der Kindeswohlgefährdung.

Die Debatte über die ebenfalls von der Öffentlichkeit ungeahnten oder beiseite gedrängten vielen Vorfälle sexualisierter Gewalt in Schulen, Heimen und anderen sozialen Einrichtungen, aber auch im Freizeitbereich (Sportvereine, Pfadfinderorganisationen) seit 2010 hat neben der innerfamiliären sexualisierten Gewalt auch diese Fälle sexualisierter Gewalt in das öffentliche Bewusstsein gerückt. Dass es Grenzverletzungen und sexuelle Übergriffe in Institutionen gibt, wurde zwar von Fachleuten thematisiert, hat aber durch die Einrichtung des „Runden Tisches Sexueller Kindesmissbrauch in Abhängigkeits- und Machtverhältnissen in privaten und öffentlichen Einrichtungen und im familiären Bereich" zu einer breiten Debatte in vielen Dachverbänden der Sozialen Arbeit, des Sports und anderer Organisationen geführt.

Der „Runde Tisch" war eine von der Bundesregierung initiierte Arbeitsgruppe, die 2010 und 2011 tagte. Auslöser für diese Arbeitsgruppe waren die zahlreichen Fälle von aufgedeckter sexueller Gewalt in verschiedenen Institutionen wie Kirchen oder in Internaten wie z.B. der Odenwaldschule. Im Zuge dieser Debatte ist es zu ersten Veränderungen, neuen gesetzlichen Vorschriften und Regelungen innerhalb der Verbände wie z. B. der Einführung von erweiterten Führungszeugnissen für das in diesen Einrichtungen beschäftigte Personal gekommen.

Diese breite öffentliche Debatte hat aber auch Schattenseiten. Zwar haben die Medien eine wichtige Funktion bei der Aufdeckung von gesellschaftlichen Missständen und auch als Sprachrohr für Betroffene. Im Zuge der Aufdeckung vieler Missbrauchsfälle bei kirchlichen Organisationen etwa haben sich einige Medien große Verdienste durch beharrliches Nachhaken erworben und dadurch, dass sie Betroffene zu Wort kommen ließen. Auf der anderen Seite finden wir immer wieder Versuche einiger Medien, einzelne Fälle für ihre Zwecke zu nutzen. Vorfälle werden von ihnen so skandalisiert, dass sie die Betroffenen erneut missbrauchen. Von den Fachberatungsstellen und anderen Organisation ist das nur begrenzt zu beeinflussen. Wenn z. B. ein Fall von sexualisierter Gewalt in den Medien auftaucht, häufen sich in den folgenden Tagen die Anrufe bei den Beratungsstellen. Dabei ist die Arbeit der Beratungsstellen oder deren fachliche Kommentierung gesellschaftlicher Probleme kaum von Interesse, sondern es geht darum, eine Geschichte zu präsentieren, die ein Sensationsinteresse bedient. Wenn die Beratungsstellen dieses Bedürfnis nicht erfüllen, erlischt schnell wieder das Interesse an ihrer Arbeit.[13]

Bei aller kritischen Betrachtung besonders der sensationsheischenden Presse wäre es auf der anderen Seite ohne diese medial erzeugte Öffentlichkeit nicht dazu gekommen, dass die Bundesregierung im März 2010 den genannten Runden Tisch eingerichtet sowie eine Unabhängige Beauftragte als Ansprechpartnerin für Betroffene eingesetzt hat. Der Runde Tisch wurde mit dem gemeinsamen Vorsitz der Bundesministerin für Bildung und Forschung, der Bundesministerin für Justiz und der Bundesministerin für Familie, Senioren, Frauen und Jugend hochrangig besetzt. Dies gilt auch für die Unabhängige Beauftragte; diese Position übernahm eine ehemalige Bundesministerin für Familie, Senioren, Frauen und Jugend.

> „Zur Mitwirkung am Runden Tisch wurden Vertreterinnen und Vertreter aus der Wissenschaft und aller relevanter gesellschaftlicher Gruppen eingeladen – unter anderem der Kinder- und Opferschutzverbände, bundesweiter Zusammenschlüsse von Beratungseinrichtungen für Opfer, der Familienverbände, der Schul- und Internatsträger, der Freien Wohlfahrtspflege, der beiden großen christlichen Kirchen, des Rechtswesens, des Deutschen Bundestages sowie aus Bund, Ländern und Kommunen als auch Vertreterinnen und Vertreter von sexueller Gewalt Betroffener.

---

13 Die DGfPI (Deutsche Gesellschaft für Prävention und Intervention bei Kindesmisshandlungung -vernachlässigung e.V.) hat eine Broschüre „Sexualisierte Gewalt in den Medien, Anregungen zur Berichterstattung über Straftaten gegen die sexuelle Selbstbestimmung" herausgegeben, die Medienvertretern zum einen wichtige Informationen zum Thema „sexuelle Gewalt" geben, zum anderen aber auch darauf hinweisen, dass die Schutzrechte der Verfahrensbeteiligten möglichst gewahrt werden. (dgfpi a)

Das Gremium hat Handlungsempfehlungen zu verschiedenen Fragestellungen erarbeitet. Kernfragen sind dabei: Welche Art der Hilfe, Unterstützung und Anerkennung muss den Opfern zuteilwerden? Wie können Einrichtungen sexuelle Übergriffe auf Mädchen und Jungen in Zukunft verhindern – welche Faktoren fördern Übergriffe, welche Faktoren lassen diese vermeiden? Wie können Mädchen und Jungen gegenüber Grenzverletzungen sensibilisiert und wie können Fachkräfte geschult werden, damit sie die Folgen sexualisierter Gewalt besser erkennen? Zudem befasst sich der Runde Tisch mit den unterschiedlichen Fragen der rechtlichen Aufarbeitung der in der Vergangenheit aufgetretenen Missbrauchsfälle und möglicher rechtspolitischer Folgerungen und der Sicherung des staatlichen Strafanspruches." (Runder Tisch Kindesmissbrauch, Internetquelle)

Sowohl der Runde Tisch als auch die Unabhängige Beauftragte haben seit Frühjahr 2010 wissenschaftliche Untersuchungen in Auftrag gegeben und dem Thema eine fachlich angemessene Auseinandersetzung ermöglicht. Besonders die Unabhängige Beauftragte hat den Betroffenen eine Plattform für inhaltliche Auseinandersetzung geboten.

Der Runde Tisch hatte seine letzte Sitzung im November 2011. Dort wurde der Abschlussbericht verabschiedet. Diese politische Initiative hat dem Thema der sexualisierten Gewalt an Kindern und Jugendlichen mit großer Intensität Aufmerksamkeit entgegengebracht. Die kommenden Jahre werden zeigen, ob diese Kraftanstrengung auch nachhaltige Wirkung zeigt. Dabei wird von großer Bedeutung sein, ob die Erkenntnisse der unterschiedlichen Forschungsprojekte genutzt werden, in Zukunft Jungen und Mädchen vor sexualisierter Gewalt zu schützen und Opfern von sexualisierter Gewalt die entsprechende und notwendige Hilfe zu gewähren. Dies bedeutet auch, die flächendeckende Versorgung mit Beratungseinrichtungen langfristig zu gewährleisten und deren Arbeit auch finanziell abzusichern.

6.2 Umgang mit Justiz: Kriminalisierung und Bestrafung

Der Umgang mit Polizei und Justiz und die Diskussionen um das Anzeigen und die Bestrafung des Täters bestimmen auch die Arbeit der Fachberatungsstellen in der Prävention und Beratung. In der öffentlichen und medialen Diskussion stehen diese Diskussionen oft an erster Stelle. Die Kenntnisse der Gesetze, insbesondere zu Straftaten gegen die sexuelle Selbstbestimmung, spielen in der Beratung eine wichtige Rolle, um Kindern und Jugendlichen, aber auch den Fachkräften die gesetzliche Rahmenlage zu verdeutlichen. Anhand von Fallbeschreibungen kann man z. B. abfragen, ob die beschriebene Situation erlaubt ist oder strafrechtlich verfolgt wird (bes. bei Schutzalter, Abhängigkeitsverhältnissen etc.). Andererseits setzt die Präventionsarbeit ihren Schwerpunkt darauf, nicht die gesetzlichen Regelungen in den Vordergrund zu stellen, sondern im Sinne einer emanzipatorischen erzieherischen Grundhaltung die Kinder und Jugendlichen so zu stärken und zu unterstützen, dass sie lernen, eigene Grenzen zu benennen, die Grenzen von anderen zu achten und ihre Gefühle ernst zu nehmen. Gleichzeitig werden sowohl von Kindern und Jugendlichen z. T. drastische Forderungen nach Bestrafung der Täter*innen gestellt. Aber auch Fachkräfte äußern vielfach eine große Verunsicherung, wie mit Anzeigen und der Anzeigepflicht umzugehen ist. Daher folgen nun hier einige Hinweise.

Die Fachberatungsstellen verweisen immer wieder darauf, dass das Wohl der Betroffenen im Vordergrund stehen soll und sie die Möglichkeit haben müssen, sich an jemanden zu wenden, der ihnen zuhört, ohne dass zwangsläufig eine Anzeige erstattet wird. Viele Betroffene haben Angst davor, dass ihnen bei der Polizei oder vor Gericht nicht geglaubt wird, und dass sie unangenehme Befragungen über sich ergehen lassen müssen. Aber ein anderer Aspekt ist vielleicht noch bedeutsamer. Für viele von sexueller Gewalt Betroffene haben andere Dinge Priorität. Sie versuchen mit Unterstützung der Fachberatung das Erlebte einzuordnen, sie haben mit eigenen Schuldgefühlen, mit Scham und seelischen Verletzungen zu kämpfen, sie haben massiven Vertrauensverlust erlebt und brauchen deshalb oft erst eine Stabilisierung, um dann zu entscheiden, ob eine Anzeige für sie der nächste Schritt sein kann. Bei der Bewältigung und Bearbeitung des Erlebten kann das Anzeigen des Täters oder der Täterin sehr wohl ein großer Schritt sein, wieder Selbstbewusstsein und Stärke zurückzugewinnen. Auf der anderen Seite steht die berechtigte Angst, dass ein mögliches Gerichtsverfahren zu Retraumatisierungen führen kann.

Auch Fachkräfte sind in Fortbildungen oft sehr verunsichert, wie sie mit dieser Thematik in der Praxis umgehen sollen. Eine von den Fachberatungsstellen vermittelte Grundregel lautet, Ruhe zu bewahren und sich kollegiale und fachliche Unterstützung zu holen. Oft wird bei Verdacht auf sexualisierte Gewalt vorschnell gehandelt, und dabei werden die Opfer leicht aus dem Blick verloren. Bei der Überlegung, ob eine Anzeige gestellt werden soll, ist immer auch zu bedenken, ob sie dem Schutz der Betroffenen dient, oder ob sich darin eigene Wertungen und die Gefühle von Hilflosigkeit oder Wut eingeschlichen haben. Diese Gefühle der Fachkräfte mögen verständlich sein, haben aber erst einmal nichts mit dem Opfer zu tun.

Wenn eine Anzeige erstattet werden soll, ist es wichtig, sich im Vorfeld zu informieren, welche Stellen für diese Delikte zuständig bzw. für den Umgang mit Opfern geschult sind. Gleichzeitig ist es notwendig, den Betroffenen bei allen rechtlichen Schritten eine Begleitung zur Seite zu stellen, zumal bei den Strafverfolgungsbehörden häufig keine speziellen Kenntnisse zum Umgang mit Opfern von sexueller Gewalt, generell zur sexuellen Gewalt und vor allem den unter Fachleuten bekannten Täterstrategien vorliegen. So kann es etwa passieren, dass Familiengerichte einen begleiteten Umgang mit dem Vater entscheiden, der gegenüber dem Kind sexualisierte Gewalt ausgeübt hat. (Wildwasser Dokumente, Internetquelle)

Der „Runde Tisch Sexueller Kindesmissbrauch" hat im Kontext der aufgedeckten Fälle von sexueller Gewalt in Organisationen in seinem Abschlussbericht Leitlinien zur Einschaltung der Strafverfolgungsbehörden gefordert wonach „Informationen über Fälle möglichen sexuellen Missbrauchs in der Institution schnellstmöglich an die Strafverfolgungsbehörden weitergeleitet werden. Ziel der Leitlinien ist zu verhindern, dass Fälle von sexuellem Missbrauch an Kindern oder Jugendlichen aus Eigeninteresse der Institution vertuscht oder aus Nachlässigkeit nicht weiter verfolgt werden." (Bundesministerium der Justiz, das Bundesministerium für Familie, Senioren, Frauen und Jugend sowie das Bundesministerium für Bildung und Forschung 2011, S. 24)

Zwar haben sich die Fachberatungsstellen zu diesen Vorschlägen anerkennend geäußert, zudem einige von ihnen am Runden Tisch beteiligt gewesen sind und die Arbeit kritisch begleiteten. Zur Frage der Einschaltung der Strafverfolgungsbehörden stimmen sie aber nicht mit der Vorgabe überein. Fachberatungsstellen, Dachverbände und Einzelpersonen äußerten sich in einer Stellungnahme dazu: „Die im Abschlussbericht verabschiedeten ‚Leitlinien zur Einschaltung der Strafverfolgungsbehörden' des Bundesministeriums für Justiz stellen ein bedenkliches Interventionsinstrumentarium dar. Die Leitlinien sind kein fachlich angemessener Umgang mit unterschiedlichen Konstellationen sexualisierter Gewalt. Sie erzeugen einen gefährlichen Handlungsdruck auf (möglicherweise) betroffene Kinder und Institutionen. Die spezifischen Probleme von Aufdeckungsprozessen bleiben unberücksichtigt. Das Kindeswohl muss auch hier an erster Stelle stehen und darf nicht hinter dem Strafverfolgungsinteresse zweitrangig werden." (dgfpi b, S. 2)

Betroffenen von sexualisierter Gewalt, ihren Angehörigen und auch den Fachkräften, die z.B. in einer Hilfe zur Erziehung tätig sind, sollte immer deutlich gemacht werden, welche Chance eine Strafanzeige im Sinne einer Aufarbeitung sein kann. Gleichzeitig müssen die Risiken klar angesprochen werden, z. B., dass eine Strafanzeige nicht automatisch die Verurteilung des Täters nach sich zieht, dass sich Verfahren sehr lange hinziehen können und dass die Glaubwürdigkeit der Opfer in Frage gestellt werden kann, wenn etwa ein Glaubhaftigkeitsgutachten erstellt wird. Eine große Hilfe wäre es, wenn die Situation von Betroffenen vor Gericht und im Kontakt mit Strafverfolgungsbehörden verbessert würde. Hier ist z. B. mit dem „Zeugenbegleitprogramm Schleswig-Holstein im Verfahren wegen Sexualstraftaten und häuslicher Gewalt" (Der Generalstaatsanwalt des Landes Schleswig-Holstein, Institut für Psychologie der Christian-Albrechts-Universität Kiel, Das Zeugenbegleitprogramm in Schleswig-Holstein, Schleswig/Kiel, 2006) ein Modell entwickelt worden, das den Opferschutz im Strafprozess nachhaltig verbessert. In diesem Zeugenbegleitprogramm versucht das Land Schleswig-Holstein seit 1995, Verunsicherungen und Ängste bei Betroffenen durch die Vermittlung gerichtsrelevanten Wissens vor der Hauptverhandlung, durch die Vermittlung von Bewältigungskompetenz und eine psychische Unterstützung abzubauen. Die Betroffenen werden über den Ablauf der Vernehmung und über die Aufgaben der unterschiedlichen an der Gerichtsverhandlung teilnehmenden Personen informiert, es wird eine Begleitung bei der Hauptverhandlung und eine Nachbetreuung angeboten. Die Betreuung ist kostenlos und wird durch geschulte Mitarbeiter*innen freier Träger angeboten. Diese Form der Zeugenbegleitung und Unterstützung ist beispielhaft und hat in der Fachöffentlichkeit große Anerkennung gefunden. In einigen anderen Bundesländern wurden von verschiedenen Institutionen zwar Prozessbegleitungen angeboten, waren aber nicht wie in Schleswig-Holstein fest im System verankert und finanziert. Die Bemühungen des Runden Tisches, des Betroffenenrates sowie der Fachberatungsstellen haben dazu geführt, dass ab dem 01.01.2017 besonders schutzbedürftige Verletzte einen Anspruch auf professionelle Begleitung und Betreuung während des gesamten Strafverfahrens, die sogenannte psychosoziale Prozessbegleitung, haben. Die wesentlichen rechtlichen Grundlagen für die psychosoziale Prozessbegleitung sind in § 406g der Strafprozessordnung und im Gesetz über die psychosoziale Prozessbegleitung im Strafverfahren (PsychPbG) geregelt.

6.3 Die rechtliche Lage. Der Konflikt zwischen Normdurchsetzung und hilfreicher Begleitung

„Die Sexualdelikte", so formulierte es die zuständige Staatssekretärin zum Auftakt der Reformkommission „Überarbeitung des 13. Abschnitts des Besonderen Teils des Strafgesetzbuches" im Jahr 2015, „werden wie kaum ein anderes strafrechtliches Gebiet von der Gesellschaft wahrgenommen. In ihnen spiegelt sich der Respekt wider, den unsere Gesellschaft der sexuellen Selbstbestimmung entgegenbringt." (Reformkommission zum Sexualstrafrecht 2017, S. 8)

Mit dem dann schließlich verabschiedeten Gesetz zur „Bekämpfung sexualisierter Gewalt gegen Kinder" vom 16. Juni 2021[14] hat der Gesetzgeber indessen im Schwerpunkt eine erheblich Menge von Verschärfungen eingeführt. So wird der sexuelle Missbrauch von Kindern künftig als ein Verbrechen und nicht mehr lediglich als Vergehen qualifiziert. Das Strafgesetzbuch unterscheidet Verbrechen und Vergehen und benennt Verbrechen als rechtswidrige Taten, die im Mindestmaß mit Freiheitsstrafen von einem Jahr oder darüber bedroht sind. Vergehen dagegen sind rechtswidrige Taten, die im Mindestmaß mit einer geringeren Freiheitsstrafe oder mit Geldstrafe geahndet werden. Konkret sind im Falle sexuellen Missbrauchs von Kindern nunmehr Freiheitsstrafen von mindestens einem, höchstens 15 Jahren normiert.

Als Verbrechen gelten nun auch die Verbreitung, der Besitz und die Besitzverschaffung von Kinderpornografie. Der Gesetzgeber sieht dafür Freiheitsstrafen von einem Jahr bis zu zehn Jahren vor (bisher drei Monate bis fünf Jahre). Besitz und Besitzverschaffung können künftig mit Freiheitsstrafen von einem Jahr bis zu fünf Jahren geahndet werden (bisher bis zu drei Jahre Freiheitsstrafe oder Geldstrafe). Das gewerbs- und bandenmäßige Verbreiten kann künftig mit Freiheitsstrafe von zwei bis 15 Jahren bestraft werden (bisher sechs Monate bis zehn Jahre).

Dazu wird der sexuelle Missbrauch von Schutzbefohlenen unter Vereinheitlichung der Altersschutzgrenze auf 18 Jahre neu gefasst und um Handlungen mit oder vor Dritten erweitert.

Das Gesetz bewehrt zudem das Herstellen, das Inverkehrbringen und den Erwerb und Besitz von Sexpuppen mit kindlichem Erscheinungsbild (künftig § 184l des Strafgesetzbuchs) mit Strafe. Für die Herstellung und Verbreitung sind bis zu fünf

---

14 Bundesgesetzblatt Jahrgang 2021, Teil I Nr. 33, ausgegeben zu Bonn am 22. Juni 2021.

Jahre Freiheitsstrafe oder Geldstrafe, für den Erwerb und Besitz bis zu drei Jahre Freiheitsstrafe oder Geldstrafe vorgesehen.

Die Verjährungsfrist für die Herstellung kinderpornografischer Inhalte, die ein tatsächliches Geschehen wiedergeben, beginnt nun erst mit Vollendung des 30. Lebensjahrs des Opfers.

Schließlich ist die Anordnung von Untersuchungshaft in Fällen des schweren sexuellen Missbrauchs von Kindern, des sexuellen Missbrauchs von Kindern mit Todesfolge und der gewerbs- oder bandenmäßigen Verbreitung kinderpornografischer Inhalte unter erleichterten Voraussetzungen möglich.

Im Blick auf die Täter*innen wurden die Fristen in erweiterten Führungszeugnissen erheblich verlängert. Handelt es sich um besonders kinderschutzrelevante Verurteilungen, belaufen sie sich nun auf bis zu 20 Jahre zuzüglich der Dauer der Freiheitsstrafe. Wird ein*e Täter*in wegen schweren sexuellen Kindesmissbrauchs oder sexuellen Kindesmissbrauchs mit Todesfolge zu mindestens fünf Jahren Freiheitsstrafe oder wiederholt wegen derart schwerer Taten verurteilt, so wird diese Verurteilung künftig lebenslang in das erweiterte Führungszeugnis aufgenommen.

Neben der Verschärfung der Repression, die den Kern dieser Änderung des Strafgesetzbuches bildet, hat der Gesetzgeber allerdings auch Aspekte der Prävention und der Qualifizierung der Justiz berücksichtigt. Er will besondere Qualifikationen für Familienrichter*innen und konkrete persönliche und fachliche Eignungsvoraussetzungen für Verfahrensbeistände. Das soll auch für Jugendrichter*innen und Jugendstaatsanwält*innen gelten, die mit den jungen Opferzeugen verständig und einfühlsam umgehen können sollen. Hierzu gehört auch, dass das Familiengericht das Kind regelmäßig und unabhängig von seinem Alter persönlich anzuhören hat.

Diese Entwicklung zeigt: Der sexuelle Missbrauch von Kindern entwickelt sich von einem Stiefkind der öffentlichen Aufmerksamkeit zu einem Thema, welches Eingang in die Strafrechtsentwicklung findet. Gleichzeitig erkennen wir in der Diskussion abermals die Idee, sexualisierte Gewalt als eine Form der Sexualität zu werten. Doch Pädosexuelle sind nach verschiedenen Untersuchungen für lediglich 40 bis 50 Prozent aller Fälle sexuellen Missbrauchs verantwortlich. (Seto 2009, S. 393) Sexualisierte Gewalt nicht als Gewalt und nicht als eine Form des Machtmissbrauchs, sondern im Schwerpunkt als eine sexuell dominierte Praxis zu sehen, hilft uns nicht, das Phänomen zu verstehen und führt zu falschen Schlussfolgerungen. In unserem Kapitel über den Tabubruch haben wir bereits besprochen, warum der sexuelle Missbrauch (fälschlich als Form der Sexualität gedacht) ein tendenziell vermiedenes Thema ist. Adorno formulierte in „Sexualtabus und Recht heute", dass das stärkste Tabu von allen jenes ist, dass sich mit dem Begriff des „Minderjährigen" verbinde. Hier lagere ein universales und durchaus begründetes Schuldgefühl der Erwachsenenwelt, die die (sexuelle) Unschuld der Kinder zu verteidigen hat, ja sie geradezu heiligt, und das mit jedem Mittel. Aber, er ergänzt auch, und das ist die andere Seite: „Allbekannt, daß Tabus um so stärker werden, je mehr der ihnen Hörige selber begehrt, worauf die Strafe gesetzt ist". (1963, S. 61)

Adorno hat diese Formulierung vor dem Hintergrund seiner These getroffen, dass Sexualtabus nur zum Schein abgeschafft seien, in Wirklichkeit aber weiter fortbestünden, und dass der tiefe Zusammenhang der Sexualtabus mit unserer Gesellschaft sich insgesamt im Recht fortsetze[15]. Im Recht wirken diese Sexualtabus in kodifizierter Form. Dabei ist die Sexualität insgesamt in die Gesellschaft eingegliedert in einer Form, wie man sich das früher nicht hat träumen lassen. Sexualität insgesamt erscheint nun gesellschaftlich integriert, aber, wie Adorno formuliert, in ausgebeuteter Form. So spricht er vom „ausgebeuteten Sexus". Im Wege dieser Ausbeutung wird Sexualität scheinbar endlich tabuisiert, tatsächlich fällt sie jedoch in eine tiefe Form der Verdrängung. Der Sexus wurde quasi entgiftet und hygienisch gereinigt. Damit ist alles Erotische aus ihm verschwunden, denn das erotische Glück bildet sich gerade am Widerstand; das Unanständige sei für die Sexualität konstitutiv.

Diese Mechanismen der Verdrängung erzeugen ein Reservoir an sexuellen Instinkten, die, wie es Adorno formuliert, in Grauen umschlagen können. Das führe zu Verfolgungsfantasien gegen alles Abwegige, vergleichbar mit der allgemeinen Wut gegen Rauschgiftsüchtige. Und so, wie hinter dieser Wut gegen Rauschgiftsüchtige in Wirklichkeit die Arbeitsmoral steht, so steht hinter der Wut gegen das sexuell Abwegige der Drang, die genitale, „normale" Geschlechtlichkeit zu verteidigen. Daher ist der eigentliche Angriffspunkt nicht die genitale, die „normale" Sexualität, sondern der Zorn richtet sich auf alles, was dieser „normalen Sexualität" nicht entspricht. So werden die Partialtriebe, also jene, die diesem Primat der Fortpflanzung nicht entsprechen und nach allen möglichen Seiten sich entwickeln, allenthalben als Perversion geächtet. Darum steht der Gesetzgeber vor diesem Problem: Er muss diese Menschen, die diesem Primat nicht entsprechen, dem Recht unterwerfen als eben jene mündigen Bürger*innen, die wissen, was sie tun, und die es daher auch hätten lassen können.

In diesem Verdrängungszusammenhang ist die sexualisierte Gewalt gegenüber Kindern zu einem „Verdichtungssymbol" (Cremer- Schäfer/Stehr 1990) geworden, mit dem der Staat seine Entschlusskraft und sein Durchsetzungsvermögen zeigt. (Edelman 1988) Der US-amerikanische Soziologe Gusfield (1963) hat bereits vor vielen Jahrzehnten auf die Bedeutung der Praxis moralischer Kreuzzüge hingewiesen. Diese Kreuzzüge verdeutlichen, dass die staatlichen Akteure etwas tun, dass sie Willens sind, auf die Bedenken in der Bevölkerung einzugehen, und bereit sind, mit ihren Mitteln gesellschaftliche Veränderungen herbeizuführen. Der bekannte Strafrechtswissenschaftler Hassemer hat gezeigt, dass sie sich dabei eines symbolischen Strafrechts bedienen (Hassemer 1989) bzw. das Strafrecht im Interesse ihrer Symbolpolitik einsetzen.

Damit soll keineswegs zum Ausdruck gebracht werden, dass die in den vergangenen Jahren intensiv geführte Debatte über die strafrechtliche Würdigung sexuellen Missbrauchs insbesondere an Kindern und Jungen eine fehlgeleitete Debatte gewesen sei. Es ist damit auch nicht ausgedrückt, dass die instrumentelle Seite des

---

15 Adorno, T. Sexualtabus und Sexualität heute. (https://www.youtube.com/watch?v=vgdMTUBb3yE, Aufruf 11.08.2012).

Strafrechts, also jene, welche die Möglichkeiten und Notwendigkeiten des Rechtsgüterschutzes bedient, gegen ein symbolisches Strafrecht steht, denn die symbolische Vermittlung rechtstreuen Lebens im Rücken instrumenteller Strafrechtsanwendung ist nun einmal das Kennzeichen des Strafrechts. (ebd.) Symbolisches und instrumentelles Strafrecht gehen Hand in Hand; das symbolische Strafrecht legitimiert das Strafen. (Müller 1993)

Aus unserer Sicht zeigt sich in dieser Debatte, ob sexualisierte Gewalt als Gewalt oder eben als missbrauchte Sexualität angesehen wird, der Versuch, den bisherigen Begriff des „sexuellen Missbrauchs" gegen jenen der „sexuellen Gewalt" auszutauschen.

Nach Auffassung des zuständigen Ministeriums BMJV sollte damit künftig das Unrecht der Taten stärker gewichtet werden. Kritiker*innen wandten von Anfang an ein, dass der Begriff der Gewalt das Merkmal der körperlichen Gewalt zu sehr in den Vordergrund stelle, wobei es doch in den meisten Fällen den Täter*innen um sexuelle Stimulation oder Befriedigung und insbesondere um Befriedigung ihres Bedürfnisses nach Macht gehe, ohne körperliche Gewalt auszuüben. Zudem bestehe ein hohes gesellschaftliches Vernichtungspotential für Verdächtigte, deren soziale Existenzen für immer vernichtet werden kann.[16] „Entsprechend des geplanten Titels des Gesetzentwurfs ,Sexualisierte Gewalt gegen Kinder' sollen die Straftatbestände des sexuellen Missbrauchs von Kindern nun eine entsprechende amtliche Überschrift erhalten. Der Gesetzgeber meint, so das Unrecht der Taten klarer beschreiben zu können. Er sieht damit auch sog. Hands-off-Delikte, d.h. solche Delikte, die nicht mit Körperkontakt einhergehen, als sexualisierte Gewalt an. Diese Sichtweise hat schon hinsichtlich des Referentenentwurfes zu Recht harsche Kritik erfahren. „Es handelt sich um reine Symbolik, die die tatbestandliche Beschreibung verfehlt. Geht man vom strafrechtlichen Gewaltbegriff aus, ist die Überschrift missverständlich, was der Klarheit der beabsichtigten Neuregelung abträglich ist. Schwerer wiegt jedoch, dass die Überschrift die gesetzgeberische Intention in ihr Gegenteil verkehrt. Da der Begriff „Gewalt" im Strafrecht eng verstanden wird und damit ein engeres Verständnis als mit dem bisherigen Begriff des „Sexuellen Missbrauchs" verbunden ist, würde der vom Gesetzgeber intendierte erweiterte Schutz gerade nicht zum Ausdruck kommen. Die vielfältigen Fallgestaltungen, die §§ 176 ff. StGB-E erfassen sollen, werden so verdeckt." (Eisele 2020) Diese begriffsverschärfende Umstellung von Missbrauch auf Gewalt ist von den juristischen Sachverständigen daher durchgehend zurückgewiesen worden – in der Regel jedoch nicht von den Fachleuten in der Begleitung und Betreuung von Betroffenen, wie wir gleich zeigen werden.

So hat die Mehrheit im Bundesrat diesen begriffsverändernden Vorschlag mit der Bemerkung zurückgewiesen, dass die im Gesetzentwurf vorgesehene Terminologie zu eng sei „und irreführend (...). An der bisherigen Begrifflichkeit in Gestalt des ,sexuellen Missbrauchs von Kindern' ist daher festzuhalten. Im Einzelnen: Mit dem Begriff der ,Gewalt' verbindet sich sowohl im juristischen Verständnis

---

16 https://www.haufe.de/recht/weitere-rechtsgebiete/strafrecht-oeffentl-recht/strafenverschaerfungen-bei-kindesmissbrauch-geplant_204_519814.html (Aufruf 21.10.2021)

als auch in der Vorstellung der Bevölkerung die Notwendigkeit von körperlicher Kraftentfaltung beim Täter und körperlicher Zwangswirkung beim Opfer." (Bundesrat 2020, S. 15) Für seine Ablehnung des Begriffs wurden drei Argumente angeführt[17]: Erstens berge eine Änderung der Terminologie die Gefahr, dass dann nur noch gewaltsame Übergriffe in der Bevölkerung als strafbar angesehen werden, was zweitens auch auf potentielle Täter*innen zutreffe. Drittens müsse berücksichtigt werden, „dass die Verwendung der vorgeschlagenen Begrifflichkeit zu einer nicht beabsichtigten engeren Auslegung der einzelnen Tatbestände führt" (ebd.).

Es kann kaum verwundern, wenn die auf terminologische Genauigkeit angewiesene juristische Praxis den weiten Begriff der sexualisierten Gewalt ablehnen muss, wie er etwa hier in einer Handreichung für Betroffene zum Ausdruck kommt: „Sexualisierte Gewalt kann eine Berührung sein. Wenn du die Berührung nicht möchtest. Vielleicht am Busen oder Po. Oder es kann ein Spruch sein. Zum Beispiel: Du hast ja einen tollen Busen. Aber du möchtest das nicht. Die andere Person soll so nicht über dich sprechen. Oder jemand zwingt dich zum Sex. Das nennt man Vergewaltigung. Oder du sollst beim Sex oder Pornos zusehen. Auch wenn du das nicht willst. Oder du musst jemanden anfassen." (Koordinierungsstelle, o. J.) Jemand berühren müssen, mit der Person darüber sprechen müssen oder gar nur zuhören sollen und schließlich dann der gewaltsame, körperlicher Zwang sind aus dieser juristischen Sicht ganz unterschiedliche Tatbestände. Deren Vermengung würde zwar die richterliche Würdigung des Tatgeschehens nicht unbedingt erschweren, in jedem Fall aber die tatbestandliche Zuordnung zu einer Gesetzesnorm mit großen Schwierigkeiten behaften.

Wie bereits angemerkt, haben die Fachleute in der Beratungspraxis eine andere Haltung angenommen. So begrüßt die „Bundeskoordinierung spezialisierter Fachberatung gegen sexualisierte Gewalt in Kindheit und Jugend" den Vorschlag außerordentlich,[18] „den Begriff des sexuellen Missbrauchs durch sexualisierte Gewalt zu ersetzen, […], da die Begrifflichkeit des Missbrauchs missverständlich ist und suggeriert, es gebe einen legalen ‚Gebrauch' von Kindern. Die Änderung des Begriffs war überfällig. Der Begriff der sexualisierten Gewalt ist der zutreffende Begriff für das, was das Strafgesetzbuch an dieser Stelle notwendigerweise unter Strafe stellt. Er ist deshalb zutreffend, weil er deutlich macht, dass Kinder ihr Recht auf sexuelle Selbstbestimmung nicht in dem Sinne ausüben können, dass sie in sexuelle Handlungen mit Erwachsenen einwilligen können. (Bundeskoordinierung spezialisierter Fachberatung 2020, S. 2f.)

Da bei dieser Haltung die oben angeführten juristisch-terminologischen Gründe kaum auszuräumen sind, wird vorgeschlagen, den Begriff der sexualisierten Gewalt dadurch zu verdeutlichen, „dass zur Erfüllung des Tatbestands ‚sexualisierte Gewalt' der Einsatz von Gewalt im herkömmlichen Sinne des StGB gerade nicht

---

17 Zudem auch im internationalen Sprachgebrauch deutlich zwischen „abuse" (Missbrauch) und „violence" (Gewalt) unterschieden werde. (ebd., S. 16)

18 Der Dachverband steht damit Seite an Seite etwa mit dem Deutschen Kinderschutzbund (2020) sowie dem Weißen Ring, der allerdings vornehmlich die Intensivierung der Strafverfolgung begrüßt (Weißer Ring 2020)

erforderlich ist und das im strafrechtlichen Sinne ‚gewaltlose' Begehen den Tatbestand erfüllt." (ebd., S. 3)

So wird in dieser Stellungnahme der Fachwelt zwar einerseits und eingangs darauf hingewiesen, dass ein gesellschaftlicher Diskurs essentiell sei und nicht auf Verschärfung und „Law und Order" gesetzt werden sollte[19]. Anderseits werden im Weiteren dann den Strafverschärfungen zugestimmt und zudem verstärkte Eingriffsrechte der Gerichte im Rahmen der Führungsaufsicht bei einschlägigen Verurteilungen sowie der Erhöhung der Verjährungsfristen und der Erweiterung der Eintragungen in das Bundeszentralregister (BzR) gefordert.

Der Gesetzgeber hat sich zu einem Kompromiss durchgerungen: Das Gesetz trägt die Bezeichnung „Bekämpfung sexualisierter Gewalt gegen Kinder", während die einzelnen Tatbestände weiterhin als „sexueller Missbrauch" bezeichnet werden.

Insgesamt ist ungemein zu begrüßen, dass dieser bisher besonders vernachlässigte Personenkreis in die öffentliche Aufmerksamkeit gerückt wurde und diese öffentliche Aufmerksamkeit, wie es im einem auf parlamentarischer Willensbildung aufbauenden Rechtsstaat der Fall sein muss, auch zu strafrechtlichen Änderungen geführt hat. Gleichwohl scheinen uns die Verschärfungen nicht zwingend zu einer Verbesserung der Situation der Betroffenen zu führen, was insbesondere aus fachlicher Perspektive im Blick behalten werden sollte. In der fachlichen Praxis der Arbeit mit Betroffenen ist das Phänomen der sexualisierten Gewalt und seine Folgen für die Betroffenen schwer mit den unterschiedlichen Straftatbeständen in Deckung zu bringen. So wissen wir z. B. insbesondere aus den Erkenntnissen der Traumaforschung, aber auch aus vielen Beratungen, dass nicht immer die konkrete Tat bzw. Handlung ausschlaggebend für das betroffene Kind sind, sondern viele weiter Faktoren eine Rolle spielen. So kann z. B. nicht eindeutig gesagt werden, dass Hands-off-Delikte weniger gravierend als Hands-on-Delikte sind. Wenn ein Kind über einen längeren Zeitraum genötigt wird, dabei zu sein, wenn der eigene Vater pornografisches Material konsumiert und sich dabei befriedigt, kann es genauso belastend sein, als wenn ein anderer Täter Taten ausführt, in dem das Kind auch körperlich missbraucht wird.

Die Gesellschaft insgesamt muss von Menschen, die mit ihren abweichenden sexuellen Neigungen andere Menschen schädigen, unbedingte Abstinenz erwarten. Sie müssen sich abstinent verhalten. Allerdings können die „meisten sexuellen Verhaltensabweichungen […] befriedigt werden, ohne dass die Betreffenden delinquent werden müssen, selbst wenn dies für kernpädophile Menschen schwierig sein mag. Aber auch sie müssen akzeptieren, dass sie, wie jeder andere auch,

---

19 So der Wortlaut der Bundeskoordinierungsstelle in ihrer Präambel: „Zu dem Diskurs um Strafverschärfung, auf die sich die Diskussion in den letzten Wochen stark fokussiert hat, möchten wir vorweg festhalten, dass wir die Verengung der Diskussion auf eine rein repressive äußerst kritisch sehen. Denn diese Verengung ordnet sich in einen Diskurs ein, in dem der Ruf nach law &order, hartem Durchgreifen und hohen Strafen notwendige gesellschaftliche Debatten zur Bekämpfung von sexualisierter Gewalt in Kindheit und Jugend unterdrückt und damit falsche Akzente gesetzt werden. Wir halten deshalb an dieser Stelle fest: Sexualisierte Gewalt ist das Ausnutzen von Machtverhältnissen. Die Bekämpfung sexualisierter Gewalt muss deshalb immer gesellschaftliche Strukturen mitdenken und kann deshalb auch nur gesamtgesellschaftlich gelingen. Stichworte müssen hierbei Erwachsenen-Kind-Verhältnisse aber auch patriarchale Strukturen sein." Bundeskoordinierungsstelle 2020, S. 1)

mit ihren sexuellen Bedürfnissen andere nicht schädigen, nicht gegen den Willen anderer handeln und Einwilligungsunfähige nicht ausnutzen dürfen. Die Diagnose einer psychosexuellen Störung allein bedeutet noch nicht, dass der Betreffende bei der Ausübung seiner Sexualpraktik in seiner Steuerungsfähigkeit erheblich vermindert ist. Sie kann aber unter bestimmten Bedingungen beeinträchtigt sein." (Nedophil/Schiltz 2021, S. 164) Auch die Betrachtung gewalttätiger oder pädophiler Medieninhalte kann, muss jedoch nicht ein verstärkender Faktor für sexuellen Kindesmissbrauch sein. (ebd., S. 162)

Es ist daher kaum angemessen, wenn diese Menschen im Wege des Strafrechts summarisch einer sozial verachteten Gruppe zugerechnet werden. Im Strafgesetz muss das Prinzip der Trennung von Recht und Moral aufrechterhalten werden, sonst verkommt es zu einem rein generalpräventiven Vergeltungsstrafrecht und nimmt einen nur symbolischen Charakter an. Ein liberales Strafrecht dagegen muss alle Bürger*innen als politische Subjekte wahrnehmen und sie fairen Spielregeln unterwerfen. Nur so kann das Gesetz seinen Auftrag erfüllen und sowohl dem Rechtsgüterschutz dienen als auch spezialpräventiv wirken, d.h. die jeweiligen verurteilten Täter*innen daran hindern, weitere Straftaten zu begehen. Im Strafrecht als der stärksten staatlichen Einwirkungskraft auf die Bürger*innen gilt aus gutem Grund das Prinzip der ultima ratio. Wer hingegen „plakative Zeichen setzen will, sieht im Strafrecht eben eine prima ratio. Hohe Mindeststrafen gelten als probates Mittel, um den Ernst der Opfergefährdung auszudrücken. Die konkreten Folgen werden ausgeblendet." (Frommel 2020, S. 158)

Diese juristischen Ausführungen sind sicherlich auch für das sozialpädagogische Handeln bedeutsam, weil es in der Beratung von Menschen jedes Alters, seien sie nun Opfer oder Täter*innen, immer darauf ankommen muss, die Person und die Situation zu verstehen. Eine bestrafungsorientierte Perspektive, die summarisch Täter und Täterinnen, die sexualisierte Gewalt ausgeübt haben, als ausgesprochen fragwürdige moralische Subjekte sieht, verfolgt eine bloße Identitätspolitik, die eine binäre Unterscheidung in Gut und Böse vornimmt. Das jedoch verhindert jegliches Verstehen, minimiert jegliche Möglichkeit der Unterstützung und möglicherweise sogar der Heilung des geschehenen Unrechts. Sozialpädagog*innen setzen keine Zeichen, sie verurteilen nicht moralisch, sie sind nicht für die durch das Strafrecht exekutierte Spezial- oder Generalprävention zuständig, sondern dafür, Menschen dabei zu unterstützen, mit erlebter und erlittener sexualisierter Gewalt auf den ihnen jeweils eigenen und angemessenen Wegen zurechtzukommen.

Es ist aus unserer Sicht daher nicht angemessen, wenn die Fachkräfte in ihrer Beratung und Begleitung einem straforientierten Impetus folgen und vorrangig Kriminalisierung und Strafverschärfung als Antwort sehen. Dem Begriff des straforientierten Impetus benutzen wir in Anlehnung an den Begriff des „carceral feminism"[20] (zu Deutsch etwa: „bestrafungsorientierter Feminismus"). Wenn wir

---

20 Für den "carceral feminism" kritisiert Law: "By relying solely on a criminalized response, carceral feminism fails to address these social and economic inequities, let alone advocate for policies that ensure women are not economically dependent on abusive partners. Carceral feminism fails to address the myriad forms of violence faced by women, including police violence and mass incarceration. It fails to address factors that exacerbate abuse, such as male entitlement, economic inequality, the lack of safe and affordable housing,

auf Kriminalisierung und Bestrafung fokussieren, dann vernachlässigen wir die sozialen und ökonomischen Ungleichheiten und übersehen zugleich, dass es die Aufgabe Sozialer Arbeit ist, dafür zu streiten, dass Menschen nicht anderen Menschen unterworfen sind, die sie dann leicht missbrauchen können. Wir übersehen dann weiter die vielfältigen Formen der Gewalt, denen unterdrückte Menschen ausgesetzt sind, die auch deshalb entstehen, weil sie in unzureichenden Lebensverhältnissen mit mangelhaftem Wohnraum zurechtkommen müssen und auf viele Ressourcen zu verzichten haben. Weiterhin übersehen wir, dass insbesondere bei sexualisierter Gewalt eine zentrale Ursache in Geschlechter- und Machtverhältnissen besteht. Ein derartiger straforientierter Impetus fördert die dunkle, repressive Seite staatlichen Handelns und vernebelt die unterstützenden und fördernden Möglichkeiten, auf deren Umsetzung sich die Fachkräfte der Sozialen Arbeit qua Studium und Beruf verpflichtet haben. Es scheint uns daher sehr angemessen zu sein, wenn die Fachkräfte in ihrer Arbeit eine ethische Orientierung entwickeln, wonach auch Menschen, die übergriffig sind, Unterstützung und Hilfsangebote benötigen. Dann ist es ihre Aufgabe, diese vom Schicksal betroffenen Menschen dabei zu unterstützen, ihre „Bedürfnisse so unter Kontrolle zu halten, dass andere nicht geschädigt und unsere Normen nicht verletzt werden." (Nedophil/Schiltz 2021, S. 168) Die Fachkräfte müssen daher auch für diesen Personenkreis der Täter*innen ein entsprechendes Beratungs- und Hilfsangebot bereithalten. Das gelingt desto besser, je mehr sich die Fachkräfte vor Augen führen, dass auch, allerdings nicht nur, gesellschaftliche Ursachen zu individuellem Verhalten führen. Wenn die Soziale Arbeit dies berücksichtigt, kann sie ihren dreifachen gesellschaftlichen Auftrag erfüllen: Erstens den Opfern sexualisierter Gewalt die Hand zu reichen, zweitens die Täter*innen dabei zu unterstützen, die Kontrolle ihrer Bedürfnisse zu entwickeln und zu stärken und drittens gleichzeitig potentielle Opfer zu schützen.

6.4 Vom Volkszorn über Kinderschänder

Sexualisierte Gewalt ist nicht nur ein Thema in pädagogischen Berufen, sondern wird auch in der Gesellschaft geführt. In unserer Beratungs- und Präventionsarbeit werden wir deshalb immer wieder auch mit Positionen konfrontiert, die wir einem neonazistischen Spektrum zuordnen. Sexualisierte Gewalt ist Thema im Neonazismus.

„Meinem Kind gelehrt, du kannst auf Erwachsene bauen, und dann der Fehler, dass sie jedem vertrauen. Und grad von diesen Onkels gequält und missbraucht und egal ob ein Mädchen, denn mit Jungs tun sie´s auch", singt Annet in ihrem Lied über eine Mutter, dessen Tochter von einem Sexualstraftäter ermordet wurde. Noch in der Nacht ihres Todes schwört sie, in Zukunft gegen die Täter aktiv zu werden. Ein Schwur, dessen Bedenklichkeit bei näherer Betrachtung schnell offenkundig wird. Bei Annet Müller handelt es sich nicht um eine besorgte Mut-

---

ter, sondern um eine überzeugte Neonazistin, die mit ihren Balladen Gast auf Veranstaltungen der NPD oder Kameradschaftsabenden ist. In ihren Liedern besingt sie ein völkisch geprägtes Bild der Familie, aber auch den „kulturellem Tod Deutschland". Ihr Lied: „Wir hassen Kinderschänder" wurde über 1 Million Mal auf YouTube angeklickt. Was steckt dahinter, wenn sie singt: „Wir hassen Kinderschänder, egal wo du steckst. Einst da stehst du vorm hohen Gericht. Wir hassen Kinderschänder, und sie kriegen dich auch. Nur Gnade erwarte dann nicht."

Wenn im Neonazismus über Täter*innen von sexualisierter Gewalt gegenüber Kindern gesprochen wird, wird in ihren Verlautbarungen zumeist der Begriff des „Kinderschänders" benutzt. Der von ihnen benutzte Begriff der Schande soll verdeutlichen, dass ein Kind nach einem Übergriff für immer geschändet ist. So wird nicht der Opferschutz in den Vordergrund gestellt, sondern gesagt, die Opfer würden immer wieder gekränkt und verletzt. Auch die geforderten schärferen Strafen nützen den Opfern nichts, sondern verstärken im Gegenteil ihr Leiden. Grund dafür sind die oben beschriebenen Täterstrategien, da die Täter*innen immer versuchen, den Kindern eine Mitschuld zu geben. Eine Anzeigepflicht mit zudem verstärkter Strafbewehrung würde dazu führen, dass die Kinder vermehrt Angst bekommen, selbst bestraft zu werden und noch größere Hürden zu überwinden hätten, wenn sie sich mitteilen möchten.

Auch die Tatsache, dass die meisten Täter aus dem Sozialen Nahbereich oder der Familie kommen, führt dazu, dass Kinder sich aus Angst, ihre Familie zu zerstören oder den Vater zu bestrafen, der oft der Familienernährer ist, nicht mitteilen. Aussagen wie: „Ich möchte doch nicht, dass mein Vater im Gefängnis sitzt" werden von Kindern oft geäußert, wenn sie von sexueller Gewalt berichten. Die Kinder befinden sich also in einer unaufhebbaren Ambivalenz. Mit der geforderten Ausweitung der Strafe bis zur Todesstrafe würde sich diese Angst noch weiter verschärfen. Mit der Wahl des Themas geht es den Neonazis also nicht darum, Kinderschutz zu propagieren, sondern sie nutzen diesen gesellschaftlichen Diskurs, um ihre Weltsicht und politischen Vorstellungen zu verbreiten.

Nicht abgesprochen werden soll den Neonazisten eine ehrliche Anteilnahme und Trauer über Morde und Gewalttaten an Kindern, imaginieren sich diese doch eine Volksgemeinschaft, die die Gesellschaft als lebenden Organismus denkt – als Lebensbaum. Hier sprießen die Kinder als zarte Knospen aus den Ästen der Erwachsenen. Das Wohl der Kinder nimmt also offenkundig einen hohen Stellenwert ein. Es dominieren jedoch biologisch gegründete Gemeinschaftsvorstellungen, und daher muss dieser rassistisch definierte Volkskörper geschützt werden.

Dazu gibt es vielfältige Beispiele, wir bringen einige davon, etwa aus dem Luftkurort Leck im Kreis Nordfriesland. 2012 verteilte die NPD Flugblätter auf einer Demonstration, die im Anschluss auf der Internetseite des Neonazistischen „Freien Widerstands Südschleswig" verbreitet wurden. Zu einem größeren medialen Echo haben die Ereignisse um den „Fall Lena" in Emden geführt. Nach einer Ermordung eines elfjährigen Mädchens wurden im Internet und via Facebook Lynchaufrufe verbreitet. Zunächst wurde auch ein Unschuldiger des Mordes verdächtigt und von der Polizei verhaftet. Wo aufgebrachte Bürger*innen Selbstjustiz zu fordern, sind auch Neonazis nicht weit, und so verwundert es nicht, dass die Adresse eines vermeintlichen Täters auf einer bekannten Neonaziseite zu finden war und mit einem ersten „Schritt in Richtung zivilcouragierten Protests" kommentiert wurde. (vgl. Jugendschutz.net 2012)

Zu ähnlichen Szenen ist es 2012 in dem Dorf Insel in der Altmark gekommen, einem Ort mit 450 Einwohnern. Nachdem bekannt wurde, dass es sich bei zwei im Sommer 2011 zugezogenen Bürgern um entlassene Sexualstraftäter handele, ist es in der Gemeinde und vor dem Haus der beiden zu massiven Protesten gekommen. Angeheizt wurde dieser Protest auch durch eine Solidaritätserklärung der Jungen Nationaldemokraten und mehrere organisierte Neonazis, die sich sofort auf dem Weg zum Dorf Insel gemacht haben, um die dortigen Anwohner*innen zu unterstützen. Höhepunkt des Protests war, ähnlich wie in Leck, dass nach einer Kundgebung Teilnehmer*innen versuchten, das Haus der beiden Männer zu stürmen. Nur unter größter Mühe gelang es den Polizisten vor Ort, die aufgebrachte Menge zu stoppen.

Nicht nur in der direkten Propaganda auf der Straße ist das Thema für Neonazis von Bedeutung, sondern es findet auch breiten Widerhall im sogenannten Rechtsrock, mit dem Lieder bezeichnet werden, die neonazistische Positionen vertreten und von Neonazis produziert werden. Etliche Titel, die zumeist an Deutlichkeit nicht zu überbieten sind, befassen sich mit dem Thema der sexualisierten Gewalt an Kindern.

Neben der Beschäftigung mit sexualisierter Gewalt gegen Kinder ist in den letzten Jahren auch zu verzeichnen, dass sexualisierte Gewalt gegen Frauen thematisiert wird. Hierbei wurden z.B. die Ereignisse um die Kölner Silvesternacht 2015 aufgegriffen. Als weiteres Beispiel kann eine Demonstration gelten, die vom AfD-Mitglied Leyla Bilge initiiert und unter dem Motto „Frauenmarsch zum Kanzleramt" 2018 durchgeführt wurde. Thematisiert wurde hier sexualisierte Gewalt gegenüber Frauen als importierte Gewalt durch geflüchtete Menschen. So hieß es im Aufruftext: „Jeder normal denkende und mit offenen Augen durchs Leben gehende Mensch sieht, wie sich unser Land, dank angeblicher ‚Flüchtlinge', welche unsere Religion und unsere gesellschaftlichen und kulturellen Werte verachten, zu einem Moloch aus Brutalität und sexuellen Übergriffen bis hin zu Mord rückentwickelt." (apabiz 2018, Internetquelle) Etwa 1.200 Menschen haben an diesem Aufmarsch teilgenommen. Bezugspunkt war der Mord an einer 15-Jährigen in Kandel (Rheinland-Pfalz) durch ihren Ex-Freund Ende Dezember 2017. (Tagesspiegel 2018)

Wie auch immer sexualisierte Gewalt von Neonazis thematisiert wird, verbindendes Element ist die Aussage, die Gewalt komme von Draußen, sie werde importiert und bedrohe die deutsche Volksgemeinschaft und ihre Mitglieder. Hierbei fällt unter den Tisch, dass es eben zumeist Familienmitglieder sind, von denen die sexualisierte Gewalt ausgeht. Daher kann auch keine wirksame Antwort auf die Frage gegeben werden, was zur Prävention oder Intervention bei sexualisierter Gewalt hilfreich sein kann. Die hier referierten Positionen sind für den Opferschutz nicht hilfreich.

7 Parteiliche Arbeit in der Beratung und Begleitung von Jungen und Mädchen, die von sexualisierter Gewalt betroffen sind

Was Sie in diesem Kapitel erwarten können:

In der Arbeit vieler Fachberatungsstellen zu sexualisierter Gewalt haben Ansätze von parteilicher Arbeit nach wie vor einen hohen Stellenwert und finden im Konzept oder im Leitbild Erwähnung. Dabei wird der Begriff der Parteilichkeit sehr unterschiedlich mit Inhalt gefüllt. In diesem Abschnitt zeigen wir, was Parteilichkeit in der Sozialen Arbeit bedeutet und welcher Stellenwert ihr in der Arbeit mit Betroffenen von sexualisierter Gewalt zukommt.

Parteiliche Sozialarbeit und akzeptierende Arbeit prägten die Ansätze Sozialer Arbeit besonders in den späten 70er- und 80er-Jahren und führten zu Projektgründungen, die gesellschaftliche Bedingungen und Widersprüche als Ursachen sozialer Probleme in den Vordergrund stellten. Diese Soziale Arbeit, die gleichzeitig gesellschaftskritische und emanzipatorische Anteile beinhaltete und sich dadurch stark von der Fürsorge der 50er- und 60er-Jahre abgrenzte, fand besonders in selbstentwickelten Projekten und Vereinen Raum. „Parteilichkeit als Begriff Sozialer Arbeit stammt aus der Diskussion der Studentenbewegung um Macht- und Herrschaftsverhältnisse und der Auseinandersetzung mit der Kritischen Theorie in den 60er und 70er Jahren. Parteilichkeit galt hier als Grundlage solidarischen Handelns sozialer Fachkräfte mit gesellschaftlich marginalisierten Gruppen zur Verbesserung ihrer Lage und zur Veränderung der gesellschaftlichen Verhältnisse (antikapitalistische Soziale Arbeit)." (Hartwig 2002, S. 398)

Insbesondere in der feministischen Mädchen- und Frauenarbeit wurde diese Diskussion weitergeführt. Hier sind auch die ersten Projekte aus der oben beschriebenen gesellschaftlichen Auseinandersetzung entstanden. „Als Konzept und Handlungsprinzip der Mädchen- und Frauenarbeit ist diese Diskussion durch die zweite Frauenbewegung aufgegriffen und um die zentrale Kategorie Geschlecht erweitert worden. Dies betraf sowohl die Entwicklung der feministischen Theorie wie die Konzipierung und Erprobungen sozialpädagogischer und therapeutischer Handlungsansätze in Frauenprojekten, insbesondere jenen, die im Bereich Gewalt gegen Frauen und Mädchen arbeiten (Frauenhäuser, Mädchenhäuser, Beratungsstellen, Notrufgruppen)." (ebd., S. 398) Der gesellschaftspolitische Aspekt der Arbeit spiegelte sich in der deutlichen Positionierung gegen gesellschaftliche (patriarchale) Machtverhältnisse wider. Bei vielen Projekten setzte sich diese Auseinandersetzung mit gesellschaftlichen Gegebenheiten und Machtverhältnissen dahingehend fort, dass sie sich in ihren Einrichtungen andere Strukturen gaben und hierarchische Leitung ablehnten.

Der Ansatz der parteilichen Arbeit wurde auch von anderen Strömungen beeinflusst. So fand in den 70er-Jahren in der Diskussion der Theologie der Befreiung der Reformpädagoge Paulo Freire mit seiner Pädagogik der Unterdrückten großen Widerhall nicht nur in den Alphabetisierungskampagnen in Brasilien, in denen er tätig war, sondern auch in Europa, wo diese Thesen begeistert aufgegriffen wurden. Einer der Grundsätze seiner pädagogischen Theorie war, dass „Erziehung niemals neutral sein kann. Entweder ist sie ein Instrument zur Befreiung der Menschen, oder sie ist ein Instrument seiner Domestizierung, seiner Abrichtung für die Unterdrückung." (Freire 1973, S. 14) Die Grundeinstellungen der Pädagogik der Unterdrückten bestärkten die Vertreter*innen parteilicher Arbeit darin, dass Soziale Arbeit Ausdruck einer gesellschaftspolitischen Haltung ist und Klient*innen zu mehr Selbstbestimmung befähigen soll.

In den 90er-Jahren tauchte dann der Ansatz der parteilichen Arbeit in abgewandelter Form in dem Konzept der „Lebensweltorientierung" auf: „Lebensweltorientierte Soziale Arbeit ist also verwiesen auf Kooperationen und Koalitionen mit anderen Politik- und Gesellschaftsbereichen; das Prinzip Einmischung als parteiliche Vertretung lebensweltlicher Erfahrungen und Probleme in z.B. Arbeitsmarkt-, Familien-, Sozial- und Wohnungsbaupolitik auf den unterschiedlichen politischen Ebenen von Bund, Ländern, Kommunen und Stadtteilen ist ein konstitutives Moment des Konzepts Lebensweltorientierung." (Grunwald/ Thiersch 2004, S. 23)

Ein weiterer Ansatz Sozialer Arbeit, in der Parteilichkeit nach wie vor eine große Rolle spielt, und der speziell in unserer täglichen Arbeit mit von sexualisierter Gewalt betroffenen Jungen und jungen Männern eine wichtige Rolle einnimmt, ist das Konzept des Empowerment. Empowerment bedeutet so viel wie Selbstbefähigung, Selbstbemächtigung. Norbert Herriger sieht verschiedene Linien, aus denen sich das Konzept entwickelt hat. Die erste und wichtigste Linie ist jene des „Empowerment als kollektiver Prozess der Selbstbemächtigung. (…) Die Geschichte des Empowerment-Konzeptes ist unlösbar mit der Geschichte dieser sozialen Bewegungen verbunden." (Herriger 2014, S. 40) Hier wird der Bogen zu den Bürgerrechtsbewegungen in den USA geschlagen, aber erneut auch zu den Befreiungsbewegungen in Lateinamerika. Die zweite Linie „thematisiert die Rezeption von Empowerment in der beruflichen Sozialen Arbeit." (ebd., S. 40) Hier wird der Blick weg von einer Defizitorientierung hin zu einer Stärkung und ressourcenorientierten Begleitung und „Anerkennung der Expertenschaft des Klienten in eigener Sache'" (ebd., S. 42) gelenkt.

In den letzten Jahren hat es in vielen Feldern der Sozialen Arbeit erneut einen Paradigmenwechsel gegeben. Viele Träger der Sozialen Arbeit haben sich von den oben benannten emanzipatorischen Ansätzen verabschiedet oder verabschieden müssen. Häufig wird nun Parteilichkeit in kritischer Absicht mit parteiisch gleichgesetzt, akzeptierender Arbeit wird unterstellt, dass aber auch alles, was Klient*innen tun, akzeptiert, toleriert und entschuldigt wird. So wird Parteilichkeit unabgegrenzt und unfachlich diskreditiert und damit die gesellschaftskritische Dimension der Sozialen Arbeit verdrängt. Mit dem Empowerment-Ansatz hingegen wird weniger kritisch umgegangen. Herriger beobachtet eine „neoliberale Umarmung." (ebd., S. 45) Der oben skizzierte Grundgedanke wird genutzt und vereinnahmt. Das Konzept „wird zum Kürzel für eine soziale Praxis, die unter der Leitformel ‚Fördern und Fordern' ihre Bemühungen ausschließlich in die (Wieder-)Herstellung von marktfähigem Arbeitsvermögen investiert und auf diese Weise arbeitsstrukturelle Zwänge ungefiltert in die lebensweltliche Rationalität ‚durchschaltet'." (ebd., S. 46)

In der Arbeit vieler Fachberatungsstellen zu sexualisierter Gewalt haben Ansätze von parteilicher Arbeit jedoch nach wie vor einen hohen Stellenwert. Dabei ist festzustellen, dass die Auffassungen darüber auseinandergehen, was Parteilichkeit beinhaltet. Einige Mitarbeiter*innen oder Einrichtungen verstehen unter Parteilichkeit eine Form der anwaltlichen Begleitung von Klient*innen (Advocacy). Sie wollen ihre Interessen wahrnehmen, sich für ihr Wohl einsetzen und ihr Sprachrohr sein. Andere fassen den Begriff der Parteilichkeit weiter, indem sie gesellschaftliche Ursachen und Widersprüche mit einbeziehen. Dies ist am deutlichsten in der feministischen Mädchen- und Frauenarbeit zu finden.

Aus der gesellschaftlichen Auseinandersetzung über Rollenbilder und patriarchale Machtverhältnisse entstanden in den 80er-Jahren auch erste Projekte zu Jungenarbeit. Prägend für das Entwickeln einer Haltung zu unterschiedlichen Ansätzen der Jungenarbeit waren für viele Einrichtungen die Konzepte der parteilichen Mädchenarbeit und der antisexistischen Jungenarbeit, welches in der schon genannten Heimvolkshochschule Frille entwickelt wurde. Einen Überblick über das Konzept gibt das von Elisabeth Glücks und Franz Gerd Ottemeier-Glücks 1995 herausgegebene Buch „Geschlechtsbezogene Pädagogik – ein Bildungskonzept zur Qualifizierung koedukativer Praxis durch parteiliche Mädchenarbeit und antisexistische Jungenarbeit". In diesem Ansatz wurde der Diskussion Rechnung getragen, dass das Konzept der parteilichen Mädchenarbeit nicht geradlinig auf Jungenarbeit übertragbar ist. Es wurde dagegen gesehen, dass das weiterhin existente Machtverhältnis zwischen Männern und Frauen reflektiert werden muss und eine parteiliche Jungenarbeit voraussetzt, dass Jungen sich mit diesem nach wie vor bestehenden Unterschied zu befassen haben.

In der Präventionsarbeit mit Jungen finden wir uns in diesem von der HVHS Frille geprägten Ansatz wieder, einen klaren Blick auf Jungen zu haben, ihre Bedürfnisse ernst zu nehmen, ihre Schwierigkeiten wahrzunehmen und zu benennen. Zu diesen Schwierigkeiten gehört etwa die Unmöglichkeit, den herrschenden Rollenbildern von Männlichkeit gerecht werden zu können und wenig Raum zu haben, andere Rollen zu entwickeln. Wir sehen in der Arbeit mit von sexueller Gewalt betroffener Jungen beide Formen von Parteilichkeit als richtig an; zum einen die Anwaltsfunktion (Advocacy) für Jungen, denen nicht geglaubt wird, die selbst keine Sprache dafür haben, deren Vertrauen gebrochen ist. Aber zum anderen muss auch die Kritik gesellschaftlicher Bedingungen, die Beschreibung von sexuellem Missbrauch als Gewalt und Machtmissbrauch, die Kritik der Rechtfertigung patriarchaler Strukturen und hegemonialer Männlichkeit und die Überwindung der fehlenden Sprache für Sexualität als Teil der Verantwortung der Fachkräfte gesehen werden.

Dabei muss eine notwendige professionelle Distanz gewahrt werden, die eigenen Haltungen sollten ständig reflektiert und den immer wieder unterschiedlichen gesellschaftlichen Machtstrukturen sollte sich gestellt und sie sollten bewusst wahrgenommen werden, denn als Berater sind wir ein Teil davon. Die Organisation Wildwasser e. V. in Berlin hat diese unterschiedlichen Widersprüche als parteiliches Unterstützungsangebot beschrieben, da es die Selbstbestimmung von Mädchen und Frauen in den Mittelpunkt rückt und sich gegen die gesellschaftliche Toleranz von Gewalt stellt. So werden die Gewalterfahrungen von Mädchen und Frauen nicht individualisiert, sondern im Kontext der von uns weiter oben dargestellten strukturellen Gewalt verstanden. Diese parteiliche Haltung beinhaltet auch das Wissen darum, dass Neutralität und Unabhängigkeit von der eigenen Klasse, der ethischen Grundhaltung und der ethnischen Zugehörigkeit, von Geschlecht, Alter und persönlicher Geschichte nicht möglich sind und diese in der Beratungs- und Betreuungsarbeit reflektiert werden müssen. Da sexualisierte Gewalt Ausdruck struktureller Gewalt ist, bemühen wir uns darum, auch strukturelle Veränderungen zu bewirken. Ziel unserer Arbeit in der Öffentlichkeit ist daher die gesellschaftliche Ächtung von sexualisierter Gewalt und eine Veränderung des Umgangs mit sexualisierter Gewalt.

Reflektionsfragen

- Wo sehen Sie Vorzüge, wo Nachteile im Ansatz der Parteilichen Arbeit?
- Was würde Sie hindern, was würde Ihnen helfen, Parteilichkeit zu praktizieren?
- Sehen Sie Gründe und Situationen, von dem Gebot der Parteilichkeit abzurücken? Welche Situationen, welche Gründe könnten das sein?

8 Traumapädagogische Elemente in der Beratung bei sexualisierter Gewalt

Was Sie in diesem Kapitel erwarten können

In der Sozialen Arbeit hat der Begriff des Traumas in den vergangenen Jahren eine ganz außerordentliche Karriere hingelegt. Er ist zu einem Omnibus- Begriff für viele unterschiedliche Ansätze geworden, denn, wie das mit einem Omnibus so ist: an jeder Haltestelle kann zusteigen, wer möchte. In der Fachdiskussion wurde darauf reagiert. Es wurden Anstrengungen unternommen, den Begriff und die mit ihm verbundene Praxis der Sozialen Arbeit fachlich einzugrenzen. Wir beziehen uns im Folgenden auf diese Eingrenzung und verwenden daher den Begriff der Traumapädagogik, Er steht den Ansätzen in der Sozialen Arbeit sehr nahe, ist aus ihnen entwickelt und unterscheidet sich daher von der psychotherapeutischen Behandlung traumatisierter Jugendlicher. Auch der pädagogische Ansatz zielt darauf, wie dies in psychotherapeutischer Behandlung insgesamt üblich ist, die subjektivem Leiden zu verringern und Heilungsprozesse einzuleiten, bezieht allerdings in Abgrenzung zur Kinder- und Jugendpsychotherapie die Bezugspersonen in den pädagogischen Prozess aktiv ein. Er will nicht behandeln, sondern beraten und begleiten.

Dazu gestalten die Fachkräfte in der Traumapädagogik hilfreiche Settings und stellen handlungspraktische Fragen im Umgang mit den Betroffenen in den Vordergrund. In der psychotherapeutischen Behandlung mag der Therapeut die Wohnsituation seines Patienten bedenken und thematisieren; in der Traumapädagogik denken die Fachkräfte mit ihren Klient*innen gemeinsam darüber nach, wie sie durch Auszug und Umzug verbessert werden könnte und helfen, die dafür notwendigen praktischen Schritte zu gehen. So erfahren ihre Klient*innen Entlastung und Stabilisierung im Alltag. Dazu bekommen sie kompensatorische Bindungsangebote, um ihre eigenen Ressourcen und ihre Selbstwirksamkeitsmöglichkeiten zu stärken. Traumapädagogisch geschulte Pädagog*innen haben eine gute Grundlage dafür, weil sie das Verhalten der Jugendlichen nachvollziehen und so den „guten Grund" erkennen können, der zu ihrem Verhalten führt. Diese traumapädagogischen Settings stehen im Mittelpunkt des folgenden Kapitels. Sie sind die Grundlage für eine Alltagsstabilisierung, die dann wiederum die Voraussetzungen für eine wirksame Traumatherapie erzeugt. So ergänzen sich Pädagogik und Psychotherapie.

Das Wissen über Traumata und die Folgen von Traumatisierungen hat nicht nur Einfluss auf die therapeutische Arbeit gewonnen, sondern in den letzten Jahren auch vermehrt pädagogische Settings beeinflusst. Dies hat u. a. dazu geführt, dass die Deutsche Gesellschaft für Psychotraumatologie (DeGPT) und die Bundesarbeitsgemeinschaft Traumapädagogik ein Weiterbildungscurriculum für eine Zusatzqualifikation „Traumapädagogik und Traumazentrierte Fachberatung" entwickelt hat.[21]

---

21 Weitere Information zum Curriculum können unter http://www.degpt.de/DeGPT-Dateien/2017%20FVTP%20DeGPT%20Curriculum%20neu.pdf, 10.01.2018) eingesehen werden.

Auch die Bundesregierung weist in ihrem 13. Kinder- und Jugendbericht von 2009 darauf hin, dass das Wissen über Trauma mehr für die Förderung von Kindern und Jugendlichen genutzt werden sollte und fordert eine stärkere „Traumasensibilität". [22] Für die Fachberatung der Sozialpädagogik sind die Erkenntnisse der Traumaforschung und der Traumapädagogik hilfreich und unterstützend in ihrer Arbeit mit von sexualisierter Gewalt betroffenen Jungen und deren Bezugspersonen. Wie wir bereits gezeigt haben, wirken die Misshandlungen durch sexualisierte Gewalt durch die Täterstrategien des Vertrauensmissbrauchs, der Erzeugung von Abhängigkeit und dem Zwang, die damit verbundene Geheimnisse zu wahren, in besonderer Weise belastend.

Wir haben im Kapitel 2.3. über den Umgang mit dem Geheimnis geschrieben und dabei über den Selbstzwang zum Schweigen gesprochen. Dieser Blickwinkel bekommt aus der Sicht der Traumaforschung noch einen weiteren Aspekt, nämlich den, dass das Schweigen auch darin begründet sein kann, dass traumatisierte Menschen auf diese Ereignisse keinen bewussten Zugriff haben. „Die primäre strukturelle Dissoziation beschreibt, dass in der Traumatisierung ein Teil des Erlebens nicht integriert wurde und nun versprengt agiert." (Handtke/Görges 2012, S. 78) Dies bedeutet, dass das Gehirn aus einem Selbstschutz heraus die Informationen nicht so abspeichert, dass das Erlebte bewusst erinnert werden kann. Hier sprechen wir auch von einem sogenannten Traumagedächtnis. Man „geht davon aus, dass unter der Einwirkung traumatischer Einflüsse dissoziative Mechanismen einsetzen und einen veränderten Bewusstseinszustand erzeugen, um die Alltagspersönlichkeit vor extrem hohen Erregungsniveaus zu schützen. Die Erfahrungen werden nicht im expliziten autobiografischen Gedächtnis abgespeichert, sondern verbleiben als nicht symbolische Erinnerungsspuren im impliziten Gedächtnis." (Reddemann/Wöller 2017, S. 17) Wir erleben daher in unserer Beratung sowohl Menschen, die bewusst nicht über die erlebte Gewalt sprechen, diejenigen, die gar nicht über die Gewalt sprechen können, weil sie sie nicht erinnern und schließlich jene, die nur über eingeschränkte Erinnerungen verfügen, über die sie nicht sprechen möchten. Für viele führt dies dann zu der Frage „Wie wirklich ist meine Wirklichkeit?"

Doch zunächst: Was ist ein Trauma? Das Wort kommt aus dem Griechischen und bedeutet so viel wie „Verletzung, Wunde". Mediziner*innen bezeichnen etwa einen Knochenbruch oder einen Faserriss, der durch eine plötzliche Belastung wie einen Sturz oder eine ungeschickte Bewegung entstanden ist, als ein Trauma. In der Sozialen Arbeit, das liegt unmittelbar auf der Hand, benutzen wir zwar ebenfalls den Begriff des „Traumas", meinen damit aber ein „Psychotrauma", also eine seelische Verletzung, die ebenfalls durch einen äußeren Einfluss zustande kommt, wie dies etwa bei einem Knochenbruch der Fall ist, hier aber in der Seele einen Bruch erzeugt. (Gebrande 2021, S. 33)

Ein die Seele betreffendes Trauma entsteht aus einem den natürlichen Lebensgang unterbrechenden und in der Regel unerwarteten Ereignis. Dieses Ereignis wird

---

22 Bundesministerium für Familie, Senioren, Frauen und Jugend (2009): 13. Kinder- und Jugendbericht. Mehr Chancen für gesundes Aufwachsen, Berlin.

vom Organismus als potenziell lebensbedrohlich gewertet. Es ist mit überwältigenden Gefühlen von Angst und Hilflosigkeit verbunden und kann daher nicht zeitnah angemessen verarbeitet werden, da für seine Verarbeitung auch im zeitlichen Anschluss an dieses Ereignis ausreichende Ressourcen nicht zur Verfügung stehen. Dieser Mangel an Ressourcen kann verschiedene Gründe haben: schlechte Gesundheit, keine Unterstützung durch andere Menschen und wenig oder keine Geborgenheit, wenig materielle Ressourcen wie Geld oder ausreichende Nahrung (vgl. ICD– 10 bzw. DSM-IV).

Eine Traumatisierung resultiert demnach aus einer Erfahrung, die als subjektiv lebensbedrohlich wahrgenommen wird. Um auch in diesem Moment überlebensfähig bleiben zu können, koppelt sich das Gehirn völlig automatisch und ohne Eingriffsmöglichkeiten von den höheren Denk- und Steuerungsregionen ab, es beginnt ein sogenanntes Notfallprogramm. Zeitgleich verändern sich Herzfrequenz, Muskelanspannung und die Atmung. Der Mensch versucht durch eine Umstellung auf „Flucht oder Kampf" sein Überleben zu sichern. (vgl. Fobian 2015) „Dies sind sehr archaische Verhaltensweisen des Körpers, die sich in der Evolution so entwickelt haben." (Brisch 2017, S. 12)

Durch diese Abschaltung des Großhirns wird das Überleben des Menschen zwar gesichert, die Verhaltensweisen und auch die Verarbeitungsmöglichkeiten jedoch stark eingeschränkt. Dies führt häufig dazu, dass Erinnerungen fragmentiert werden und sich bei erneuter Aktivierung, wenn sich der Mensch daran erinnert, so anfühlen, als wenn sie im Hier und Jetzt stattfinden. Die Fragmentierungen führen jedoch auch dazu, dass Erinnerungen nicht vollständig bewusst aufgegriffen und daher nur in Teilen dem Gedächtnis präsent werden. Dies kann dazu führen, dass Betroffene in bestimmten Situationen beispielsweise das Gefühl von Todesangst verspüren, jedoch nicht zuordnen können, weshalb sie dieses gerade spüren und womit das in Verbindung steht. Ein Mann in unserer Beratung schildert z.B., dass er immer unter der Dusche das Gefühl von Angst verspürt hat. Erst durch ein anderes Erlebnis sind die Bilder und damit der Gewaltkontext zu diesem Gefühl deutlich geworden.

Eine traumatische Erfahrung ist demnach ein „vitales Diskrepanzerlebnis zwischen bedrohlichen Situationsfaktoren und den individuellen Bewältigungsmöglichkeiten, das mit dem Gefühl von Hilfslosigkeit und schutzloser Preisgabe einhergeht und so eine dauernde Erschütterung von Selbst- und Weltverständnis bewirkt." (Fischer/Riedesser 1999, S. 83) In der Bewertung psychischer Traumatisierungen wird generell in Typ-I- und Typ-II- unterschieden. Typ-I- oder singuläre Traumatisierung findet man z. B. nach Unfällen, operativen Eingriffen, schweren Erkrankungen, Vergewaltigungen, Naturkatastrophen, Verbrennungen. Typ-II-Traumatisierungen oder komplexe Traumatisierungen liegen oft bei Vernachlässigungen vor, bei körperlichen oder emotionalen Misshandlungen, bei sexualisierter Gewalt sowie bei Menschen, die Krieg, Folter oder Flucht erlebt haben. Die komplexe Traumatisierung beruht daher nicht auf einem einmaligen Ereignis, sondern auf wiederholten oder vielfältigen traumatischen Erlebnissen, von denen für die Betroffenen zudem ungewiss ist, wie lange sie anhalten werden.

Dies zeigt, dass wir in der Beratung von Menschen mit sexuellen Gewalterfahrungen davon ausgehen müssen, dass viele Betroffene komplex traumatisiert sind. Ähnliches gilt aber auch für Kinder und Jugendliche, die schon früh Vernachlässigung und/oder Misshandlungen erleben mussten. Viele dieser Kinder finden wir in Systemen der öffentlichen Erziehung wieder, insbesondere in der Heimziehung. „Jegliche Art von Heimerziehung in der Jugendhilfe bedeutet die Betreuung von Menschen mit erheblichen psychosozialen Belastungen und Typ-II-Traumatisierung." (Jaritz et al., S. 2008)

Es gibt durchaus Studien, die aufzählen, wie viele Menschen sexuelle Gewalt und körperliche Misshandlungen durchlitten haben. Hieraus lässt sich jedoch keine Häufigkeit zu erlittenen Traumatisierungen ablesen. In vielen medizinischen Berufen fehlt ein Wissen zur Diagnostizierung von Traumatisierungen, so dass häufig andere Diagnosen zustande kommen. Nach Costello et al. (2002) haben mehr als 67,8 % der untersuchten Kinder im Alter bis 16 Jahre eine Situation erlebt, die traumatisierend sein kann. Die Prävalenzraten bei Frauen, die sexuelle Gewalt oder physische Misshandlungen in der Kindheit erlebt haben, liegt Teegen und Schriefer (2002) zufolge bei 27 %.

8.1 Traumapädagogik in der beraterischen Praxis

Wie bereits angedeutet, spielt die Psychoedukation in der Beratung von traumatisierten Menschen eine entscheidende Rolle[23]. Damit ist gemeint, dass Menschen dabei unterstützt werden, zu verstehen, warum sie so reagieren, dass sie erkennen, dass ihr Verhalten nicht „verrückt" ist, sondern einen guten Grund hat, und dass ihr Verhalten eine sinnvolle Notfallreaktion des Körpers ist. Das Wissen darum hilft diesen Menschen oftmals, sich und ihr Handeln besser zu deuten und kann damit ihre Autonomie stärken und ihr Selbstwirksamkeitserleben erhöhen. „Vor allem kann Aufklärung dazu beitragen, dass sich ein Gefühl für Sinnkohärenz (wieder) einstellen kann." (Reddemann/Wöller 2017, S. 41)

Bei der Erklärung von Reaktionen des Körpers auf traumatische Ereignisse haben sich insbesondere das Häschen/Denker-Modell von Handtke/Görges (2012) sowie das Erklärungsmodell von Krüger (2001) als sehr praxistauglich erwiesen. Hierbei handelt es sich um zwei Modelle zur Psychoedukation. Sie verdeutlichen, was in einem Trauma mit dem Körper und insbesondere dem Gehirn passiert und welche Folgen und Symptome sich hieraus ergeben können. Dies führt häufig dazu, dass Betroffene den Respekt für sich zurückgewinnen können. Sie lernen, dass jenes, was sie belastet hat, in der Vergangenheit sinnvoll gewesen ist und die Symptome einen guten Grund hatten. Dies kann schon zu einer ersten Entlastung führen, auch wenn sich dadurch keine Symptomveränderung ergibt.

Im Häschen-Denker-Modell von Handtke/Gorges (2012) beschreiben die beiden Therapeut*innen ein Modell des Gehirns, das die oberen Denkregionen, nämlich die Großhirnrinde, von dem Stammhirn/Kleinhirn abtrennt. Hierfür benutzen sie

---

23 Dass Psychoedukation hilfreich ist, ist empirisch gut belegt. (Allen 2001, zitiert nach Reddemann/Wöller 2017)

das Bild der Denkerin für die Großhirnrinde und das Bild des Häschens für das Stammhirn/Kleinhirn. Wenn das Gehirn in das Notfallprogramm schaltet, wird die Denkerin abgetrennt und das Häschen übernimmt das Kommando. Dieses Bild wird ergänzt durch eine sogenannte Spannungskurve im zur Verfügung stehenden Ressourcenbereich. Dieser Bereich stellt die Spannung bzw. Energie im Körper dar. Befindet sich die Spannung innerhalb des Ressourcenbereichs, sind Häschen und Denkerin im Kontakt, das Gehirn funktioniert. Sobald die Spannung den verfügbaren Ressourcenbereich verlässt, entweder nach unten oder nach oben, sind Häschen und Denkerin nicht mehr im Kontakt – es beginnt das Notfallprogramm mit Flucht oder Kampf (nach oben), oder aber der Totstellreflex (nach unten).

Erinnerungen werden in diesem Modell durch einen Zeitstrahl dargestellt. So bekommen sie ihren Ort in einem der Lebensgeschichte zuzuordnenden korrekten Zeitverlauf. Traumatische Erlebnisse werden als rote Kästen irgendwo dargestellt. Hierdurch wird verbildlicht, dass diese Erinnerungen ihren Ort noch nicht gefunden haben und unsortiert und evtl. fragmentiert sind. Diese unsortierten Fragmente schieben sich bei Aktivierung in das Hier und Jetzt und fühlen sich für die Betroffenen so an, als wären sie gerade jetzt, zum aktuellen Zeitpunkt der Erinnerung, aktuell vorhanden.

Andreas Krüger (2001) stellt ein anderes Modell vor, in dem das Gehirn in drei Bereiche unterteilt wird: Das Eidechsengehirn (Stammhirn), das Katzengehirn (Mittelgehirn) und das Professorengehirn (die Großhirnrinde). So wie bei dem Häschen-Denker-Modell hat jeder Bereich eine spezifische Funktion, und die Bereiche sind gut miteinander im Kontakt. Auch in diesem Modell kann das Gehirn in ein Notfallprogramm umschalten, wenn die Alarmanlage anläuft. In diesem Fall übernimmt das Katzengehirn den Chefposten.

8.1.1 Wesentliche Grundlage der Beratung: Sicherheit und Stabilität

Was bedeuten diese Modelle für die Beratung? In einem ersten Schritt muss für Sicherheit und Stabilität gesorgt werden. Sicherheit bedeutet erst einmal, dass das traumatisierende Ereignis beendet ist bzw. dass die betroffene Person keinen Täterkontakt mehr hat.

Stabilität meint in diesem Kontext, mit den Betroffenen gemeinsam zu erarbeiten,

- auf welche Ressourcen sie zurückgreifen können (aus der Resilienzforschung wissen wir, dass wesentliche Faktoren, die die Resilienz beeinflussen, die Familie der Betroffenen, ihr kultureller und soziokultureller Hintergrund sowie die eigene emotionale Intelligenz sind);
- wie sie eine stärkere Verankerung im Hier und Jetzt erreichen können;
- wie sie Beziehungen im eigenen Bestimmen von Nähe und Distanz gestalten können;
- wie sie ihre Selbstwirksamkeit und Selbstwahrnehmung fördern können.

Im Weiteren ist es dann möglich, durch unterschiedliche traumapädagogische Elemente die eigenen Ressourcen zu erweitern. Dazu bieten sich verschiedene

Imaginationsübungen an, die leicht im Alltag anwendbar sind und Ruhe und Entspannung bieten, um das Selbstwirksamkeitserleben zu steigern. Wichtig ist bei jedem Schritt und jeder angebotenen Methode, stets darauf zu achten, dass die Freiwilligkeit im Vordergrund steht.

Das Einbeziehen von Traumapädagogik in die beraterische Praxis hat nicht nur für die Klienten einen hohen Effekt, sondern verändert auch die Haltung der Berater*innen. Das Wissen über Entstehung und Auswirkung von psychischen Traumatisierungen, aber auch das Begreifen, dass die von vielen Klient*innen an den Tag gelegten unverständlichen oder störenden Verhaltensweisen einen guten Grund haben, verändert den Blick auf sie.

8.1.2 Hilfreiche Übungen in der Beratung

Im Folgenden sollen einige Übungen vorgestellt werden, die sich für uns als hilfreich in der Begleitung erwiesen haben. Wie bei allen Übungen müssen diese sorgsam eingeführt und den Klient*innen gegenüber als Angebot formuliert werden. Ein Ausprobieren gegen den eigenen Willen darf nicht sein. Diese Übungen verbindet, dass sie die Klient*innen in ihrer Selbstwirksamkeit unterstützen und ihnen helfen, die eigenen Gefühle oder Affekte zu kontrollieren und zu beeinflussen.

8.1.2.1 Der innere Ort der Geborgenheit oder Sicherer Ort

In der folgenden Übung soll versucht werden, einen inneren Ort der Geborgenheit zu finden und sich darin zu bewegen. Die Klient*innen werden angeregt, sich nach den Sitzungen regelmäßig darin aufzuhalten. Ziel der angeleiteten Imagination ist es, Anspannung und Unruhe zu reduzieren und ein angenehmes Wohlgefühl im Hier und Jetzt zu erlangen. Zu Beginn sollten die Klient*innen das Aufsuchen des Sicheren Ortes in angenehmen und nicht mit Stress verbundenen Situationen einüben. Erst, wenn dies gut funktioniert, kann die Übung auch in stressigen Situationen durchgeführt werden, um die eigene Anspannung zu regulieren.

Anleitung: Ich lade Sie ein, sich mit mir auf die Reise an einen Ort zu begeben. Einen Ort, an dem sie sich wohlfühlen können. Einen Ort, der mit Sicherheit und Geborgenheit verbunden ist. Vielleicht haben Sie einen solchen Ort schon einmal in der Vergangenheit oder der Gegenwart besucht. Es kann aber auch ein Fantasieort sein oder eine Landschaft. Der Ort kann auf der Erde oder irgendwo in der Galaxie sein. Sollte etwas für Sie zu viel sein, heben Sie bitte die Hand. Dann stoppen wir sofort. Wenn Sie sich nun also diesen Ort vorstellen, was für ein Ort ist das? Ist dieser Ort drinnen? Ein Haus, eine Höhle? Oder ist er draußen? Auf dem Feld, in einer Lichtung oder am Meer? Wenn Sie dort sind, was sehen sie da? Was ist ihnen wichtig? Wie ist es da? Ist es schön warm, oder angenehm kühl? Was kann man dort für Farben sehen, welchen Duft riechen? Können Sie an diesem Ort noch etwas brauchen, was Ihnen Sicherheit geben könnte? Eine Begrenzung? Ein Möbelstück? Ein Tier oder ein Zauberwesen?

Nehmen Sie sich noch etwas Zeit zum Genießen. Sie können an diesen Ort immer zurückkommen. Jetzt, gleich oder später. Was kann Ihnen helfen, sich leiten zu lassen und diesen Ort immer wieder zu finden? Vielleicht ein Symbol? Je öfter Sie an diesen Ort gehen, umso einfacher wird es für Sie, ihn wiederzufinden (Pause). Kommen Sie jetzt bitte langsam wieder zurück in den Raum.

8.1.2.2 Die Tresorübung

In dieser Übung geht es darum, belastende Bilder und Erinnerungen erst einmal wegzupacken. Da man aber weiß, dass diese Bilder und Erinnerungen manchmal noch hilfreich sein können, sollen sie an einen sicheren Ort gebracht werden. Hier können sie erst einmal bleiben, und es ist jederzeit möglich, wieder auf sie zuzugreifen. In einem Tresor deponiert man das Unangenehme, schließt die Tür zu und kann gleichzeitig immer wieder vorbeikommen und die Tresortür öffnen. Manchmal gelingt dies nicht auf Dauer, dann muss es immer wieder getan werden. Die Klient*innen müssen in diesem Fall ermutigt werden, den beschriebenen Schritt regelmäßig zu wiederholen. In unserer Tätigkeit achten wir darauf, dass in den Tresor nach Möglichkeit keine Gefühle, auch keine unangenehmen, verschlossen werden, sondern Bilder, Erinnerungen und Situationen. Dies hat den naheliegenden Grund, dass Gefühle nicht eingeschlossen, sondern versorgt werden müssen.

Selbstverständlich wollen nicht alle Klient*innen etwas in einem Tresor ablegen. Es kann auch ein anderer Ort oder Gegenstand sein. Der Name ist als Platzhalter gedacht, gemeinsam mit den Klient*innen einen Ort oder Gegenstand aufzubauen. Für diese Übung ist es wichtig, auch den Weg zu diesem Ort bzw. Gegenstand zu beschreiben oder zu imaginieren.

Die Tresorübung bietet sich häufig in der supervisorischen Begleitung durch Fachkräfte an, werden sie doch mit den unterschiedlichsten Geschichten konfrontiert, die sich dann als Bilder bei ihnen festsetzen. Hier kann es für Fachkräfte hilfreich sein, zwischen den Terminen mit den Klient*innen alles, was sie nicht mit sich herumtragen möchten, an einem sicheren Ort abzulegen und erst vor dem Klientenkontakt wieder herauszunehmen.

Anleitung

Stellen Sie sich bitte ein Behältnis an einem Ort vor, an dem Sie etwas ablegen können. Dieses kann z.B. ein Tresor oder eine Vase, es kann aber auch ein Loch oder eine Höhle sein. Gut ist es, wenn dieser Ort sich nicht in ihrer Nähe befindet, sondern weit weg ist. So weit weg, wie Sie es sich gut vorstellen möchten. Sie können dabei auch an andere Planeten oder Monde denken. Wie können Sie diesen Ort immer wiederfinden? Wie können Sie diesen Ort sichern? Was leitet ihren Weg dorthin? Stellen Sie sich nun bitte vor, wie Sie zu diesem Ort gelangen und welches Transportmittel sie benötigen.

Wenn Sie sich nun diesen Ort gut vorstellen können, möchte ich Sie einladen, sich von hier aus auf den Weg dorthin zu machen. Bitte gehen Sie nun zu ihrem Transportmittel und beschreiben Sie den Weg zu ihrem Ort. Was sehen Sie auf dem Weg? Wenn Sie angekommen sind, stellen Sie sich bitte vor, wie sie Ihre Gedanken an diesem Ort lassen, wie Sie sie ablegen oder hineinlegen. Bitte schließen Sie alles wieder gut zu. Vergewissern Sie sich, dass alles vor Ort ist und begeben Sie sich wieder zu ihrem Transportmittel. Was sehen Sie auf dem Weg zurück?

Wenn Sie wieder hier angekommen sind, atmen Sie einmal tief ein und aus. Es mag gut für Sie sein, zu wissen, dass Sie immer wieder an diesem Ort zurückkönnen. Manchmal hat man etwas vergessen, dann kann man das Ablegen wiederholen. Manchmal braucht man eine Erinnerung zurück. Dann kann man sie sich wieder zurückholen.

8.1.2.3 Die Regler-Übung

Mit der hier vorgestellten Regler-Übung bekommen die Klient*innen eine Möglichkeit, Gefühle in ihrer Intensität zu beeinflussen. Für die einen wird es darum gehen, Gefühle zu mildern, die anderen werden versuchen, sie zu verstärken. Traumatisierte Personen haben häufig ziemlich gute Gründe, bestimmte Gefühle nicht intensiv wahrzunehmen. Hier gilt es, sehr behutsam in kleinen Schritten vorzugehen. Gleichzeitig ist es für diese Personen sehr wichtig, Gefühle in der Intensität verändern zu können. „Daher sage ich sowohl den Betroffenen, wie den Therapeutinnen und Therapeuten: Lassen Sie sich Zeit dafür, einen stabilen Umgang mit den Gefühlen zu erarbeiten. Sie ernten den Lohn dafür dann in den Traumabegegnungsphasen vielfach, insbesondere dadurch, dass die traumatischen Erfahrungen verarbeitet werden können, ohne dass Sie mehr als nötig leiden." (Reddemann 2017, S. 89)

Anleitung:

„Stellen Sie sich einen Regler vor, z.B. wie bei einer Heizung. Nun fragen Sie sich, bei welcher Einstellung sich Ihr Gefühl gerade befindet und regeln Sie dann den Knopf ein wenig herunter oder ggf. auch herauf. Wie fühlt sich das an?" (Reddemann 2017, S. 88)

8.1.2.4 Die 5-4-3-2-1 Übung

Ziel dieser Übung ist es, das Drehen im Kopf zu beenden und sich im Hier und Jetzt zu fokussieren, anzukommen bzw. es zu bleiben. Viele unserer Klient*innen verwenden diese Methode zu unterschiedlichen Zeiten des Tages mit einer unterschiedlichen Idee, meist in der Absicht, den Kontakt zum Hier und Jetzt nicht zu verlieren. Lehrer*innen haben uns auch schon berichtet, dass sie diese Übung zu Beginn des Unterrichts anwenden, um die Klasse zu fokussieren. Sie kann jedoch auch im Liegen angewendet werden, um sich in den Schlaf gleiten zu lassen.

Die Übung ist in der Durchführung sehr einfach und kann auch so gestaltet werden, dass sie von anderen nicht bemerkt wird. Hierdurch können unsere Klient*innendiese Übung auch in der Öffentlichkeit benutzen, z.B. in der U-Bahn oder im Unterricht.

In Krisensituationen, so haben uns einige Klient*innen berichtet, ist es einfacher für sie, die Übung in umgekehrter Reihenfolge zu absolvieren, um so den Kontakt mit dem Außen zu intensivieren. Klient*innen berichten uns manchmal, dass es ihnen schwerfällt, immer 5 verschiedene Eindrücke wahrnehmen zu können, oder dass sie sich verzählen. Dies ist kein Problem. So werden einfach Eindrücke mehrfach benannt. Auch bei dieser Übung bietet es sich an, sie mehrfach und regelmäßig auszuprobieren, damit sie wie selbstverständlich verwendet werden kann. Und hier ist sie:

Anleitung

Lassen Sie ihre Augen in eine Richtung sehen, die etwas über Ihrer üblichen Blickrichtung liegt. Ohne nun die Blickrichtung zu verändern, benennen Sie (leise) fünf Dinge, die Sie gerade sehen (z.B. ich sehe den Schrank .... ich sehe ein Buch .... ich sehe die Decke...). Benennen Sie danach fünf Geräusche, die Sie gerade hören ..., benennen Sie danach bitte fünf Körperwahrnehmungen (keine Gefühle), die Sie gerade wahrnehmen... Nun bitte vier Mal ... drei Mal ... zwei Mal ... einmal... Wenn Sie mögen, können Sie das nun noch einmal wiederholen.

8.2 Traumapädagogik in der Arbeit mit Kindern und Jugendlichen in der stationären Jugendhilfe

In einer Untersuchung zur Häufigkeit von Kindern und Jugendlichen mit traumatischen Erlebnissen in der deutschen stationären Kinder- und Jugendhilfe wird berichtet, dass 61 % der Kinder und Jugendlichen traumatische Erfahrungen unmittelbar vor der Aufnahme durchlebt haben, bei 19 % war es unklar bzw. es bestand der Verdacht, und nur bei 19 % ließen sich traumatische Umstände direkt vor der Aufnahme ausschließen. (vgl. Jaritz et al. 2008)

Traumapädagogische Kenntnisse sind in der stationären Kinder- und Jugendhilfe noch nicht besonders verbreitet, auch wenn die Bundesregierung, wie bereits erwähnt, in ihrem 13. Kinder- und Jugendbericht von 2009 mehr Traumasensibilität fordert. Umso beachtenswerter ist eine Veröffentlichung der Bundesarbeitsgemeinschaft Traumapädagogik zu „traumapädagogische[n] Standards in der Kinder- und Jugendhilfe." (Lang et al. 2013) Diese Arbeit beschreibt nicht nur die Notwendigkeit der Einbeziehung von Traumaforschung und Traumapädagogik in die Arbeit der Kinder- und Jugendhilfe, sondern formuliert gleichzeitig Qualitätsstandards und Forderungen an die fachliche Qualifikation von Mitarbeiter*innen in der Jugendhilfepraxis.

Daran wird auch deutlich, dass es nicht reicht, wenn sich einzelne Fachkräfte weiterbilden und Traumakompetenz erwerben, sondern dass die Einrichtungen selbst dieses Wissen ermöglichen sollten. "Das höhere fachliche Niveau und eine veränderte Grundhaltung – so die Mitarbeiter/innen selbst über den Prozess der Schulung – wird nur erreicht, wenn der Veränderungsprozess von der gesamten Organisation getragen und zwischen der verschiedenen Berufsgruppen und Leitungsebenen eine Arbeit auf Augenhöhe möglich wird, also ein kollegialer, interdisziplinärer, hierarchieunabhängiger Austausch entsteht. (Weiß et al., 2016, S. 178)

In dem Positionspapier der "Bundesarbeitsgemeinschaft Traumapädagogik" von 2011 (Lang et al. 2013) werden nicht nur die Forderungen nach Partizipation, Transparenz, Wertschätzung und nach Standards in der Ausstattung und Personalentwicklung als wichtige Anregungen für die traumapädagogische Arbeit in den Einrichtungen gegeben, sondern auch die Einbeziehung traumapädagogischer Erkenntnisse in die Praxis der Jugendhilfe eingefordert. Auch bestimmte Grundhaltungen wie die Annahme eines guten Grundes für jegliches Verhalten von Kindern und Jugendlichen eröffnet den Raum, Verhaltensweisen, die störend oder belastend sind, aus einem anderen Blickwinkel bzw. mit einer anderen Haltung zu betrachten und mit den Kindern und Jugendlichen an alternativen Handlungsoptionen zu arbeiten. Das Wissen und Verständnis von Trauma und Traumatisierungen verstärkt die sozialpädagogische Grundhaltung, dass Freiwilligkeit und Selbstermächtigung die Grundvoraussetzungen für jegliches Gelingen der Zusammenarbeit sind. Dieses Wissen unterstreicht auch die Forderung nach stärkerer Partizipation von Kindern und Jugendlichen, nach gesellschaftlicher Teilhabe, aber auch nach stabilen und dauerhaften Bezugspersonen. Auch bestehende Standards in den Einrichtungen der Kinder- und Jugendhilfe können vor dem Hintergrund dieses Wissens auf ihre Sinnhaftigkeit und Hinlänglichkeit überprüft werden.

Beachtet man das eben gezeigte hohe Ausmaß von traumatisierten Kindern und Jugendlichen in der Jugendhilfe und gleichzeitig die aus dem Wissen über psychische Traumatisierung entwickelten Forderungen besonders nach Freiwilligkeit und Partizipation, so kann dies sowohl zu einem anderen und erweiterten Verständnis der Kinder und Jugendlichen und gleichzeitig zu einer qualitativen Weiterentwicklung der Einrichtungen der Kinder- und Jugendhilfe führen. Es versteht sich von selbst, dass dieses Verständnis von jungen Menschen mit Traumatisierungen von einer pädagogischen Grundhaltung bestimmt ist, die jeglicher Forderung nach Modellen der geschlossenen Unterbringung widerspricht: *„Wenn man die Verläufe von geschlossen untergebrachten Kindern und Jugendlichen und die Vielzahl der Beziehungsabbrüche und traumatischen Belastungen, die sie auf ihrem Lebensweg akkumulierten, betrachtet, fragt man sich oft, wie diese Lebenswege verlaufen wären, wenn diese Kinder und Jugendlichen früher auf Institutionen mit adäquaten Ressourcen und auf ausreichend gut ausgebildete PädagogInnen mit einer traumapädagogischen Haltung und einem entsprechenden Fallverständnis gestoßen wären. Was wäre passiert, wenn ihr Verhalten und ihre Nicht-Kooperation von einem Team besser eingeordnet und die zugrundeliegenden Bedürfnisse besser hätten versorgt werden können? Die Vorfälle unterstreichen eigentlich einmal mehr, wie wichtig traumapädagogische Konzepte für die Jugendhilfe sind, welchen immensen Bedarf es an traumapädagogischen Institutionen, Konzepten und Strukturen gibt und wie bedeutsam die emotionale Versorgung von MitarbeiterInnen, strukturierte Fallbesprechung sowie Offenheit und regelmäßiger Fachaustausch sind. Zudem muss es klare Leitlinien zur Dokumentation und Aufbereitung von Grenzverletzungen und Zwangsmaßnahmen geben, welche im Idealfall auch zu einer Sensibilisierung für die eigenen Grenzen und die Grenzen der Schutzbefohlenen führt.*

Die ersten kleinen Anzeichen der Nichtpartizipation, der Grenzverletzung oder einer stillen Freude daran, einen Konflikt eskalieren zu lassen, schleichen sich oft schneller in einer Institution ein als man denkt, weshalb die Vorfälle einmal mehr zeigen, wie wichtig es im pädagogischen Alltag ist, achtsam sich und gegenüber den Adressaten zu sein."[24]

8.3 Kritische Betrachtung traumapädagogischer Methoden im gesellschaftlichen Kontext

Wir begrüßen es sehr, dass traumapädagogische Erkenntnisse und Methoden Eingang sowohl in die beraterische Praxis als auch in die Arbeit der stationären Kinder- und Jugendhilfe gefunden hat. Das Wissen über Traumatisierung hat das Verstehen und Unterstützen von möglicherweise traumatisiertem Klienten*innen maßgeblich erweitert.

Gleichzeitig sehen wir auch die Gefahr, dass die Ursachen von Traumatisierung nur individualisiert und ihre Entstehung bei den Klient*innen selbst gesehen wird. Das kann im schlechtesten Fall neue Unsicherheiten hervorrufen, wenn die gesellschaftliche Verantwortung negiert wird. Dies wird u. a. an der ‚Traumadebatte‘ im Kontext von Flucht und Vertreibung deutlich: „"So wichtig psychologische und psychotherapeutische Hilfe für viele Geflüchtete auch sein kann: Ihre Per-se-Diagnose als ‚traumatisiert‘ und der Fokus auf Traumata in der Unterstützung für Geflüchtete bergen die Gefahr einer Stigmatisierung und Pathologisierung der Geflüchteten als Patienten bzw. Patientinnen und sind somit letztendlich auch eine Form der Distanzierung. Zudem verstellen sie den Blick auf die vielfältigen Ursachen von Flucht, privatisieren die kollektive Fluchterfahrung und lenken ab von der zentralen Notwendigkeit stabiler Lebensbedingungen im Aufnahmeland." (Mlodoch 2017, S. 18)

Diese von Mlodoch beschriebenen Risiken können wir auf sexualisierte Gewalt übertragen. Nicht jede Person, die sexualisierte Gewalt erlebt hat, ist traumatisiert und sollte dann auch so behandelt werden. Zudem werden wir in der Arbeit den Betroffenen nur gerecht, wenn wir ‚sexualisierte Gewalt‘ nicht individualisieren, sondern dabei immer wieder auf die gesellschaftlichen Bedingungen hinweisen, die sexualisierte Gewalt ermöglichen. Mlodoch verweist zutreffend darauf, dass die Diagnose der Posttraumatischen Belastungsstörung (post traumatic stress disorder oder PTSD) als Eingang in die internationale Klassifikation von psychischen Störungen für Betroffene eine „Anerkennung der psychischen Folgen von externen und gewaltsamen Ereignissen" (ebd., S. 33) bedeutet; „die Klassifizierung von PTSD als klinisches Syndrom öffnete Menschen mit psychischen Traumafolgen nun zahlreiche Türen: zu Behandlung, Pensionsansprüchen, Entschädigungen und zu rechtlichen Schritten gegenüber ihren Peinigern oder den Verursachern von Unfällen und Katastrophen." (ebd., S. 34) So hilfreich dies für die einzelnen Menschen ist, so sehr besteht doch immer die Gefahr einer Entkoppelung von Ursachen, die außerhalb von ihnen selbst liegen. „Einen Menschen oder eine Gruppe

---

24 Stellungnahme der BAG Traumapädagogik zur Schließung der Haasenburg. http://www.bag-traumapaeda gogik.de/index.php/news-117.html, 13.05.2014.

durch die ‚Traumabrille' zu betrachten, birgt immer das Risiko, sie auf ihr Leid zu reduzieren, ihre Rolle als Opfer festzuschreiben und sie so zu entmachten und zu entmündigen." (ebd., S. 46)

Aber auch wie das engere Umfeld mit traumatisierten Menschen umgeht, bestimmt entscheidend den weiteren Verlauf. "Ausschlaggebend dafür, welche Folgen eine (traumatische) Situation hat, ist nicht das Ereignis an sich, sondern (vor allem) das 'Danach', d.h. die Reaktion 'anderer' Menschen – Freund*innen, Verwandte, 'Helfer*innen' (Psychotherapeut*innen, Sozialarbeiter*innen, etc.) sowie äußere Umstände bzw. Lebensbedingungen." (Georg 2019, S. 111)

Hier wird erneut deutlich, wie ausschlaggebend es für Menschen mit sexualisierten Gewalterfahrungen ist, dass ihnen geglaubt wird. Im Umkehrschluss kann es dramatische Folgen haben, wenn ihnen etwa von ihren Angehörigen nicht geglaubt oder vor Gericht ihre Glaubwürdigkeit sogar von offizieller Seite in Frage gestellt wird.

Besonders den parteilichen Beratungsstellen kommt die wichtige Aufgabe zu, die gemachten Gewalterfahrungen in diesen gesellschaftlichen Rahmen zu stellen, was vom helfenden Umfeld in der Regel nicht geleistet werden kann." Die Beraterinnen in den Fachberatungsstellen verfügen über langjährige und umfassende Praxiserfahrungen in der Arbeit gegen Gewalt an Frauen. Sie haben ein fundiertes und spezifisches Wissen darüber, wie die Unterstützung von gewaltbetroffenen Frauen gestaltet werden kann und welche Bedeutung es für Bearbeitungsprozesse hat, dass Machtverhältnisse, Geschlechterverhältnisse und strukturelle Gewalt in der Beratungs- und Unterstützungsarbeit konkret beachtet und darüber hinaus mit politischer Arbeit und Öffentlichkeitsarbeit verbunden werden." (Brenssell, 2019, S. 91)

In der Arbeit mit von sexualisierter Gewalt betroffen Menschen ist es somit notwendig, diese Aspekte zu berücksichtigen, sich mit patriarchalen Machtverhältnissen und hegemonialen Männlichkeiten als auch mit Machtstrukturen in Institutionen zu befassen, dabei aber Betroffene als Expert*innen ihrer selbst ernst zu nehmen und sie z. B. in Form von Betroffenenräten zu beteiligen. „Durch die strukturierte Beteiligung von Betroffenen sollen die Belange von Betroffenen auf Bundesebene Gehör finden und in laufende Prozesse zum breiten Themenfeld des sexuellen Kindesmissbrauchs einfließen. Indem der Betroffenenrat bei der Entwicklung von Konzepten, Vorhaben, Stellungnahmen und Positionierungen des UBSKM mitwirkt, trägt er die Anliegen und Expertisen der Menschen, die als Kinder oder Jugendliche sexuelle Gewalt erlitten haben, in den politischen Diskurs." (Unabhängiger Beauftragter für Fragen des sexuellen Kindesmissbrauchs, ohne Seitenzahl. https://beauftragter-missbrauch.de/betroffenenrat/der-betroffenenrat, Aufruf 4.11.2021)

Reflexionsfragen

- In der Sozialen Arbeit wird nicht auf der Grundlage von klinischen Diagnosen gearbeitet. Daher fehlt oft eine einschlägige Aussage darüber, ob jemand qua Diagnose als „traumatisiert" klassifiziert ist. Zur Anwendung der hier beschriebenen Methoden sind auch keine vorausgehenden Diagnose erforderlich. Überlegen Sie bitte, ob bei den vorgestellten Methoden etwas dabei ist, was Sie in Ihrer Arbeit jenseits diagnostischen Wissens in Ihrem pädagogischen Rahmen umsetzen und nutzen wollen.
- Inwiefern beeinflusst das Wissen darüber, dass man in der Kinder- und Jugendhilfe von einem hohen Ausmaß an traumatisierten Kindern/Jugendlichen ausgeht, Ihre Arbeit?
- Können Sie in Ihrer Einrichtung auf Ihren Arbeitsplatz so einwirken, dass der Umgang mit dem Klientel traumasensibler wird? Sind Ihnen Handlungsleitlinien, Methoden oder Konzepte bekannt, die insbesondere für traumatisierte Klienten hilfreich sein könnten?

9 Prävention sexualisierter Gewalt an Kindern und Jugendlichen durch die Soziale Arbeit. Praxisbeispiele

Was Sie in diesem Kapitel erwarten können:

Prävention finden alle gut. Er erzeugt sofort positive Gedankenverbindungen. Fast könnte man sagen: „Wenn ich mir nicht ganz sicher bin, ob meine Praxis sinnvoll und richtig ist, so verwende ich den Begriff der 'Prävention' an einer mir geeignet erscheinenden Stelle, und alles ist geheilt und wird gut." Der Begriff ist aber auch ausgesprochen amorph und vielschichtig. Er hat eine normative Dimension (so soll es gemacht werden), eine deskriptive (so wird es gemacht) und eine analytische (darum wird es gemacht). In seiner Vielschichtigkeit und seinem hohen allgemeinen Gebrauchswert ähnelt er dem Begriff des „Traumas", über den wir im vorherigen Kapitel gesprochen haben. Weil das so ist, beginnen wir dieses Kapitel mit einer kritischen Würdigung, weil wir dies bei allem Nutzen des Begriffs und der mit ihm bezeichneten Praxis im Blick behalten möchten. Doch ist auch dieses wie alle folgenden Kapitel auf Praxisfragen bezogen, und daher bildet die Präventionsarbeit mit Fachkräften, mit Schüler*innen und in pädagogischen Organisationen den Schwerpunkt dieses Abschnitts. Wir erhoffen uns davon, dass unsere Überlegungen zur Qualifizierung und Sensibilisierung der praktischen Sozialen Arbeit im Umgang mit Betroffenen beitragen.

9.1 Notwendige Vorbemerkung: Zu Risiken und Nebenwirkungen von Prävention

„Ich wollte", so ruft der Schäfer in Shakespeares „The Winters Tale" empört aus, „dass es kein Alter zwischen 16 und 23 gibt, oder dass die Jungen diese Zeit verschlafen. Denn in diesem Alter stellen sie nichts anderes an als die Mädchen zu schwängern, den Alten auf die Nerven zu gehen, zu stehlen und sich zu prügeln. Stellt euch das mal vor! Nur solche verkochten Hirne zwischen sechzehn und dreiundzwanzig können sich bei diesem Wetter draußen herumtreiben und dabei zwei meiner besten Schafe vertreiben. Die kriegt der Wolf nun wohl eher zu fassen als ich!"[25]

Im Folgenden wollen wir zeigen, wie die fachwissenschaftliche Diskussion den Begriff der Prävention auf die Praxis und das Selbstverständnis in der Kinder- und Jugendhilfe bezogen hat und in diesem wechselseitigen Diskurs in den vergangenen dreißig Jahren Prävention als zentrale Sichtweise schrittweise Einlass in das Begriffsgerüst von Wissenschaft und Praxis der Kinder- und Jugendhilfe fand. Wir gehen diesen Weg, um zu verdeutlichen, dass Prävention nicht als allumfassender Omnibusbegriff benutzt werden sollte, der stets positiv besetzt ist, und mit dem daher *jegliches und völlig unterschiedliches Handeln* in der Kinder- und Jugend-

---

25 Ähnliche Worte werden Sokrates zugeschrieben: „Die Jugend liebt heutzutage den Luxus. Sie hat schlechte Manieren, verachtet die Autorität, hat keinen Respekt vor älteren Leuten und schwatzt, wo sie arbeiten sollte. Die jungen Leute stehen nicht mehr auf, wenn Ältere das Zimmer betreten. Sie widersprechen ihren Eltern, schwadronieren in der Gesellschaft, verschlingen bei Tisch die süße Speise, legen die Beine übereinander und tyrannisieren ihre Lehrer."

hilfe als gut und richtig bewertet werden kann. Um diesen Diskussionsgang zu verdeutlichen, haben wir in einem ersten Schritt diesen Begriff auf den aufklärerischen Versuch bezogen, Ambivalenzen einzugrenzen. In einem zweiten Schritt werden wir Herkunft und Gebrauch dieses Begriffs vorstellen. In einem dritten Schritt versuchen wir zu bestimmen, wie die Kinder- und Jugendhilfe heute mit der normativen Gebundenheit dieses Begriffs umgeht.

9.1.1 Prävention und die Suche nach Ordnung

Es ist schwer möglich, die normativen, deskriptiven und analytischen Elemente des Begriffs der Prävention auseinander zu halten. (vgl. Wambach 1987, S. 778) Für die folgenden Überlegungen haben wir daher die Entscheidung getroffen, vor allem die normative Bedeutung der Prävention zu beleuchten. Damit haben wir uns dem wissenschaftlichen Diskurs in der Sozialen Arbeit angeschlossen. (vgl. Olk 1986; Herriger 1986; Böllert 1995; Freund/Lindner 2001) Vor diesem normativen Hintergrund kann Prävention als der Versuch gesehen werden, das Ordnungsproblem zu operationalisieren und es einer Lösung anzunähern. Prävention ist also ein Handlungsprinzip. (Wolf 1997, S. 103) Gehandelt wird unter der Voraussetzung, dass die Ordnung stets von Krisen bedroht ist und es daher dauernd einer „entscheidenden Wendung" (so das seit dem 16. Jhd. bezeugte Wort aus dem griechischen „Krisis") zur Sicherung dieser Ordnung bedarf. Prävention ist der auf Dauer gestellte Versuch, diese „entscheidende Wendung auf dem Höhepunkt" (so die Bedeutung des Begriffs „Krisis" in der medizinischen Fachsprache) herbeizuführen – wobei allerdings nicht immer auszumachen ist, ob diese Krise ihren Höhepunkt bereits überschritten hat, oder aber dieser Zeitpunkt noch zu erwarten ist. Prävention als Versuch der Beseitigung von Krisen verbindet daher stets eine ausgesprochen starke Dramatik mit dem Ansinnen einer sachlichen Durchdringung des der Krise zugrundeliegenden Problems. Diese sachliche Durchdringung ist der Versuch, „zu den Wurzeln" zu gelangen, die Krise also radikal von Grund auf anzugehen.[26] Und da der Prävention offensichtlich immer ein krisenhaftes Verständnis zugrunde liegt, ist unmittelbar einzusehen, dass Prävention stets nach dem Anomalen, dem Kranken und dem Devianten Ausschau hält und nicht nach dem Gesunden, dem Normalen und dem Gesetzestreuen. (vgl. Wambach 1987, S. 781) Und weil Prävention weiterhin auf der Vorstellung beruht, dass „gesellschaftliche Krisen (...) durch die Summation der persönlichen Krisen von einzelnen produziert werden", gilt es, diese Krisen der Einzelnen „rechtzeitig zu erkennen, frühzeitig auszuschließen oder wenigstens ihre Wirksamkeit zu erschweren." (ebd., S. 780) Eine erste Zusammenfassung der Prävention in ihrer normativen Dimension zeigt daher drei Merkmale: Erstens, Prävention transportiert eine hohe gesellschaftliche Dramatik (Krise); zweitens, Prävention will diese Krise radikal angehen; drittens, die der Prävention zugrunde liegende gesellschaftliche Krise ist das Resultat der Krisen Einzelner und nicht die Wirkung gesellschaftlicher Prozesse auf Einzelne.

---

26 Gerade aus diesem Grund hat „Prävention" eine besondere Anziehungskraft für die helfenden Berufe in der Sozialen Arbeit, haftet ihnen doch der Makel an, nur Flickschusterei zu betreiben und das Übel eben nicht an der Wurzel zu packen. (vgl. Wolf 1997, S. 101-102)

Insgesamt kann Prävention daher als der Versuch bestimmt werden, die die Normativität (Ordnung) bedrohenden Ambivalenzen zu beseitigen. Prävention ist dann als eine Technik sozialer Kontrolle zu verstehen, wobei Soziale Kontrolle als ein Prozess definiert ist, „durch den das Benehmen jemandes, der von einem gegebenen Grad des Gehorsams einer Norm gegenüber abweicht, auf diesen Grad zurückgebracht wird." (Wolff 1973, S. 723)

Ambivalenzen entstehen, wenn es erstens nicht möglich ist, ein Ereignis lediglich einer einzelnen Kategorie zuzuordnen, und wenn es zweitens nicht gelingt, dieses Ereignis in allgemeiner Weise auf einen bestimmbaren und logischen Grund zurückführen. Gelingt das nicht, so entsteht eine offene Rechnung, eine unbeglichene Schuld. Unbehagen über eine nun wahrgenommene Unordnung ist die Folge; Angst kann ein Ergebnis sein; ein unablässiges Bemühen, alle Anstrengungen auf die endgültige Beseitigung dieser Ambivalenz zu konzentrieren, ist der notwendige Fortgang. Die Krise ist benannt, und Prävention ist die Folge.

Horkheimer und Adorno (1988, S. 12) haben dazu formuliert: Was dem Maß der Berechenbarkeit und Nützlichkeit sich nicht fügen will, gilt der Aufklärung für verdächtig." Darauf weist der ordnungspolitische Gehalt dieses Begriffs der Ambivalenz: Das Bestreben ist darauf gerichtet, Doppelwertigkeiten zu beseitigen. Prävention kann in diesem Zusammenhang als der Versuch bestimmt werden, ein Instrument zur Minimierung von Ambivalenz bereit zu stellen mit dem Ziel, Ambivalenzen zur Eindeutigkeit hin zu wenden. Denn „die Aufklärung verhält sich zu den Dingen wie der Diktator zu den Menschen. Er kennt sie, insofern er sie manipulieren kann." (Horkheimer/Adorno 1988, S. 15) Daher kann Prävention weiterhin als das Bestreben gedeutet werden, Ambivalenzen wenn nicht zu beseitigen, so sie doch zu kontrollieren. Horkheimer und Adorno (ebd.) stellen dazu fest, der Mann der Aufklärung kenne die Dinge, insofern er sie machen kann. Dadurch werde aus dem "An sich" ein „Für ihn". Prävention als Ordnungsbestreben kann daher als der Versuch gesehen werden, sich Fremdes anzueignen.

Aus dieser normativen Perspektive ruht Prävention immer auf vier Voraussetzungen. (vgl. Völker 1987, S. 10) Erstens: Jede Prävention setzt Normen und definiert auf diese Weise das Problem. Das bedeutet, dass bereits in der Gegenwart eine klare Vorstellung über die mit der Prävention zu erreichenden Ziele herrschen muss; die Gegenwart wird normativ in die Zukunft verlängert. (Wolf 1997, S. 105) Zweitens: Prävention setzt Macht voraus, weil nur mit Macht das Verhalten Einzelner und von Gruppen zu beeinflussen ist. Drittens: Prävention setzt die Steuerbarkeit menschlichen Verhalten voraus. Und viertens: Prävention setzt Information darüber voraus, was gegenwärtiges und zukünftiges menschliches Verhalten beeinflusst. Und da menschliches Verhalten auf vielen Faktoren und Voraussetzungen beruht und deshalb nur schwer vorauszusagen ist, hat Prävention stets den Drang, „möglichst viele Informationen zu sammeln und Beziehungen zwischen diesen Informationen herzustellen." (Völker 1987, S. 10)

9.1.2 Zur Entstehung des Begriffs

„Prävention" ist noch in den 20er-Jahren des vorigen Jahrhunderts ein ausschließlich auf die Medizin, das Rechtswesen und kriegerische Handlungen („Präventionskrieg") bezogener Begriff gewesen. Und noch 1977 hatte sich das nicht wesentlich geändert; Prävention wird weiterhin definiert als eine vorbeugende Maßnahme zur Verhütung und Früherkennung von Krankheiten, durch die schädliche Faktoren (primäre P.) ausgeschaltet oder die möglichst frühzeitige Behandlung einer Erkrankung (sekundäre P.) eingeleitet werden sollen. Die möglichst frühzeitige Behandlung einer Erkrankung in ihren remedialen Dimensionen – die vorgenannte sekundäre Prävention – kann dann weiter aufgeteilt werden in „eine sekundäre Prävention mit dem Ziel, den progredienten Verlauf einer Krankheit zu verhindern und letztlich eine tertiäre Prävention mit dem Ziel, die Folgen aus einer Erkrankung zu verhindern." (Minsel/Scheller 1981, S. 13)

In der Sozialen Arbeit stand der Begriff „Prävention" lange Zeit in Konkurrenz zu „Prophylaxe". (vgl. Soukup 1980) Es ist jedoch aufschlussreich, dass er dann nicht über bereits vorhandene und ausgearbeitete polizeiliche oder justizielle Begriffsformierungen, sondern über psychiatrische Begriffsbildungen, etwa den Begriff der „mental disorder" in der Sozialen Arbeit durchgesetzt wurde. Häufig wird dazu Caplan angeführt (1964, zit. nach Böllert 1995, S. 108): "Primary prevention (...) involves lowering the rate of new cases of mental disorder in a population, over a certain period by counteracting circumstances before they have a chance to produce illness (...). Secondary prevention is the name given by public health workers to programs which reduce the disability rate due to a disorder by lowering the prevalence of the disorder in the community (...) tertiary prevention (...) [means] reducing the rate of residual defect, the lowered capacity to contribute to the occupational and social life of the community which continues after the mental disorder has ended."[27]

Dieses zeitliche Früh-Bewusstsein von Prävention – je früher, desto besser – findet sich in allen fachwissenschaftlichen Disziplinen. Dieses Früh-Bewusstsein kann sich auf *individuelle Biographien* beziehen (pränatale Diagnostik oder Kleinkind-Screening, vgl. Wambach 1987), auf *situative Gegebenheiten*, die im Vorwege entsprechend zu arrangieren sind (etwa „defensible space", vgl. Newmann 1972), oder auch auf das voraktive Verhindern *devianten Handelns* (General-, aber auch Spezialprävention, die häufig als „incapacitation" betrachtet wird, also die Sicherung von Personen meint, deren deviantem Verhalten durch Inhaftierung vorgebeugt werden soll).

Es ist zu vermuten, dass die maßgebliche Konturierung und Herleitung des Präventionsbegriffs für die Soziale Arbeit aus der Fachwelt der Psychiatrie vor allem durch die einflussreiche Psychiatrie-Enquête vorangetrieben wurde, die Wambach

---

27 Mit Blick auf Krankheit ähnlich auch bei Wolf (1997, S. 103): „Primäre Prävention hat hier zum Ziel, Erkrankungen zu verhindern, oder, mehr technisch ausgedrückt, die Inzidenzrate, das heißt die Anzahl der Neuerkrankungen in einem gegebenen Zeitraum, möglichst gering zu halten. Sekundäre Prävention zielt dagegen auf die Verkürzung der Krankheitsdauer, also auf die Senkung der sogenannten Prävalenzrate. Und tertiäre Prävention ist schließlich darauf gerichtet, die negativen Folgewirkungen von Erkrankungen zu vermindern oder gänzlich aufzuheben."

(1987, S. 779) zitiert: „Präventionen sollen a) das Auftreten psychischer Störungen verhindern (Primärprävention), b) die weitere Ausprägung und Verfestigung früh erkannter psychischer Störungen verhindern oder ihre Verlaufsform und -dauer beeinflussen (Sekundärprävention), c) die durch psychische Störungen entstandenen Behinderungen verringern". Damit ist einerseits der Blick erweitert „auf ganze Gruppen, Bevölkerungsteile bis hin auf die Gesellschaft als Ganzes." (ebd.) Andererseits konnte so der Gedanke festgehalten wurde, dass auf allen drei Präventionsebenen Einzelne und deren summiertes Verhalten im Präventionsblickpunkt stehen.

9.1.3 Prävention im Kriminaljustizsystem

Wir erörtern Prävention beispielhaft anhand des Kriminaljustizsystems, weil es evident ist, dass die Kinder- und Jugendhilfe gerade wegen ihres Devianzbezuges hier besonders viele Anleihen gemacht hat. Diese Anleihen werden allerdings, so unsere These, in der Regel eher verschämt hinter die psychiatrischen und medizinischen Begriffsbildungen gestellt.

Zunächst der Präventionsbegriff der Polizei: Auch von ihr wird eine Staffelung des Begriffs in der zeitlichen Dimension vorgenommen. So bestimmt Schäfer (1986, S. 50) die primäre Prävention als familiäre Prophylaxe, die sekundäre Prävention als Anliegen der Polizei und der Ordnungsämter, die im Wege der Einzelfallaufklärung drohenden Gefahren vorbeugen sollen, und schließlich die tertiäre Prävention als Aufgaben, die im Rahmen von Urteil, Strafvollzug und entsprechenden gerichtlichen Auflagen der unmittelbaren Verantwortung der Polizei entzogen sind. In diesem Zeitverständnis wird dann auch von einer „prädeliktischen" und einer „postdeliktischen" Prävention gesprochen. Polizeiliche Prävention besteht also darin, gesetzwidrigem Verhalten bereits im Vorfeld zu begegnen. (Schramm 1976, S. 57) Ein Verbrechen soll verhindert werden, ehe es begangen wurde. Für die Polizei ist Prävention damit „Inbegriff der Maßnahmen, die geeignet sind, künftige Straftaten für den Einzelnen wie auch für die Gemeinschaft der Bürger abzuwehren." (Mattussek 1978, S. 482) Für die Polizei ist Prävention als Mittel der repressiven Gefahrenabwehr der aktiven Gefahrenabwehr instrumentell untergeordnet.

Auch das strafrechtliche Denken um Prävention kreist wie das polizeiliche Denken um den Angelpunkt, dass Prävention erst durch Repression möglich wird; erst die Strafe (Repression) ermöglicht Prävention, die Drohung mit Repression ist die Voraussetzung für Prävention. Strafe und Prävention sind miteinander verkoppelt, denn beide, repressive Strafe im Nachhinein und voraktive Prävention, beruhen wegen ihrer normativen Fundierung einträchtig auf einer Missbilligung unerwünschten Verhaltens. Strafe missbilligt dieses Verhalten schmerzhaft und Leid zufügend, Prävention dagegen soll der Notwendigkeit der strafrechtlichen Schmerzzufügung zuvorkommen, sie aber nicht ausschließen. Denn Schmerzandrohung steht hinter jeder Präventionshandlung des Kriminaljustizsystems, selbst wenn es sich bei ihrer Prävention um Maßnahmen der Aufklärung (Polizei), oder der Bewertung und Behandlung (Justiz und Soziale Arbeit) handelt.

In gewisser Weise haben es Polizei und Justiz daher mit dem Begriff der Prävention einfacher als die Kinder- und Jugendhilfe, denn hier kann Prävention geradlinig als Maßnahme des Staates im Rahmen seines Kriminaljustizsystems zur Verhinderung von Kriminalität definiert werden. (vgl. Fuchs-Heinritz et al. 1994, S. 510) Wir finden hier die allseits bekannte Unterscheidung in Generalprävention einerseits, also die angenommene abschreckende Wirkung angedrohter oder bereits vollzogener Strafen gegenüber einer aufmerksamen Öffentlichkeit, und die Spezialprävention andererseits, womit die Abschreckung, Besserung und Sicherung einzelner Straftäter gemeint ist.

Also: erst eine möglichst lückenlose Repression gewährleistet in der Strafverfolgung eine größtmögliche Prävention. (Steinhilper 1977, S. 22) Ein leitender Beamter des Bundeskriminalamtes hat dies auf den Begriff der „repressiven Prävention" (Kube 1987) gebracht. Die Rede ist hier also durchgängig von einer Präventivwirkung der Repression im Wege einer „voraktiven Reaktion" (Albrecht 1987, S. 35), um mögliche Täter durch ein erhöhtes Sanktionsrisiko von der Deliktbegehung abzuhalten. (vgl. Florecke 1983, S. 167) Insoweit ist Prävention als ein Zweckprogramm formuliert, dass aus einer allgemeinen Verpflichtung zur Gefahrenabwehr abgeleitet wird. Konkrete Angaben über die die Prävention auslösende Situation (wie dies in der Kinder- und Jugendhilfe regelmäßig der Fall ist) werden daher nicht getroffen. Auch die Wahl der präventiven Mittel, und dies ist ebenfalls eine Unterscheidung zur Kinder- und Jugendhilfe, werden nicht im Einzelnen festgelegt. (vgl. Florecke 1983, S. 173)

Das Verständnis der Polizei von primärer Prävention ist, und dies grenzt sie ebenfalls von der Kinder- und Jugendhilfe ab, eher auf die Veränderung von Situationen (situativer Ansatz) als auf die Beeinflussung von Verhalten gerichtet, denn es ist leichter, Situationen zu verändern als Menschen zu beeinflussen. (vgl. Kube 1988) Dies ist auch naheliegend, weil die Polizei durch ihre rechtliche Programmierung in ihren Interventionsformen an einzelnen Personen in konkreten Situationen orientiert ist. (vgl. Florecke 1983, S. 173)

Dieses Verständnis wird allerdings innerhalb der Polizei selbst zunehmend als zu eingegrenzt kritisiert. Vor allem Konzepte des „Community Policing", von „Sicherheitspartnerschaften" oder von „Kommunalpräventiven Räten" (Lindenberg 2010; Kunstreich/Lindenberg 2007) können als polizeiliche Versuche verstanden werden, ihre Arbeit nicht mehr nur an manifest gewordenem, strafrechtlich definiertem abweichendem Verhalten zu orientieren, sondern eine weit darüber hinausgehende gesellschaftliche Gestaltungskompetenz (und hierin dann der Kinder- und Jugendhilfe im Anspruch vergleichbar) zu übernehmen. (vgl. Albrecht 1987) Polizeiliche Prävention wird in diesem Verständnis innerhalb einer kommunalen Kriminalpolitik verortet und erweitert (oder entgrenzt) aufgefasst: „Erste Ebene ist die systematische Informationsgewinnung, zweite Ebene ist die polizeiliche Aktionsebene, und die dritte Ebene ist die *kommunale Beteiligung*" (Nack 1993, S. 175, Herv. d. A.), denn "the citizens' discretionary decisions to mobilize the police are a principal source of input into the system, and the decisions profoundly affect the discretion exercised by the police." (Koch 1980, S. 54)

Die Bezugs- und Ausgangspunkte aller polizeilichen und justiziellen Versuche, primäre oder gesellschaftlich verankerte Prävention zu befördern, bleiben also stets an ihre kriminalitätstheoretischen Konzepte gebunden. In Deutschland ist diese Verkoppelung von Prävention und Kriminalitätsbekämpfung unter dem Stichwort „broken windows" prominent geworden. (Wilson/Kelling 1996)[28]

Mit diesem Exkurs in das justizielle und vor allem in das polizeiliche Präventionsverständnis sollte verdeutlicht werden, dass Prävention in einem engen Verhältnis zu Repression steht. Dieses auf der Hand liegende Verhältnis von Repression und Prävention sollte auch in der Kinder- und Jugendhilfe zur Kenntnis genommen werden, und zwar auch dann, wenn Prävention in den Dienst der gesellschaftlichen Gestaltungsleistungen der Kinder- und Jugendhilfe gestellt wird. Denn dieses Verhältnis besteht in jedem Fall, einerlei, ob Prävention nun von einer „Begierde des Rettens" getragen wird, oder ob Ordnungsvorstellungen die Präventionspraxis bestimmen. Beides ist ohnehin nicht voneinander zu trennen.

9.1.4 Prävention in der Kinder- und Jugendhilfe

Prävention in der Kinder- und Jugendhilfe, Kinder- und Jugendhilfe als Prävention? Ist das nicht selbstverständlich? Kinder- und Jugendhilfe scheint vorherbestimmt zur Prävention, will sie doch die Bedingungen des Aufwachsens von Kindern und Jugendlichen optimieren, also nicht nur in konkreten Situationen, wie Polizei und Justiz, dazwischentreten und hinzukommen, mithin inter-venieren (vom französischen „venier", „kommen"), sondern schon zuvor zugunsten der Kinder und Jugendlichen gesellschaftlich-optimierend auf den Plan treten, so wie dies in der Gesundheitsvorsorge gesundheitlich-optimierend geschieht: eben prä-venieren. Kinder- und Jugendhilfe und Prävention scheinen daher füreinander geschaffen zu sein.

Doch abgesehen davon, dass Prävention, wie bereits gezeigt wurde, kein aus diesem Aufgabenfeld hervorgegangener, sondern ein von diesem Arbeitsfeld übernommener Begriff ist, kann auch kein Zweifel darüber bestehen, dass auch in der Kinder- und Jugendhilfe der normative Gehalt der Prävention nicht zu übersehen ist. Er ist auch hier als Mittel der Devianzkontrolle gemeint, vor allem zur Verhinderung von jugendlicher Devianz.

Aber will Kinder- und Jugendhilfe drohen? Im Kriminaljustizsystem sind Prävention und Drohung verknüpft; Prävention ist an die Möglichkeit erfolgreicher Repression gebunden. In der Kinder- und Jugendhilfe dagegen ist Repression ein vermiedenes Wort. Die bereits erwähnte Aufnahme des Präventionsbegriffs zeigt dies: Soziale Arbeit und mit ihr die Kinder- und Jugendhilfe als ein bedeutendes Teilsystem haben es vorgezogen, diesen repressiven Herkunftszusammenhang nicht zur Kenntnis zu nehmen. Stattdessen hat sich die Kinder- und Jugendhilfe in der Bundesrepublik Deutschland historisch erstens auf das Präventionsverständnis der

---

28 Zu dieser polizeilichen kriminalpräventiven Strategie einer „Präventionspolizei" merkt Krasmann (1993, S. 100) kritisch an: „Zwangsminimierung (durch die Akzentverschiebung von der Repression hin zur Prävention, d. A.) beinhaltet zugleich die Ausweitung staatlicher Einflussnahme. Proaktive Arbeit weitet nicht nur, mit zunehmenden Wissen, die potentielle Macht der Polizei aus, sondern auch ihren Eingriff in das Feld.".

(seelischen und körperlichen) Gesundheit bezogen, und zweitens Prävention vor allem als primäre Prävention gedeutet. So etwa im „Fachlexikon Sozialer Arbeit", in dem der Begriff der Prophylaxe bereits durch Prävention verdrängt ist, denn: „Prophylaxe ist die gezielte Prävention bestimmter Krankheitsgruppen", wird hier kurz ausgeführt. (Deutscher Verein 1986, S. 661) Der Präventionsbegriff selbst wird dort ausführlich mit zwei Beiträgen thematisiert. Erstens wird er aus dem bereits genannten Zusammenhang der Gesundheitsvorbeugung genommen und als Begriff für alle jene Maßnahmen definiert, die darauf ausgerichtet sind, „Krankheiten zu verhüten oder ihren Verlauf zu verlangsamen bzw. zu bessern." (Viefhues 1986, S. 650) Der zweite Beitrag allerdings nimmt Bezug auf den oben vorgestellten kriminologischen Zusammenhang, mündet dann aber ebenfalls in eine Definition, die den Zusammenhang von Repression und Prävention ausblendet: „Grundsätzlich sind mit P. in der Sozialarbeit alle jene Anstrengungen gemeint, die darauf gerichtet sind, Notlagen zu prognostizieren und deren Entstehung durch die Entwicklung systematischer und gradueller Strategien zu verhindern." (Faltermeier 1986, S. 651) Allerdings wird nachgeschoben: „Die Sorge um die Kolonialisierung des Alltags der Betroffenen durch eine Ausweitung behördlicher P.strategien macht die P. in der Sozialarbeit nicht unumstritten." (ebd.)

Damit sind die Grundlagen gezeigt, die dazu geführt haben, dass wir heute mit dem Begriff der Prävention in der Sozialen Arbeit und in der Kinder- und Jugendhilfe ein Wort vor uns haben, das, im Gegensatz zu vielen anderen Begriffen in der Sozialen Arbeit, niemals in einer kritischen oder unschönen Weise verstanden oder gebraucht wird. Kritik an Prävention erscheint entweder als Beckmesserei, also als unangemessene und kleinliche Kritik, oder aber als der Versuch, dem umfassenden – also vor allem dem präventiven – Anspruch Sozialer Arbeit zu entgehen und zu kurz zu springen. Prävention ist gleichsam die Königsdisziplin der Sozialen Arbeit. Für die Praktiker*innen, die Fachleute in den Verwaltungen und für die Politikverantwortlichen in der Sozialpolitik ist sie immer erstrebenswert. Wir mögen sie zwar noch nicht erreicht haben. Doch gerade darum gilt es, sich hart und ausdauernd um Prävention zu bemühen. Dies hat auch seine Berechtigung, soweit die Rezeption dieses Begriffs im Zuge der Kritik an reaktiven Mustern der Problembearbeitung entstanden ist; „eine Praxis also, die allein pädagogische Notfälle bearbeitet, stößt mehr und mehr an die Grenzen ihrer Leistungsfähigkeit und öffentlichen Legitimation. Immer vernehmlicher wird so die Forderung nach einer aktiven Politik der Problemvermeidung, die Kindern und Jugendlichen in kritischen Lebenssituationen vorbeugende Hilfen bereitstellt und jene Benachteiligungen und Belastungen vermindern hilft, die das störende und sozial auffällige Verhalten von jungen Menschen beständig reproduzieren." (Herriger 1996, S. 371)

Die kritischen Töne zur Prävention sind in der Sozialen Arbeit lediglich dort zu hören, wo ein grundlegendes gesellschaftliches Verständnis besteht, wonach Prävention vor allem normativ zu fassen ist. Solange Prävention auf Fragen der Gesundheitsvorsorge bezogen wird, kann diese Frage umgangen werden: Gesundheit ist immer und stets ein erstrebenswertes Gut. Doch auf allen Gebieten der Sozialen Arbeit und auch in der Kinder- und Jugendhilfe gilt die Frage nach der

Norm: Prävention von was und woraufhin? Das war und ist die zentrale Frage. In Beantwortung dieser Frage hat Olk (1986, S. 13) den Begriff der Prävention an eine Soziale Arbeit als „Normalisierungsarbeit" gekoppelt: präventive Arbeit bedeutet Schutz einer Norm durch eine abschreckungswirksame Behandlung von Devianten, wobei diese Behandlung zugleich diese deviante Person zu ändern anstrebt. Damit sind die justiziellen Begriffe der General- und Spezialprävention implizit aufgegriffen. Prävention zielt in diesem Verständnis auf die „Gewährleistung durchschnittlich erwartbarer Identitätsstrukturen." (ebd., S. 12) Auch Herriger (1986) geht diesen Weg, Prävention als Gewährleistung von Normativität zu fassen. Zunächst einmal knüpft er „Präventives Handeln und soziale Praxis" – so die Überschrift seiner Monographie – im Untertitel an „Konzepte zur Verhütung abweichenden Verhaltens bei Kindern und Jugendlichen". Und er führt weiter aus, dass die „Zielformel Prävention" einen in der Fachdiskussion programmatischen Kurswechsel markiere: „Nicht die Korrektur der Störfälle im Betrieb familiärer und außerfamiliärer Sozialisation soll in Zukunft im Zentrum des behördlichen Interventionshandelns stehen. Gefordert ist vielmehr die Entwicklung und Erprobung präventiver Instrumente, die helfen, jene Lebensbedingungen aktiv zu verändern, die das ‚störende', ‚unangepasste' und ‚sozial auffällige' Verhalten von Kindern und Jugendlichen beständig reproduzieren." (1986, S. 1) Nun distanziert sich Herriger selbst mit den Anführungszeichen von den Begriffen „störend", „unangepasst" und „sozial auffällig". Er hat damit jedoch ebenfalls gezeigt, dass Prävention stets auf einem verbindlichen Inventar von Normalitätsstandards ruht; „auf der Grundlage dieser normativen Grenzziehung bezeichnet der Begriff der Prävention dann die Summe jener Maßnahmen, die die Übereinstimmung der Gesellschaftsmitglieder mit diesen Normalitätsstandards sichern und so Störungen der gesellschaftlichen Ordnung im Vorgriff ausschließen." (Herriger 1996, S. 371) Und an anderer Stelle äußert er sich noch deutlicher: Präventionskonzepte „sind fest in gesellschaftliche Verwertungszusammenhänge eingebunden. Sie sind keine Vorboten eines politischen Kurswechsels hin zu einer zukunftsorientierten strukturellen Lebenslagenpolitik. Die vorgestellten Konzepte *vorbeugender Verhaltenssteuerung* sind vielmehr integrierter Teil einer (...) gesellschaftlichen Ordnungspolitik, die sich nicht mehr auf die Exekutierung repressiv-ausgrenzender Kontrollformen beschränkt, sondern durch lebensweltorientierte und problemsensible Interventionsprogramme den Alltag von Kindern, Jugendlichen und Familien vorsorglich unter Kontrolle nimmt." (ebd., S. 163, Herv. d. A.)

Diese Perspektive kann nun allerdings zu einer Entgrenzung der Prävention führen. Olk hat bereits 1986 auf diese Möglichkeit der prinzipiellen Entgrenzung der Prävention aufmerksam gemacht. Er hat darauf hingewiesen, dass es für präventive Soziale Arbeit „angesichts der objektiven Unbestimmtheit sozialer Problemlagen und der Definitionsabhängigkeit sozialarbeiterischer Ergebnispräferenzen keine internen Stoppregeln mehr [gibt]: Es gibt immer gute Gründe dafür, die Interventionsgrenze gegenüber problematischen Lebensverhältnissen, potentiell gefährdeten Familienkonstellationen und defizitärer Persönlichkeitsentwicklung hinauszuschieben." (1986, S. 241) Das ist die „präventive Wende" in der Sozialen Arbeit, die auch vor der Arbeit mit Kindern und Jugendlichen nicht Halt gemacht hat. Besonders die freien Träger haben diese „präventive Wende" zu nutzen gewusst. Auf einer zunehmend konkurrenzorientierten Arbeitsgrundlage ist es für sie nützlich, den Begriff der Prävention in neue Kategorien zu überführen, die in Stellenpläne und Mittelzuweisungen umgesetzt werden können. Damit wird jedoch der Prozess der Zuschreibung abweichenden Verhaltens nicht notwendigerweise aufgehoben, sondern Zuschreibungen können im Gegenteil als Rohstoff für die Arbeit verwendet werden. Die dazu gebrauchte Formel lautet etwa so: „Die Aufhebung der Bezeichnung ‚abweichendes Verhalten' ist der Profession vorbehalten. Dass wir es nicht mehr so bezeichnen, ist unserer frühzeitigen Intervention zu verdanken. Diese Intervention erfordert aber weitere und zusätzliche Ressourcen." Prävention kann daher als eine „Art legitimatorische Rückendeckung für eine reibungslose Durchsetzung professioneller Interessen und Abschreckung gegen Kritik von außen" dienen. (Florecke 1983, S. 167; vgl. auch Olk 1986)

Hier kommt es dann zu einem Widerspruch, denn im Rahmen dieser legitimatorischen Rückendeckung wird in der Regel unscharf und allgemein argumentiert. Das passt aber nicht zu den damit transportierten normativen Anforderungen an Prävention, weil normativ begründete Anforderungen stets auf ein explizit definiertes Ziel hin erfolgen sollten, um eine rationale Bewertung konkreter Maßnahmen zu ermöglichen. Überprüfbare Kriterien, rationale Bewertungen und konkrete Maßnahmen zu finden und zu bestimmen fallen bereits in der Prävention innerhalb des Kriminaljustizsystems schwer, obwohl Prävention hier viel eindeutiger als in der Kinder- und Jugendhilfe dem Zweckprogramm der Kriminalitätsverhütung untergeordnet ist. Die Gefahr der begrifflichen und praktischen Entgrenzung der Prävention ist daher in der Kinder- und Jugendhilfe besonders groß.

Wie kann vor diesem Hintergrund ein jugendhilfegerechter Umgang mit Prävention aussehen? Zunächst einmal muss vermieden werden, dass Prävention zu einer Umdeutung ziviler Lebensverhältnisse in zu prävenierende (und damit in der Regel: kriminalitätsbezogene) Sachverhalte führt. Kinder- und Jugendarbeit muss um der Kinder und Jugendlichen willen geleistet werden. Darin liegt ihr Sinn, und eben nicht in ihrer Präventionsleistung. Wird dagegen mit der Prävention begonnen und die Leistungen der Kinder- und Jugendarbeit um diesen Bezugspunkt gruppiert, so wird es unmöglich, Kinder- und Jugendarbeit von der Bedürfnislage der Kinder und Jugendlichen her zu definieren. Bezugspunkt wird dann durchgängig das Interesse an der Störungsabwehr. Diesen Punkt verdeutlicht Frehsee (1998, S. 159) anhand eines Beispiels: „Warum es in Lübeck eines Kriminalpräventiven Rates bedarf, um an Schulen beispielsweise pädagogische Zusatzangebote in den Pausen, Schüler- und Elternberatung, Gesprächskreise für Lehrkräfte, Schularbeitenhilfe, oder gar Fahrradwerkstätten, Kinderzirkusse, Mopedkurse usw. anzubieten, und warum das nicht der Kinder selbst wegen geschehen kann, bleibt schlichtweg unerfindlich."[29]

---

[29] Einen Teil der Antwort verdeutlicht Frehsee (1998, S. 151) wenig später selbst: „Die Oberbürgermeisterin einer anderen Stadt stimmt in einem Gespräch meinen Bedenken zu, erläutert aber, dass man leichter an Geld komme und bei den Bürgern mehr Akzeptanz für Jugendmaßnahmen finde, wenn man sie damit begründe, Kriminalprävention betreiben zu wollen." Nun wird in der Kinder- und Jugendarbeit auf die Attribuierung der Prävention durch Kriminalität zwar verzichtet. Doch konnotiert wird dies allemal.

Ohne Zweifel sieht die Kinder- und Jugendhilfe diese Gefahr und vor allem ihr Dilemma, auf (Devianz-)Prävention als gesellschaftlich formulierte Anforderung nicht mehr verzichten zu können. Sie hat sich nach unserem Eindruck bislang damit beholfen, Prävention in das Souterrain ihrer Maßnahmen zu verweisen und sie ihren anderen leitenden Strukturmaximen gleichsam unterzuordnen. Im Resultat führt das jedoch zu einer Zweigleisigkeit der Kinder- und Jugendhilfe in eine einerseits präventive und eine andererseits die Lebenswelt gestaltende Arbeit. Es kommt jedoch darauf an, die sprachlich als auch gedanklich vorgenommene Trennung in Prävention einerseits und in Kinder- und Jugendarbeit andererseits aufzuheben.

Erst wenn dies geleistet ist, kann Kinder- und Jugendhilfe Prävention auf den ihr eigenen Begriff bringen: „Die Inszenierung und die Weiterentwicklung von Unterstützungsnetzwerken und fördernden Strukturen, in denen Menschen autonome Lebensweisen erproben und für ein Mehr an Selbstbestimmung, Partizipation und Gestaltungsvermögen streiten." (Herriger 1996, S. 375) Ähnlich geäußert und theoretisch begründet hat auch Böllert diesen Punkt. Sie verdeutlicht zwar zunächst, dass in der Risikogesellschaft „die Interventionszentriertheit der industriegesellschaftlichen Modernisierung zunehmend obsolet wird und die Notwendigkeit einer Präventionslogik reflexiver Modernisierungsprozesse immer offensichtlicher wird." (1995, S. 56) Unter der Überschrift: „Soziale Arbeit als aktive Gestaltung von Lebensweisen" kommt sie dann jedoch zu dem Ergebnis, dass die Dichotomie von Prävention und Intervention nicht zu halten ist, weil der bloße Austausch interventionistischer Angebote durch präventive Leistungen weder der Komplexität der Problemlagen entspricht, noch, dass dadurch angemessene Hilfeformen garantiert werden können. Zentral ist in ihrer Argumentation vor allem, dass Soziale Arbeit neben den neuen Ungleichheiten und Risiken der reflexiven Moderne (denen präventiv zu begegnen ist) weiterhin alte Ungleichheiten zu bearbeiten hat (die Interventionen erfordern).

Selbstverständlich stellt sich dann die Frage, warum das noch präventive Kinder- und Jugendarbeit heißen soll. Denn wird damit nicht vielmehr das Pferd am Schwanz aufgezäumt? Um diesen Punkt zu verdeutlichen: Franz von Liszt formulierte bekanntlich, die beste Kriminalpolitik sei eine gute Sozialpolitik. Die Kinder- und Jugendhilfe dagegen sollte vermeiden, dies umzukehren in die Aussage „die beste Jugendpolitik ist eine gute Kriminalpolitik." Denn Ausgangs- und Endpunkt von Kinder- und Jugendarbeit ist die Gestaltung des Sozialen, nicht die Zähmung des *crimen*. Daher muss Prävention in der Kinder- und Jugendhilfe ihren Schwerpunkt auf eine primäre Prävention legen und diese definieren als die Gestaltung ziviler Lebensverhältnisse; zivile Lebensverhältnisse nicht nur, aber gerade auch für Kinder und Jugendliche. Das ist ihre originäre Aufgabe. (vgl. Lindner 1999, S. 157) Daher sollte sich die Kinder- und Jugendhilfe einem verkürzten Verständnis von Prävention widersetzen. Verkürzt ist dieses Verständnis, wenn die Präventionsleistung als abgesetzte Sonderleistung verstanden wird, eine Sonderleistung zudem, die begrifflich unklar bleibt und normative, analytische und deskriptive Elemente durcheinanderbringt und verwischt. Das bedeutet vor allem, wie im Elften Jugendbericht formuliert, einer Sichtweise zu widerstehen,

„die ihren Leistungs- und Zuständigkeitsbereich auf rechtlich eindeutig fixierte Pflichtaufgaben und reaktive Interventionsmuster gegenüber eindeutigen Problemfällen beschränkt." (2002, S. 60) Sondern im Gegenteil kann die Wahrnehmung einer öffentlichen Verantwortung für das Aufwachsen von Kindern und Jugendlichen „nicht darin zum Ausdruck kommen, dass junge Menschen unter einen generalisierten Defizitverdacht kommen; vielmehr müsste deren Förderung und Unterstützung in Form von strukturbezogenen Maßnahmen im Mittelpunkt stehen." (ebd., S. 239) Im 11. Jugendbericht wird dazu weiter formuliert, dass hier allerdings ein blinder Fleck in der Fachdiskussion der Kinder- und Jugendhilfe bestehe. Denn schließlich provoziere ja gerade die Delinquenz pädagogische Antworten. Es geht daher nicht darum, sich der Kriminalprävention zu verweigern, sondern „in der Auseinandersetzung mit allen Beteiligten im Interesse der Kinder und Jugendlichen nach fachlich tragfähigen Beschreibungen der Probleme und verhältnismäßigen Antworten zu suchen." (ebd.)

In der Praxis sollte daher einem Präventionsverständnis gefolgt werden, das die Kinder und Jugendlichen zum Ausgangspunkt nimmt und nicht zum Ziel hat, bestimmte gesellschaftliche Ordnungsvorstellungen umzusetzen, die auch immer in normativen Geboten zu sexuellen Praktiken zum Ausdruck kommen. Wenn das gewährleistet ist, kann durchaus auf den Systematisierungsvorschlag des Psychiaters Caplan (1964) zurückgegriffen werden mit seiner sozialmedizinischen hergeleiteten Aufteilung in Primär-, Sekundär- und Tertiärprävention, wie sie in der Gesundheitsförderung, aber auch in der Sucht- und Gewaltprävention angewendet wird.

Im Blick auf sexualisierte Gewalt an Kindern und Jugendlichen übertragen meint Primärprävention alle Maßnahmen, die sexualisierter Gewalt vorbeugen bzw. die helfen, sexualisierte Gewalt zu verhindern. Zu diesen primärpräventiven Maßnahmen gehören dann erstens die Aufklärung und Fortbildung von Verantwortungsträgern*innen und Mitarbeiter*innen, zweitens die Schaffung von sicheren Rahmenbedingungen in der Kinder- und Jugendarbeit, die Mädchen und Jungen vor sexuellen Übergriffen schützen können, drittens die Sensibilisierung für gesellschaftliche Strukturen, die sexualisierte Gewalt begünstigen und viertens ein aktives Eintreten gegen strukturelle Gewalt. (vgl. Bayerischer Jugendring 2018, S. 7)

Die Sekundärprävention dient der frühzeitigen Aufdeckung und Beendigung von tatsächlicher sexualisierter Gewalt. „Hierzu gehören also alle Maßnahmen, die dazu beitragen, sexuelle Gewalt möglichst frühzeitig zu erkennen und entsprechend zu reagieren." (ebd., S. 8)

Tertiäre Prävention meint die Rehabilitation, also die Verminderung von Folgeschäden und die Aufarbeitung von Gewalterfahrungen, wie in unserem Kapitel über Traumatisierungen besprochen. „Auch eine Reviktimisierung soll hier verhindert werden, d. h. der/die Betroffene soll nicht erneut Opfer sexueller Gewalt werden." (ebd., S. 9)

In der praktischen Arbeit mit Kindern und Jugendlichen lässt sich das nicht immer genau voneinander trennen. Wenn z. B. primärpräventive Maßnahmen in

Schulen durchgeführt werden, muss immer mitgedacht werden, dass betroffene Schüler*innen darunter sein könnten und dadurch ein Raum geschaffen werden könnte, in dem es zur Aufdeckung von erlittener sexualisierter Gewalt kommen mag. Hier wandelt sich dann die aufklärerisch gemeinte Primarprävention durch diese Situation in eine fachliche Intervention. Deshalb halten wir es für erforderlich, dass derartige Präventionsmaßnahmen von dafür qualifizierten Fachkräften durchgeführt werden, die in entsprechenden Situationen adäquat reagieren können und einen Überblick über das örtliche Hilfesystem haben.

Warum haben wir bei den primärpräventiven Angeboten die Aufklärung und Fortbildung von Mitarbeiter*innen in den Vordergrund gestellt? Fachkolleg*innen sind ebenso wie die Eltern oft wichtige Bezugspersonen (z. B. in der ambulanten und stationären Jugendhilfe, in Kitas, in der Familienhilfe). Wenn diese Bezugspersonen durch ihre Grundhaltung und ihr Erziehungsverhalten ein Klima schaffen, das es Kindern und Jugendlichen ermöglicht, mit Fragen und Nöten zu ihnen zu kommen, weil sie ihr Erziehungsverhalten regelmäßig überprüfen, weil sie selbst achtsam mit den Grenzen anderer umgehen und eigene Grenzen benennen, können die Kinder von ihnen lernen, ihr Selbstbewusstsein weiter zu entwickeln. Wenn diese Fachkräfte zugleich für das Thema der sexualisierten Gewalt an Kindern und Jugendlichen sensibilisiert und über Risiken und Gefahren informiert sind und zudem vorhandene Hilfesysteme kennen, können sie eine wichtige Instanz in der Verhinderung und bei der Aufdeckung von sexualisierter Gewalt sein.

Bei aller vorhandenen Sensibilisierung für sexualisierte Gewalt sind Jungen als Betroffene nach wie vor ein blinder Fleck. Allerdings hat sich hier nach den vielen bekannt gewordenen Missbrauchsfällen in Schulen und sozialen Einrichtungen einiges getan; der schon erwähnte Runde Tisch hat viele Diskussionen angestoßen, die großen Verbände haben Fachtagungen durchgeführt und Leitlinien aufgestellt, neue Handlungskonzepte wurden diskutiert und bewährte der Fachöffentlichkeit zugänglich gemacht, etwa die Arbeitshilfe „Und wenn es doch passiert". (Hochdorf 2010) Auch Änderungen im neuen Bundeskinderschutzgesetz resultierten aus diesen Debatten. In den Beratungen am ‚Runden Tisch Sexueller Kindesmissbrauch' wurden im Hinblick auf den Regelungsbereich des Kinderschutzgesetzes folgende Forderungen erhoben:

- „besserer Schutz von Kindern in Einrichtungen durch Einhaltung von Kinderschutzstandards;
- erweiterte Führungszeugnisse auch für ehrenamtlich tätige Personen;
- Präzisierung und Differenzierung des Leistungsspektrums der insoweit erfahrenen Fachkraft nach § 8a Abs. 2 SGB VIII." (Wiesner 2015, S. 315)

Bei der Forderung nach erweiterten Führungszeugnissen auch für ehrenamtlich Tätige wurde aufgrund einer kontrovers geführten Debatte von einer einheitlichen gesetzlichen Regelung abgesehen. Der Gesetzgeber hat die Lösung einer Vereinbarung dem örtlichen Träger der Jugendhilfe und den freien Trägern überlassen. (ebd., S. 315)

In der praktischen Umsetzung ist vieles noch schwerfällig. Zwar haben wir die Erfahrung machen können, dass einzelne Kolleg*innen und Teams großes Interesse haben, sich zu diesen Themen weiterzubilden. Ihre Organisationen tun sich da bedeutend schwerer, Unterstützung bei der Entwicklung und Etablierung von Handlungskonzepten in Anspruch zu nehmen. Das hat aus unserer Sicht verschiedene Gründe: Leitungen von sozialen Einrichtungen sind mit vielen unterschiedlichen Themen befasst, um die sie sich kurzfristig zu kümmern haben. Die Etablierung von Schutzkonzepten ist dagegen ein langwieriger Prozess, der zudem viele unterschiedliche Akteure mit einbeziehen sollte. Dazu kommt die Konkurrenz unter den sozialen Dienstleistern. Soziale Träger können die Befürchtung entwickeln, dass sie allein durch die Bitte um Unterstützung signalisieren, dass ihre Einrichtung ein Problem mit grenzverletzenden Mitarbeiter*innen hat. Daher besteht noch Handlungsbedarf, wobei besonders die Länder und Kommunen gefordert sind, den sozialen Trägern Unterstützung anzubieten.

Durch unsere praktische Arbeit mit Fachkräften hat sich für uns herausgestellt, dass es sinnvoll ist, wenn auf insgesamt vier Tätigkeitsfeldern gearbeitet wird: erstens mit bereits tätigen oder sich in der Ausbildung befindenden Fachkräften im Wege der Aus- und Fortbildung, zweitens mit den Fachkräften in den Organisationen selbst, und hier sind vorrangig Schulen und Einrichtungen der Sozialen Arbeit gemeint, drittens die Prävention in den Einrichtungen selbst durch institutionelle Schutzkonzepte und schließlich viertens und wenig verwunderlich die Kinder und Jugendlichen (in unserem Fall die Jungen). Aus unserer Sicht ist es von elementarer Bedeutung, dass diese vier Aufgabenfelder nicht voneinander losgelöst, sondern integrativ berücksichtig werden. Erst auf diese Weise lassen sich Lernerfahrungen und Sichtweisen der unterschiedlichen Systeme übertragen.

Nachdem wir uns bisher der Entstehung, dem Ausmaß und den Folgen für die betroffenen Jungen gewidmet haben, wollen wir dieses integrative Modell im Folgenden anhand von Praxisbeispielen darstellen und den Fokus weg von den Jungen als Opfer von sexueller Gewalt auf die Fachleute legen, die damit in ihrem Berufsalltag konfrontiert werden – oder eben noch nicht in hinreichender Weise damit befasst sind.

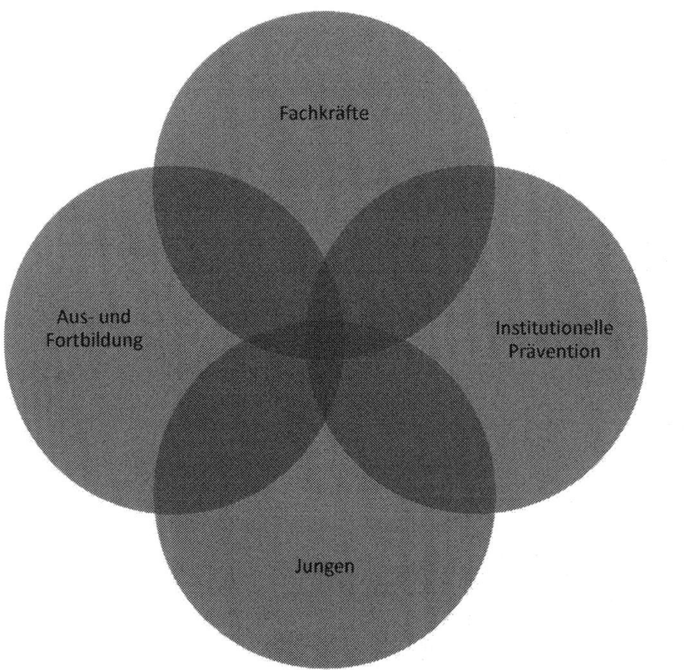

9.2 Präventionsarbeit mit Fachkräften

Im nun folgenden Teil sind wir konsequent an der Praxis orientiert und hoffen, dass unsere Erfahrungen für die Leser*innen nützliche Hinweise für ihre eigene Präventionsarbeit sein können. Im Folgenden stellen wir anhand eines Seminarablaufs „Jungen als Betroffene sexualisierter Gewalt" eine mögliche Seminarform beispielhaft vor.

Zu Beginn des Seminars geben wir in einer kurzen Sequenz die Inhalte bekannt, weisen ausdrücklich auf die Verschwiegenheit hin und fordern die Teilnehmer*innen auf, achtsam mit sich und den anderen umzugehen, da das Thema der sexualisierten Gewalt ein sehr emotionales, oft auch sehr persönliches sein kann. Dies ist uns wichtig, da wir uns bewusst sind, dass die Beschäftigung mit sexualisierter Gewalt bei einzelnen Teilnehmer*innen eigene Erfahrungen wieder an die Oberfläche bringen kann. Ferner verweisen wir darauf, dass unsere Seminare prozessorientiert sind und appellieren daher an die Teilnehmer*innen, sich einzubringen und Fragen und Widersprüche sofort zu thematisieren. Es zeigt sich, dass sie auf diese Bitten sehr oft eingehen, so dass die Seminare sehr dialogorientiert gestaltet werden können.

Unsere Inhalte stellen wir im folgenden Ablaufplan dar, um dann einige Übungen zu zeigen, die sich sehr bewährt haben.

Zeit	Ziel	Inhalt	Methode	Material
5	Ankommen, die TN wissen was auf sie zukommt.	Begrüßung, Orga. Here we are… Kurze Einleitung und Diskussion zum gemeinsamen Umgang am heutigen Tag (Diskussionsverhalten, Grenzen erkennen, wahren und wahrnehmen, Verschwiegenheit)	Vortrag	Visualisierter Ablaufplan
10	Die TN lernen sich gegenseitig kennen. Die TA erfahren, welcher Erfahrungsschatz vorhanden ist.	Vorstellungsrunde Name/Einrichtung	Runde	
5	Die TN lernen das Projekt und den Träger kennen.	Projektvorstellung	Runde	
30	Auseinandersetzung mit grenzverletzendem Verhalten. „In's Thema kommen"	Grenzverletzendes Verhalten, Grauzone, Grenzverletzungen können auch unbewusst sein.	Grenzüberschreitungsbarometer	Kärtchen mit Aussagen, Gewaltskala.
10	Pause	Pause	Pause	Pause
10	TN haben Grundlage, auf der gesprochen wird. Arbeitsbegriff.	Definition Pädosexualität/Sexueller Missbrauch.	Vortrag	
30	Die TN wissen was Grooming ist.	Vorstellung Grooming/Täterstrategien.	Vortrag anhand der Roll-Ups	Roll-Ups
5	Pause	Pause	Pause	Pause
15		Gefühle der Jungs.	Vortrag mit Karten	
10		Probleme bei der Hilfesuche.	Vortrag	
20		Was ergibt sich für Hilfesuche/Welche Konsequenzen für Beratung.	Arbeit in Kleingruppen	
30		Zusammenfassung der Kleingruppen.		

Zeit	Ziel	Inhalt	Methode	Material
5 Minuten			Wasserflasche	
10	Offene Fragen		Diskussion	
10	Feedback, Seminarauswertung.		Abfrage, Austeilen des Feedbackbogens Teilnehmer*innen-Bescheinigung	Feedbackbogen

9.2.1 Grenzverletzungsbarometer

Ziel dieser Übung ist die Auseinandersetzung mit Grenzverletzungen. Unter Grenzverletzung verstehen wir die Überschreitung der persönlichen Grenze, die Missachtung der Intimsphäre einer Person. Die Überschreitung kann sowohl bewusst als auch unbewusst geschehen. Da jeder Mensch aufgrund kultureller oder sozialisationsbedingter Gründe, aber auch wegen eigener Erfahrungen und Wahrnehmungen seine Grenze individuell definiert, kann mit dieser Übung gelernt werden, die eigenen Grenzen deutlich zu machen. Es kann aber auch erprobt werden, die Grenzen des Gegenübers zu erkennen.

Anhand von vorbereiteten Praxisbeispielen sollen sich die Seminarteilnehmer*innen entscheiden, ob in dem von uns vorher beschriebenen Fall eine Grenzverletzung stattgefunden hat. Hierfür legen wir eine Skala im Raum aus, auf der sie sich positionieren sollen. Von dieser eingenommenen Position aus setzen sich die Teilnehmer*innen mit ihren eigenen Vorerfahrungen auseinander und erarbeiten, ab wann für sie eine Handlung eine Grenze verletzt. Diese Übung soll verstehen helfen, dass ein großer Graubereich in der Beurteilung und Einordnung von Grenzverletzungen besteht und Handlungen nicht immer eindeutig zuzuordnen sind.

Gleichzeitig kommen die Teilnehmer*innen unserer Seminare dabei ins Gespräch. Aus Rückmeldungen und persönlicher Beobachtung hören wir immer wieder, dass dieser Austauschprozess untereinander ein wichtiger Aspekt des Seminars ist, der im pädagogischen Alltag oft zu kurz kommt. Auf die Relevanz des Austausches weisen wir in der Auswertung der Übung hin und machen deutlich, dass es neben der Auseinandersetzung über fachliche und persönliche Haltungen auch erforderlich ist, zu gemeinsamen Absprachen und Regelungen im Arbeitsalltag zu kommen.

Wir empfehlen den Teilnehmer*innen, dass sie im ersten Schritt bei der Beurteilung von Situationen, die ihnen „komisch" vorkommen, auf ihr Bauchgefühl achten sollen. Dieser Vorschlag greift die von uns bereits genannte Erkenntnis auf, dass bei einem retrospektiven Blick auf Organisationen, in denen es zu sexuellen Übergriffen von Mitarbeiter*innen gekommen ist, zumindest einige Mitarbeiter*innen immer ein „komisches Gefühl" gehabt haben, dem sie dann jedoch nicht nachgegangen sind.

Anschließend verdeutlichen wir, dass es im nächsten Schritt um die Implementierung professioneller Umgangsweisen gehen muss, denn es ist nicht unser Ansatz, Pädagogik ausschließlich mit dem Bauch zu praktizieren. Demzufolge muss es einen Schritt vom unklaren Bauchgefühl zur Bewusstheit geben, der in praktisches Handeln mündet, etwa die Auseinandersetzung im Team, die Nutzung des innerbetrieblichen Beschwerdemanagements, ein Gespräch mit der Leitung.

Ferner verweisen wir darauf, dass sich fachliches Denken in der Pädagogik, wann eine Situation als grenzverletzend anzusehen ist, von der eigenen Einschätzung, die stets auch biographisch geprägt ist, unterscheiden kann. Das wird besonders in nicht altershomogenen Gruppen deutlich. Hier wird des Öfteren von erfahrenen Kolleg*innen eine starke Verunsicherung geäußert, ob ihr teilweise jahrzehntelanges Handeln heute noch angemessen und zeitgemäß ist. So berichteten uns Seminarteilnehmer*innen, dass es vor 20 Jahren durchaus üblich war, wenn Klient*innen in stationären Einrichtungen über Weihnachten mit nach Hause genommen wurden, wenn sie nicht in ihre Herkunftsfamilien gehen konnten. Dieses ist aus heutiger Sicht jüngeren Kolleg*innen schwer vermittelbar und ruft meist Verwunderung hervor.

Solche Beispiele zeigen, dass Pädagogik einerseits vom Einbringen der eigenen Person und Lebenserfahrung lebt, andererseits aber auch eine Auseinandersetzung und Verständigung über gemeinsame Regeln und Standards erforderlich ist. Dies kann auf den Begriff „Person als Werkzeug" (Spiegel 2013) gebracht werden. Dazu gehört in erster Linie, systematisch Situationen zu schaffen, in denen die Sozialarbeiterin als „Person als Werkzeug" wirkt und einen persönlichen Bezug zu den Betroffenen auch in ihrer besonderen Situation als Opfer sexualisierter Gewalt schaffen kann. Damit ist zugleich verbunden, die eigene (berufliche) Person zu reflektieren und strategisch einzusetzen; gelegentlich wird in diesem Zusammenhang von einer „professionellen Kunst" gesprochen, ein Begriff, den erstmalig die Begründerin moderner Sozialer Arbeit, Alice Salomon, benutzt hat. Sie hatte formuliert, dass die erste Grundlage Sozialer Arbeit die Kunst zu leben ist, denn das Leben ist die höchste aller Künste, ihre zweite Grundlage ist dann die Kunst, zu helfen, ihrer dritte erst ist es, Einfluss zu nehmen und zu führen. Darum heiße helfen, den Weg frei zu machen für die höchste aller Künste: Das Leben selbst.

Diese Fähigkeit setzt indessen methodisches Handeln voraus, also ein Handeln, das dann nicht mehr aus dem Bauch heraus begründet werden kann. Sehr häufig behaupten die Fachkräfte der Sozialen Arbeit, dass sie durch ihre langjährigen Erfahrungen über individuelle Kunstfertigkeiten verfügten, die nicht abgeprüft werden können: „Fachkräfte interpretieren ihre individuellen Kompetenzen mitunter als Kreation ihrer speziellen Eigenarten, Fähigkeiten und Erfahrungen. Sie arbeiten in dem Bewusstsein, dass die Art und Weise der Ausübung dieser professionellen Kunst so individuell sei, dass man nur sich selbst Rechenschaft darüber abgeben müsse. Mit einem solchen Selbstverständnis kann man sich auch gegen allzu eindringliche Forderungen nach fachlich begründbaren, moralisch gerechtfertigten und intersubjektiv überprüfbaren Vorgehensweisen verwahren." (von Spiegel 2013, S. 79-80)

In der Tat bedarf es in der Sozialen Arbeit eines hohen Grades an situativer Intelligenz, denn nicht große Pläne bringen die Veränderung, sondern es braucht Sensibilität, um Gelegenheiten zu erkennen und zu nutzen, in denen Chancen zu Veränderungen enthalten sind. Aber dabei bedarf es eben der wissensbasierten Fähigkeit zur Situationsbeobachtung und deren Deutung – und das ist ganz etwas anderes als ein Bauchgefühl. Hier liegt der Unterschied zwischen der Anwendung von Methoden und methodischem Handeln, den wir in unseren Seminaren zu verdeutlichen versuchen. Die Anwendung einer Methode erfordert Wissen und Können, aber das methodische Handeln verbindet Wissen und Können mit einer Haltung. Und dieser Haltung müssen sich die Fachkräfte durchgehend bewusst sein.

Auf dieser Grundlage legen wir im didaktischen Prozess großen Wert darauf, den Seminarteilnehmer*innen zu verdeutlichen, dass es unser Ziel ist, sensibler und evtl. auch vorbereiteter auf mögliche Verdachtsfälle reagieren zu können. Uns ist aber gleichzeitig sehr viel daran gelegen, dass sie nach dem Seminar nicht noch verunsicherter sind oder mit einem Tunnelblick überall nach Grenzverletzungen und sexualisierter Gewalt forschen. Dabei betonen wir stets, dass Pädagogik grundsätzlich auch die Nähe zu den Klient*innen benötigt und es manchmal sehr wohl körperlich werden kann, wenn die Person als Werkzeug eingesetzt wird.

9.2.2 Täterstrategien

In dieser Einheit geben wir einen fachlichen Input zu Täterstrategien. Unter Bezugnahme auf Bullens (1995, S. 57 f.) vertreten wir die These, dass sexualisierte Gewalt nicht die Folge eines Zusammentreffens zufälliger Umstände ist, die einfach da sind oder die Täter*innen überkommen. Vielmehr geht der sexualisierten Gewalt an Kindern ein strukturiertes, methodisches Vorgehen voraus. Das klischeehafte Bild des „Triebtäters" hält einer genaueren Betrachtung nicht stand. [30]

Dieses Wissen vermitteln wir in unseren Seminaren aus drei Gründen:

1. Das Wissen um das Handeln der Täter*innen kann in der Präventionsarbeit genutzt werden. Hierbei denken wir sowohl an Angebote für Kinder und Jugendliche als auch an Fachkräfte und Eltern.

2. Das Wissen um die Strategien der Täter*innen kann dazu genutzt werden, die Signale von Kindern besser zu verstehen und sie in den Kontext einzuordnen. Ein Ausstieg wird so vereinfacht.

3. Das Wissen ist auch für die betroffenen Kinder von zentraler Bedeutung, da ihnen so deutlich gemacht werden kann, in welchen Plan die Handlungen der Täter*innen ihnen gegenüber eingebettet waren, und dass sie daher als die Opfer keine Schuld trifft. Dies ist u.a. wichtig bei der Aufarbeitung der Erlebnisse.

---

30 Wie bereits gezeigt, geht Finkelhor (1984) davon aus, dass vier Faktoren zutreffen müssen, damit es zu einem sexuellen Übergriff kommen kann. Gerade Faktor IV (Overcoming the resistance oft the child) muss vom Täter systematisch angegangen werden. (Finkelhor 1984, S. 53-68)

Dabei modifizieren wir die Darstellung des Grooming-Prozesses von Bullens geringfügig. Bullens ist zu seinen Ergebnissen über die Befragung von Täter*innen wie Opfern gekommen. Hierbei hat sich für ihn eine immer wiederkehrende Systematik aufgezeigt (Vertrauen gewinnen, Bevorzugung des Kindes, Isolierung des Kindes, Bewirken von Geheimhaltung, schrittweise Grenzüberschreitung).

Wir beschreiben die Täterstrategien in unseren Seminaren anhand von Situationen im öffentlichen Raum. In einer kurzen Sequenz können die Teilnehmer*innen diese vorgestellten Täterstrategien dann auf andere Bereiche wie z. B. Familie abwandeln und übertragen. Aus unseren Erfahrungen mit Klienten der Anlaufstelle für Straßenkinder (KIDS) in Hamburg haben wir gelernt, dass gerade Jungen im öffentlichen Raum häufig zum Opfer werden. (vgl. Lembeck/Ulfers 2003) Generell muss allerdings konstatiert werden, dass es noch recht wenig empirisches Forschungsmaterial auf diesem Gebiet gibt, so dass Aussagen dazu wenig zuverlässig sind. Eine in Berlin erschienene Studie (Brandes 2004) gibt jedoch Anhaltspunkte. So wurde jeder vierte Junge im öffentlichen Raum von unbekannten Erwachsenen mit dem Angebot der materiellen oder emotionalen Zuwendung angesprochen. Diese Zahl würde auf Hamburg bezogen bedeuten, dass von den ca. 46.000 Jungen in Hamburg zwischen 10 und 16 Jahren 11.400 Jungen (also jeder vierte) Gegenstand von Täterstrategien gewesen ist, was allerdings nicht notwendig zu einem konkreten sexuellen Übergriff geführt haben muss. Deutlich wird an diesen Zahlen jedoch, dass sich die meisten der Mitarbeiter*innen in psychosozialen Arbeitsfeldern früher oder später mit dem Thema befassen müssen.

Wie dargestellt, sprechen wir im Seminar lediglich von den Jungen als Opfer sexualisierter Gewalt. Dies hängt nicht nur mit der Ausrichtung unseres Projektes zusammen, sondern weiß auch um die besondere Gefährdung von Jungen im öffentlichen Raum. Des Weiteren sprechen wir von den Täter*innen lediglich in der männlichen Form. Wir wollen damit nicht unterschlagen, dass auch Frauen zu Täterinnen werden können, möchten jedoch hier erneut daran erinnern, dass ca. 80 % aller Täter*innen männlich sind. (Bange 2012)

9.2.3 Gefühle der Jungen

In dieser Einheit gehen wir auf die emotionalen Folgen der sexualisierten Gewalt ein und zeigen, welche Faktoren es Jungen erschweren, sich professionelle Hilfe zu holen. Hier verdeutlichen wir, dass Jungenspezifische Verarbeitungsprozesse eng mit den gesellschaftlichen Männlichkeitsbildern zusammenhängen, denen sie sich zuordnen wollen bzw. die ihnen zugeschrieben werden, und die durch die Erfahrung der Opferwerdung ins Wanken geraten sind. Denn dass Jungen zu Opfern werden können, passt weder zu den gesellschaftlichen Rollenbildern von Jungen, denn „Jungen sind stark", „Indianer kennen keinen Schmerz", und „Jungen können sich doch wehren", und damit auch nicht zu ihrem eigenen Idealbild. Mögliche Gefühle können u. a. sein (vgl. Bange 2007, S. 46 ff):

1. Vertrauensverlust, Verrat und Trauer
2. Angst vor Homosexualität
3. Hilflosigkeits- und Ohnmachtsgefühle

4. „Ich habe mich nicht gewehrt"
5. Scham
6. Schuldgefühle
7. Wut und Hass
8. Ängste
9. Isolation
10. Angst, als zukünftiger Sexualstraftäter gesehen zu werden

Wir erstellen für jedes Gefühl ein Bild, das wir in die Mitte des Raumes legen. Dann regen wir die Beschreibung des jeweiligen Gefühls an und geben Hinweise und Anregungen, wie diese Emotionen im Umgang mit den besonderen Gefühlen der Jungen möglichst gut aufgefangen werden können.

Besonders an diesem Punkt wird deutlich, sexualisierte Gewalt geschlechtersensibel zu betrachten und zu bearbeiten. Die Rollenbilder und Rollenzuschreibungen greifen so stark in die Reaktionen und Handlungsoptionen von Jungen ein, dass eine grundsätzliche Auseinandersetzung mit Theorien zu Männlichkeiten sinnstiftend sein kann. Aus diesem Grund befassen wir uns mit dem Erklärungsmustern von Connell (2005) und seiner Beschreibung von hegemonialer Männlichkeit und versuchen, diese Sichtweise in das Seminar einfließen zu lassen.

9.2.4 Wasserflasche

Die Teilnehmer*innen werden mit dieser Übung aufgefordert, sich im Kreis aufzustellen. Dann wird dem/der ersten Teilnehmer*in die Wasserflasche mit sehr viel Kohlensäure zugeworfen, er/sie wird gebeten, diese sofort weiterzuwerfen, die auffangende Person dann ebenso. Es entwickelt sich recht schnell ein Wurfspiel.

Nun wird thematisiert, dass die Flasche sinnbildlich für einen Jungen steht, der sexualisierte Gewalt erlebt hat und von Helfer zu Helfer weitergereicht wurde. Nach kurzer Zeit wird eine Person aufgefordert, die Flasche zu öffnen. Im Anschluss darauf wird nachgefragt, wie die Person die Flasche geöffnet hat. So wird deutlich, unter welchen hohen innerlichen Druck die Jungen stehen und wir uns sicher sein müssen, wenn wir eine mögliche Traumatisierung ansprechen bzw. thematisieren, dass wir mit dem Druck und den daraus folgenden Gesprächs- und Gefühlssituationen auch umgehen können.

9.2.5 Transfer in den Berufsalltag

Zum Seminarende steht bei uns jeweils eine Übung, die den Transfer des bisherigen Inhalts in die Praxis zum Thema hat. Diese Übung haben wir im Laufe der Zeit variiert. Zu Beginn haben wir die Seminarteilnehmer*innen aufgefordert, in Kleingruppen darüber zu diskutieren, was sich für sie in der Praxis ergibt und was sie aus den Seminarinhalten mitnehmen. Hier wurde also nach den Konsequenzen für den Alltag gefragt. Die Methode wird im Allgemeinen von den Teilnehmer*innen gut angenommen.

Im Verlauf der Projektlaufzeit haben wir jedoch eine Modifikation für den Abschluss gewählt, um zu vermeiden, dass die abschließenden Präsentationen sich inhaltlich ähneln, und eine Fallarbeit an das Ende gesetzt. Die Seminarteilnehmer*innen teilen sich hierfür in Kleingruppen, die wir je nach Größe des Seminars festlegen. Wir haben Fallbeispiele auf Karten notiert, die wir den Teilnehmer*innen in den Arbeitsgruppen geben. Ziel ist es hier, anhand des Beispiels zu erarbeiten, wie man als Fachkraft reagieren würde, wie die nächsten Schritte aussehen würden und was sich für Schwierigkeiten ergeben könnten.

Die Teilnehmer*innen erkennen in dieser Übung sehr gut, dass sie durch ihre bisherigen Kenntnisse und das in dem Seminar hinzugewonnene Wissen besser an einer Lösung arbeiten können. Gerade dieser Punkt ist für uns zentral, da es nicht unsere Absicht sein kann, die Teilnehmer*innen im Umgang mit diesem in der Regel als sehr heikel empfundenem Thema zu verunsichern.

9.3 Präventionsarbeit in der Schule

9.3.1 Prävention mit Schülern – Prävention für und mit Jungen

Eine Säule der Arbeit vieler Fachberatungsstellen (und anderer Organisationen) ist die Präventionsarbeit mit Kindern und Jugendlichen. Ein Schwerpunkt ist dabei die schulische Prävention, wobei die Schülerinnen und Schüler in ihren Schulen aufgesucht werden. Modelle der schulischen Prävention wurden schon in den 90er-Jahren diskutiert und weiterentwickelt. Hierzu wurde auch auf vielfältige Erfahrungen im Ausland, insbesondere der USA, zurückgegriffen. (vgl. Marquardt-Mau 1995)

Neben dem Schwerpunkt der schulischen Prävention gibt es aber auch Projekte, die sich andere Formen der direkten Ansprache von Kindern und Jugendlichen zur Aufgabe gemacht haben. Beispielhaft ist hier PräTECT, ein Projekt zur Prävention sexualisierter Gewalt in der Kinder- und Jugendarbeit des Bayerischen Jugendrings. Diese spezielle Fachberatung hat Arbeitsmaterialien und Praxishilfen entwickelt und bietet Fortbildungen und Schulungen für die vielen ehrenamtlich Tätigen in Vereinen und Verbänden an. (Bayerischer Jugendring 2018)

Bei der Prävention mit Kindern und Jugendlichen ist immer wieder deutlich geworden, dass es sinnvoll sein kann, geschlechtsspezifisch und geschlechtersensibel vorzugehen, wobei nach wie vor ein Nachholbedarf bei der Prävention mit Jungen besteht. Viele Fachberatungsstellen haben ihren Ursprung in der Arbeit mit Mädchen, das Thema „Jungen als Betroffene von sexualisierter Gewalt" ist von ihnen deshalb oft nur zum Teil abgedeckt, und oftmals fehlen Fachkräfte, die diese Aufgabe übernehmen könnten. Unsere Präventionsveranstaltungen in Schulen finden daher in der Regel in Kooperation mit einer Fachberatungsstelle für sexualisierte Gewalt an Mädchen statt. Hier können wir die langjährige Expertise dieser Beratungsstellen nutzen und zugleich unsere Erfahrungen mit Jungen einbringen. In diesen Fällen sprechen die Mädchen mit der Fachberatungsstelle für Mädchen, während wir die Jungen übernehmen.

Diese Treffen finden gleichzeitig statt, wobei die Einheiten für die Jungen immer ohne die Lehrkräfte durch Männer abgehalten werden, denn wenn in den Schulklassen geschlechtshomogene Formate angeboten werden, ist es nur folgerichtig, dass diese auch von männlichen Teamern für die Jungen und weiblichen Kräften für die Mädchen durchgeführt werden. „Sowohl männliche Kursleiter als auch weibliche Kursleiterinnen können präventive Konzepte zu sexualisierter Gewalt mit Jungen und männlichen Jugendlichen zur Anwendung bringen. Im schulischen Kontext geht es vordergründig darum, einen Raum zu schaffen, in dem Jungen sich frei äußern und auch ausprobieren dürfen. Viele der methodischen Umsetzungen in der präventiven Arbeit zielen auf individuelle Auseinandersetzungen der einzelnen Schüler ab. Der Schutz- und Schonraum, in dem dies geschehen kann, kann dementsprechend von Frauen und Männern geschaffen werden. Jungen und männliche Jugendliche brauchen allerdings männliche Identifikationsfiguren. Dies können nur erwachsene Männer sein, die sich mit ihrer eigenen Männlichkeit, Geschlechtsrolle und Sexualität auseinandergesetzt haben." (Helmer/Muck 2014, S. 103)

Oftmals berichten die Jungen im Anschluss, dass sie es gerade gut gefunden haben, nur mit Männern zu sprechen und sie sich dabei auch über ihre Unsicherheiten bezüglich Sexualität austauschen konnten. Diese Erfahrung scheint dafür zu sprechen, dass die Auseinandersetzung der Schüler in einem gemischtgeschlechtlichen Kontext weniger intensiv gewesen wäre. Die Jungen fühlten sich wertgeschätzt und mit ihren eigenen Themen gesehen. Auch die Lehrer*innen begrüßten in der Regel die Aufteilung ihrer Klasse, da sich aus dem anschließenden Austausch im Klassenverbund weiterführende Diskussionen ergeben konnten.

Hier sind nun allerdings zuvor einige Rahmenbedingungen zu klären:

- Welche Altersgruppe soll erreicht werden;
- wo soll die Präventionsarbeit stattfinden;
- wie erreiche ich die Zielgruppe (über Schule, offene Kinder- und Jugendarbeit, Kitas, andere soziale Einrichtungen);
- ist es eine einmalige Veranstaltung, ist die Veranstaltung irgendwo eingebunden (z. B. Projekttage);
- findet parallel die Arbeit mit Mädchen statt, gibt es anschließend oder parallel einen Austausch;
- ist das Umfeld (Eltern oder andere Sorgeberechtigte, Lehrer*innen, Erzieher*innen; Trainer*innen) eingebunden?

Wo nun liegen die Schwerpunkte in der Präventionsarbeit mit Jungen, warum erscheint uns diese Unterteilung in Mädchen und Jungen sinnvoll? „Die meisten Autor*innen unterstreichen einerseits, dass viele Dynamiken und Phänomene für Mädchen und Jungen mit sexualisierter Gewalterfahrung ähnlich sind. Andererseits wird vermutet, dass hier auch geschlechtsspezifische Viktimisierungs-, Verarbeitungs- und (individuelle wie auch gesellschaftliche) Verdrängungsmechanismen zum Tragen kommen können." (Jungnitz et al. 2007, S. 52) Prävention vor sexualisierter Gewalt an Kindern und Jugendlichen setzt aber nicht erst bei ihrer konkreten Thematisierung an, sondern sollte frühzeitig Themen wie Körper, Gefühle und Sexualität aufgreifen. Hier werden wir schnell feststellen, dass Jungen ein anderes Verhältnis zu ihrem Körper haben und oft anders mit ihrem Körper umgehen als Mädchen. Die Fortsetzung dieses Verhältnisses zu ihrem Körper kann man oft bei erwachsenen Männern und deren Umgang mit Gesundheit, Krankheit, aber auch in ihrem Wissen über den eigenen Körper wiederfinden.

Dieses Phänomen sehen wir auch, wenn es um Gefühle und Sexualität geht. Hier können viele Elemente aus der Jungenarbeit genutzt werden. Wichtig dabei ist, die Jungen nicht in Abgrenzung zu den Mädchen zu sehen und ihnen das auch deutlich zu machen. Wir sollten sie mit ihren eigenen Stärken und Schwächen, mit ihren eigenen Fragen und Verletzlichkeiten ernst nehmen und in den Mittelpunkt stellen.

Auch die Sozialisationserfahrungen der Jungen, die vorgelebten Rollenbilder und die Möglichkeit ihrer Infragestellung spielen eine wichtige Rolle. Auch eigene Opfer- bzw. Gewalterfahrungen und die Auseinandersetzung darüber können helfen, erneute oder andere Gewalterlebnisse zu verhindern. „Relativ unumstritten ist, dass Männer und männliche Jugendliche körperliche Gewalt insbesondere im öffentlichen Raum und insbesondere von Geschlechtsgenossen erfahren. Männliche Jugendliche und junge Männer sind nicht nur überzufällig häufig Täter, sondern auch Opfer." (Jungnitz u. a. 2007, S. 12) Viele Jungen haben Erfahrungen mit Mobbing in der Schule und können oft sehr gut beschreiben, welche Strategien sie entwickelten, damit umzugehen. Oftmals neigen sie dazu, Situationen zu bagatellisieren, um nicht als „Weichei" dazustehen. Hier bieten sich viele Möglichkeiten, mit Jungen in die Diskussion zu kommen und mit ihnen gemeinsam an ihrem Bild von Männlichkeit zu arbeiten. Ebenso ist die Frage nach der eigenen sexuellen Identität[31] und die Auseinandersetzung darüber, warum sich viele Jungen abwertend über Homosexualität äußern, ein Spiegelbild dessen, welchen Rollenerwartungen sie entsprechen wollen. Hier wird auch deutlich, welcher Druck auf vielen Jungen lastet, immer einem Ideal von „Männlichkeit" hinterherzulaufen, das gar nicht zu erreichen ist (abgesehen davon, ob es überhaupt wünschenswert wäre).

Warum sollten möglichst männliche Fachkräfte die Arbeit mit den Jungen übernehmen? Zum einen sind hier die von vielen Jungen als positiv benannten Aspekte ihres ausschließlichen Umgangs mit Männern in für sie belastenden Situationen nicht durch die Teamzusammensetzung durchbrochen. Aber viel wichtiger ist es, dass erwachsene Männer den Jungen die Auseinandersetzung mit der eigenen Männlichkeit ermöglichen. Es sind Männer, die ihnen die Brüchigkeit von Männlichkeitskonstrukten deutlich machen – und dies auf eine Weise, dass Jungen das nicht als Angriff, sondern als Angebot zur Auseinandersetzung annehmen können. „Präventionsarbeit mit Jungen bedeutet hier sie zu entlassen aus diesem Zwang zur permanenten Überlegenheit, aus dem Zwang immer alles im Griff zu haben –

---

31 Denn „Obwohl die Diskriminierung von Homosexualität gesellschaftlich zunehmend zurückgedrängt wird, sind homophobe Abwertungen im Leben vieler junger Männer etwas Alltägliches." (Scheibelhofer 2018, S. 35.)

mindestens aber sich selbst. Jungen brauchen Männer, die ihnen vermitteln und zeigen, dass sie selber auch mal hilflos und trotzdem ‚richtige' Männer bleiben, die sich nicht schämen und eine realistische Einschätzung der eigenen (Ohn-)Macht haben." (Ottemeier-Glücks in: kibs München 2009, S. 70)

Diese besonderen Seminare für die Jungen sollten an dem neutralen Ort einer Beratungsstelle stattfinden. So kann deutlich gemacht werden, dass es sich um keine schulische Veranstaltung handelt. Des Weiteren lernen die Schüler so auch die Beratungsstelle kennen. Ein erster Schritt in die Beratung ist dann getan und ein weiterer wird so möglicherweise erleichtert. Rückmeldungen der Schüler haben regelmäßig bestätigt, dass diese räumliche Wahl positiv aufgenommen wird.

Das von uns im Folgenden beschriebene Seminar wurde in der Klassenstufe 8 durchgeführt. Die Jungen waren demnach ca. 13-14 Jahre alt.

9.3.2 Beispiele für die Arbeit mit Schülern

Wir gehen stets davon aus, dass die Schüler, mit denen wir arbeiten, durch ihre Lehrer*innen bereits erste Informationen bekommen haben. Daher steht die Fortbildung von Lehrer*innen ebenfalls auf unserer Agenda. Wir vermitteln hier Grundlagenwissen und ermöglichen einen Austausch der Lehrer*innen untereinander. Anschließend wissen sie, was wir ihren Schüler*innen vermitteln. Damit wollen wir sie in die Lage versetzten, auf die Fragen der Schüler*innen angemessen reagieren zu können.

Zu Beginn des Seminars begrüßen wir daher die Teilnehmenden mit der Frage, ob sie wissen, aus welchem Anlass sie sich bei uns befinden. Hier zeigt sich sehr oft, wie gut die Vorbereitung der Lehrer*innen gewesen ist. Einige Gruppen können sehr genau angeben, was Inhalt des Seminars sein wird und dass sie sich in einer Beratungsstelle befinden, viele sind jedoch eher neugierig und wurden nicht besonders vorbereitet. Im Anschluss präsentieren wir unsere im Folgenden dargestellten Regeln und erläutern, warum sie uns wichtig sind:

Freiwilligkeit

Unsere Seminare sollen für die Schüler freiwillig sein. Zwar wissen wir, dass die Teilnahme an dem Seminar nicht aus freien Stücken geschieht, denn in der Regel wurde dieses Angebot von den Klassenlehrer*innen vorgeben. Wir machen jedoch deutlich, dass innerhalb unserer Seminare eine Beteiligung nicht erzwungen wird. Die Schüler müssen nichts erzählen, was sie nicht teilen wollen. Auch können und wollen wir niemanden zu einer Übung zwingen. Wer nicht mitmachen möchte, darf dies ohne Angabe von Gründen tun. Wichtig ist lediglich, dass die anderen Jungen nicht gestört werden. Wir verdeutlichen ferner, dass bei uns keine Noten und Beurteilungen vergeben werden. Die Erfahrung zeigt, dass die Jungen auch sehr genau verstehen, worum es uns dabei geht.

Aufeinander achten

Da wir davon ausgehen können, dass statistisch gesehen in jeder Schulklasse mindestens ein Junge von sexueller Gewalt betroffen ist, appellieren wir an die Schüler*innen, dass sie achtsam miteinander umgehen. Wir stellen es frei, den Raum für eine kurze Pause zu verlassen. Auch wenn es unwesentlich klingt, aber weil sich dieses Vorgehen von ihren Erfahrungen in der Schule abhebt, erklären wir auch, dass sie nicht vorher fragen müssen, wenn sie zur Toilette gehen. Damit schlagen wir eine Vertrauensbrücke zu den Jungen, die sich jederzeit eine Pause nehmen können. Die Erfahrung in der Seminararbeit zeigt allerdings, dass dieses Angebot fast nie angenommen wird.

Schweigepflicht

Wir erläutern die Schweigepflicht und ihren hohen Stellenwert für unsere Arbeit. Insbesondere machen wir deutlich, dass die Jungen keine Sorge haben müssen, dass Gesprächsinhalte an die Lehrer*innen gelangen. Gleichzeitig verweisen wir auch darauf, dass sie selbst uns von der Schweigepflicht entbinden können für den Fall, dass wir für sie etwas mit Lehrer*innen oder anderen Personen klären sollen.

Vorstellungsrunde

In der Vorstellungsrunde legen wir Karten mit verschiedenen Bildern in die Mitte des Raumes. Die Teilnehmer*innen sollen hier frei assoziieren und sich eine für sie passende Karte aussuchen. Anschließend kommen wir mit den Schüler*innen in ein Gespräch. Nachdem die Schüler*innen sich kurz vorgestellt haben, stellen wir uns und die Beratungsstelle vor. Dieser recht lange Einstieg hat sich aus unserer Sicht sehr bewährt und gibt Zeit, sich an die Situation zu gewöhnen, denn nach unserer Wahrnehmung kommen viele Schüler*innen mit diffusen Unsicherheiten in die Situation. Durch den langsamen Start und die Klärung von Regeln und des Seminarablaufs kann für sie Handlungssicherheit entstehen.

„Ab durch die Mitte"

Die Teilnehmer*innen werden gebeten, sich in einem Kreis aufzustellen. Nach und nach werden verschiedene Fragen bzw. Aussagen vorgelesen und die Jungen sind aufgefordert, bei Zustimmung durch die Mitte des Kreises zu gehen und sich einen neuen Ort zu suchen. Bei Nein bzw. Enthaltung dürfen sie stehenbleiben. Im Anschluss an die jeweilige Beantwortung der Frage kommt die Gruppe unter Anleitung miteinander in ein Gespräch. Durch die Möglichkeit, nicht nur Ja und Nein sagen zu können, wird schnell deutlich, wie die Teilnehmenden zu den Fragen stehen.

Wir beginnen bei dieser Übung mit Fragen, bei denen die Gruppe sich noch ein wenig selber kennenlernen kann und noch nicht zu viel von sich preisgeben muss. Dann werden wir themenbezogener und beginnen etwa Fragen danach zu stellen, was der Unterschied zwischen einer guten und einer negativen Anmache ist und wie man den Unterschied erkennen kann. Damit sprechen wir ein Thema an, das in den Jungengruppen sehr bedeutsam ist. Im Anschluss kommen wir mit den Jungen über Chats ins Gespräch und sprechen mit ihnen (auch) über unangenehme Situationen und Erlebnisse, die sie in sozialen Netzwerken gemacht haben. In vielen Fällen fällt in diesem Zusammenhang der Begriff der Pädophilie und wir erarbeiten gemeinsam mit den Jungen, was das bedeutet und welche anderen Formen der Sexualität (Heterosexualität, Homosexualität etc.) sie kennen. Hierbei ist ein wichtiger Lernschritt, mit den Teilnehmer*innen eine klare Abgrenzung zwischen Homosexualität und Pädophilie zu treffen. So machen wir in vielen Seminaren die Erfahrung, dass auf die Frage, was es ist, wenn ein Mann sexuelle Gewalt an einem Jungen ausübt, etwas wie „Homo-Pädophilie" genannt wird. Die Schüler können in vielen Fällen nicht erkennen, dass sexuelle Gewalt an Jungen nicht mit Homosexualität in Zusammenhang steht.

Murmelgruppe

Bei dieser Übung wird den Schülern ein Fragebogen ausgeteilt. Diesen sollen sie in Gruppen von ungefähr fünf Personen bearbeiten bzw. besprechen. In der Anmoderation wird darauf geachtet, dass nicht das Gefühl entsteht, dass es sich hierbei um eine Wissensabfrage handelt, sondern es darum geht, einen Weg zu wählen, miteinander ins Gespräch zu kommen. Darum sollen die Fragen in der etwas geschützteren Kleingruppe besprochen werden.

1. Könntest Du beschreiben, was sexueller Missbrauch/sexuelle Gewalt ist?
2. Hast Du eine Idee, wie häufig sexueller Missbrauch vorkommt?
3. Was denkst Du, wer alles zu uns in die Beratung kommt oder anruft oder eine E-Mail schickt?
4. Sind die Täter meistens fremde Menschen, wie häufig kennen sich Täter und Opfer?
5. Was für Gründe gibt es, dass einige Betroffene niemandem davon erzählen?
6. Wüsstest Du sofort, mit wem Du sprechen könntest, wenn Du selbst betroffen wärst oder jemand, den Du kennst?

Nachdem den Teilnehmer*innen ausreichend Zeit gelassen wurde, die Fragen zu beantworten, werden diese anschließend in der Großgruppe miteinander besprochen. Hierbei werden auch eventuelle Fragen geklärt und die Seminarleiter*innen lassen immer wieder ihr Hintergrundwissen einfließen.

Grenzverletzungen

Kern dieser Methode ist es, mit den Schüler*innen über Situationen ins Gespräch zu kommen, die grenzverletzende Momente beinhalten. Hierfür wird in die Mitte des Raums eine Skala von 0 bis 100 gelegt. Die Schüler werden aufgefordert, sich zu den nachfolgend dargestellten Situationen zu positionieren und daraufhin aufzustellen. Die hier diskutierte Fragestellung ist, ob sich aus ihrer Sicht eine Grenzverletzung erkennen lässt. In der Einführung wird deutlich gemacht, dass es kein Richtig und Falsch gibt, sondern dass es um subjektive Zuordnungen geht.

In der Regel besprechen wir vier Fragen mit den Jungen:

1. Der Trainer kommt nach dem Training in die Dusche und glotzt.
2. Ein anderer Junge zeigt Dir ungefragt Nacktbilder auf seinem Handy.
3. Zwei Jungen rangeln. Der Ältere drückt den Jüngeren zu Boden und macht sexuelle Bewegungen an ihm vor. Andere stehen um die beiden herum und lachen.
4. Deine Schwester (14 Jahre) trifft sich privat mit ihrem Englischlehrer.

Hilfesuche

Als letzte Übung des Seminars arbeiten wir mit den Schülern zu der Frage, bei welchen Personen sie sich Hilfe und Unterstützung suchen können für den Fall, dass sie von sexueller Gewalt betroffen wären. Wir legen für verschiedene Personen (Mutter, Vater, Großeltern, Freunde, Geschwister, Lehrpersonal etc.) nacheinander Karten in die Mitte. Die Jungen stellen sich entsprechend näher oder ferner davon auf, je nachdem, ob der jeweilige Mensch für sie als Vertrauensperson in Frage kommt. Hierbei stellen wir fast immer fest, dass die Jungen sich eindeutig positionieren können, und dass sie auf Nachfrage Gründe für bzw. gegen die Wahl ihrer Vertrauensperson benennen.

Viele Jungen haben offenbar klare Vorstellungen davon, was sie von Personen in ihrem Umfeld erwarten bzw. erhoffen. Besonders wichtig ist ihnen, dass sie Vertrauen zu einem Menschen haben können, dass die Person ihnen Verschwiegenheit gewährt, dass sie über Sexualität sprechen können, dass auch ein Nicht-Sprechen-Wollen oder Nicht-Sprechen-Können akzeptiert wird. Im Umkehrschluss bedeutet dies: Mangelndes Vertrauen, die Angst, dass etwas weitererzählt wird, Scham und die Angst vor Demütigung oder Beschämung verhindern, dass ein bestimmter Mensch als Vertrauensperson ausgewählt wird. Ein weiterer Aspekt der Übung besteht darin, dass die Teilnehmer*innen erfahren, welche Personen andere Jungen auswählen und welche Kriterien sie in den Vordergrund stellen. So haben sie die Chance, weitere Unterstützungsmöglichkeiten kennenzulernen.

Bei der Auswahl der Vertrauenspersonen zählen die emotionale Nähe, die Erfahrung in anderen schwierigen Situationen mit diesen Menschen und die Frage, wie klar ihre Rolle für die Jungen ist. So kommt es häufiger vor, dass z. B. Lehrer*innen nicht als Vertrauenspersonen gewählt werden, weil die Jungen sich nicht sicher sind, welche Folgen das Offenbaren ihrer Sorgen im Schulalltag und in der Klasse nach sich ziehen können. Bei gleichaltrigen Freunden gibt es manchmal den besten Freund, dem man vertraut, oft aber auch die Angst vor weiterer Demütigung gerade diesem besten Freund gegenüber und davor, vor ihm Schwäche zu zeigen. Bei den Eltern ist entscheidend, wie weit sie das Sprechen über Sexualität generell zulassen.

9.4 Prävention durch Qualifizierung und Sensibilisierung pädagogischer Fachkräfte

Der Unabhängige Beauftragte für Fragen des sexuellen Kindesmissbrauchs (UBSKM) weist in seinem Forderungskatalog zur „Forschung zu sexuellem Missbrauch – Vom Tabu zur gesamtgesellschaftlichen Aufgabe" darauf hin, dass das Wissen über sexuellen Missbrauch grundsätzlich für alle Berufsgruppen von Bedeutung ist, die mit Kindern und Jugendlichen arbeiten. Der UBSKM benennt vor allem Fachkräfte verschiedenster Disziplinen in der Kinder- und Jugendhilfe und im stationären und ambulanten Gesundheitswesen sowie Lehr- und Fachkräfte an Schulen. (vgl. Fegert/Kavemann 2016)

Auch das Deutsche Jugendinstitut (dji) hat schon 2010 in ihrer Expertise zur „Sexualisierten Gewalt gegen Kinder in Institutionen" darauf hingewiesen. In dieser Expertise konstatiert Claudia Bundschuh: „Wollen Fachkräfte Kinder vor sexualisierter Gewalt schützen und dabei die verschiedenen Aspekte der Gefährdung berücksichtigen, brauchen sie ein umfängliches Wissen über sexualisierte Gewalt, Rechtsvorschriften, Strategien der Täter/innen, Missbrauch begünstigende Faktoren und schließlich auch über gezielt anzuwendende Gegenstrategien. Einmal mehr ist hier auf die Notwendigkeit zu verweisen, dass dieses Problemfeld integraler Bestandteil jedes Ausbildungsgangs sein sollte, der für die professionelle Arbeit mit Kindern und Jugendlichen qualifizieren möchte." (DJI e.V. 2010, S. 62)

Einen ersten Lehrauftrag zum Thema „Mädchen und Jungen als Betroffene von sexualisierter Gewalt" führten wir in Kooperation mit einer Kollegin einer Fachberatungsstelle für Mädchen im Wintersemester 2011/2012 durch. (vgl. Fobian/Ulfers/Wacker 2012) Vorausgegangen waren Erfahrungen mit Fachkräften, die bei Verdachtsvermutungen und Vorfällen in den Beratungsstellen Rat und Unterstützung suchten und sich in diesen Situationen oftmals unwissend und überfordert fühlten. Eine fehlende frühzeitige Informationsvermittlung und Auseinandersetzung mit sexualisierter Gewalt in Ausbildung und Studium benannten viele von ihnen als Ursache für ihre Verunsicherung. In den folgenden Jahren führten wir jedes Semester Lehraufträge an zwei Hamburger Hochschulen durch.

Für unser Engagement in den Studiengängen ist dabei handlungsleitend gewesen, ein Wissen über sexualisierte Gewalt und deren Folgen zu vermitteln, denn erst wenn ein Wissen über Phänomene von sexualisierter Gewalt sowie deren Ausmaß und Folgen vorhanden ist, können Anzeichen bei Klient*innen wahrgenommen werden. Zugleich wollten wir die Studierenden für das Thema sensibilisieren, weil wir der Überzeugung sind, dass neben der Wissensvermittlung eine Sensibilisierung notwendig ist, die sowohl eine Reflexion der eigenen Rolle als auch eine Auseinandersetzung mit der eigenen Biografie beinhaltet.

Schließlich sehen wir eine hohe Verantwortung darin, ein noch immer stark tabuisiertes Thema so zu vermitteln, dass die Studierenden sich mit der Thematik auseinandersetzen und wir gleichzeitig auf die Gefühle und Befindlichkeiten der Studierenden achten konnten, wohl wissend, dass auch unter den Studierenden Betroffene von sexualisierter Gewalt sein können, denn „Fachkräfte, die in der Aus-, Fort- und Weiterbildung zum Thema sexualisierter Gewalt lehren, müssen inhaltlich-fachlich sowie fachdidaktisch qualifiziert sein, um eine Belastung für die Teilnehmenden möglichst auszuschließen. Bei Bedarf sollten sie kompetent agieren und Unterstützungsmöglichkeiten vermitteln können. Da sowohl unter Lehrenden wie auch Lernenden Betroffene von Missbrauch sein können, muss eine Sprache und Didaktik gefunden werden, die Betroffene nicht als ‚die Anderen' wahrnimmt." (Fegert/Kavemann 2016, S. 8)

Aufgrund unserer mehrjährigen Erfahrung haben wir ein modularisiertes Konzept entwickelt, dass methodisch und didaktisch eine Balance zwischen Wissensvermittlung, (Selbst-)Reflexion und Selbsterprobung wahrt. Hierauf gehen wir nun im Einzelnen ein.

Voraussetzungen und Arbeitsweise

Schon in der ersten Sitzung ist es uns ein besonderes Anliegen, sich auf einen gemeinsamen Umgang zu verständigen. Dies beinhaltet insbesondere ein sensibles Umgehen mit den Meinungen, Haltungen und Einstellungen der anderen als auch mit dem eigenen Befinden. So weisen wir immer darauf hin, dass die Teilnahme an den Übungen stets auf freiwilliger Basis geschehen soll. Hierbei ist auch ein Transfer unserer Beratungsarbeit und unseres Umgangs mit Opfern von sexualisierter Gewalt in der Beratung möglich, denn die Arbeit von Fachberatungsstellen setzt Freiwilligkeit seitens der Betroffenen und einen behutsamen, grenzwahrenden Umgang seitens der Berater*innen voraus. Unabdingbar ist es auch, sich mit den Studierenden zunächst auf den Gebrauch bestimmter Begriffe zu verständigen und deutlich zu machen, welchen Einfluss Sprache auf Haltung und Handeln hat. Beispiele dafür sind etwa der Begriff des „Kinderschänders", aber auch die Differenzierung zwischen „sexuellem Missbrauch" und „sexualisierter Gewalt" oder zwischen „Pädophilie" und „Pädosexualität" bzw. „Pädokriminalität". Ergänzend muss zudem verdeutlicht werden, was der Begriff des „sexuellen Missbrauchs" im juristischen Sinn beinhaltet und von welchen Prävalenzraten die heutige Wissenschaft ausgeht. Wir arbeiten auf dieser Grundlage mit folgenden Bausteinen:

Wahrnehmen von Grenzen/Erkennen von Grenzverletzungen

Übungen zum Themenkomplex „Nähe/Distanz" und zum Gewaltbegriff ermöglicht es den Teilnehmenden, sich selber einzubringen, sich und andere wahrzunehmen und dieses auch auf den Umgang mit Klient*innen zu übertragen.

Täter und ihrer Strategien

Die Darstellung unterschiedlicher Theorien, warum Menschen zu Täter*innen werden, aber insbesondere die Vermittlung von Täterstrategien sollen die Studierenden darin stärken, Signale wahrzunehmen, zu erkennen, warum der Aufdeckungsprozess für Betroffene so schwierig ist, wo Risikofaktoren besonders stark sind und wie daraus ein sensibles Begleiten von Betroffenen im Aufdeckungsprozess gestaltet werden kann.

Biografiearbeit und geschlechtsspezifische Sozialisation

Wir verdeutlichen zudem, dass das Thema Geschlecht (gender) in der Gesellschaft und besonders im Kontext von sexualisierter Gewalt auf unterschiedliche Ebenen ausstrahlt. Bei der Gruppe der Täter*innen ist das offensichtlich. Wie wir bereits mehrfach verdeutlicht haben, gehen Expert*innen von rund 80 bis 90 % Täter*innen und rund 10 bis 20 % Täterinnen aus. Daraus können bereits Fragen dazu abgeleitet werden, warum ein Großteil der Täter*innen männlich ist und warum kaum von Täterinnen gesprochen wird, obwohl sie immerhin einen Anteil von 10-20 % ausmachen.

Aber auch Erkenntnisse, wonach Rollbilder und Rollenerwartungen Auswirkungen auf die unterschiedliche Wahrnehmung von Jungen und Mädchen und somit auch auf den Aufdeckungsprozess haben und dass diese unterschiedlichen Bilder und Erwartungen die Biographie der Betroffenen stark beeinflussen können, machen deutlich, warum die Sensibilisierung der Studierenden durch eine Auseinandersetzung mit ihrer eigenen Geschichte unter geschlechtsspezifischen Aspekten sowohl die Selbstreflexion stärken als auch den Blick weiten kann.

Trauma

Aus der Beratungsarbeit wissen wir, dass Betroffene von sexualisierter Gewalt traumatisiert sein können, aber gleichzeitig auch, dass heute der Begriff der „Traumatisierung" ausgesprochen inflationär benutzt wird. Er ist ein Omnibuswort für fast jede Form von außergewöhnlicher Belastung geworden und daher entsprechend unscharf. Wir regen daher einen sorgsamen Umgang mit diesem Begriff an und versuchen dann ein Verständnis über die Entstehung von Traumata zu vermitteln, entsprechende psychoedukative Modelle vorzustellen und zu zeigen, wie diese in der alltäglichen sozialarbeiterischen Praxis als auch in der Arbeit einer Fachberatungsstelle zu Anwendung kommen können. Einen Überblick über Psychoedukationsmodelle sind in unserem Kapitel über Traumata nachzulesen.

Institutionelle Prävention und Missbrauch in Institutionen

Spätestens seit den vielen Fällen aufgedeckter sexueller Gewalt in staatlichen, kirchlichen und den Einrichtungen freier Träger seit 2010 ist vielen Menschen klar geworden, dass Missbrauch in unterschiedlichen Formen ein institutionelles Problem ist. Deshalb ist es hilfreich, sich beispielhaft mit einer dieser Institutionen zu beschäftigen und sich anschließend mit der Notwendigkeit von Schutzkonzepten und Handlungsleitlinien zu befassen. Es hat sich bewährt, dass die Studierenden das Gelernte anhand von Fallvignetten erproben und umsetzen.

Prävention

Kenntnisse der Grundlagen präventiver Ansätze und das Kennenlernen verschiedener Präventionsmethoden für unterschiedliche Alters- und Zielgruppen und für unterschiedliche berufliche Settings erleichtern es den Studierenden, in ihrer späteren beruflichen Praxis adäquate Angebote und Methoden einzusetzen.

Hilfesystem bei sexualisierter Gewalt/Kindeswohlgefährdung

In diesem Baustein wird zuerst auf die (historische) Entstehung von Fachberatungsstellen hingewiesen. Dabei wird auch parallel ein Blick auf den langen Weg der Enttabuisierung des Themas geworfen. Im Weiteren vermitteln wir hier einen Überblick über die unterschiedlichen Hilfsangebote für Betroffene und Fachkräfte und besuchen eine der Einrichtungen.

Generell gilt, dass wir für die Themen der Studierenden offen sind. Sowohl für den Umgang miteinander als auch für den fachlichen Diskurs, aber auch für die Selbstfürsorge ist es notwendig, sich immer wieder bei den Studierenden rückzuversichern, ob es offene Fragen gibt oder ob bestimmte Themen noch vertieft werden sollen. Die Erfahrungen aus den Lehraufträgen bestätigen uns darin, dass es sinnvoll ist, das Thema „sexualisierte Gewalt an Kindern und Jugendlichen" in Ausbildungen und Studiengängen für angehende psychosoziale Fachkräfte zu verankern: „Für eine nachhaltige Qualifikation braucht es bundesweit verbindliche Curricula und definierte Anteile an der Pflichtlehre in Ausbildung und Studium, sowohl während des Einstiegs in den Beruf als auch während einer möglichen Spezialisierung. Zu erlangende Kenntnisse über sexuellen Missbrauch und Kernkompetenzen zu Prävention und Intervention sind für jede dieser Phasen zu definieren, zielgruppenspezifisch anzupassen und auf dem aktuellen Stand der Erkenntnisse zu halten. Eine Einbettung in den Rahmen des Kinderschutzes ist sinnvoll, Spezifika des sexuellen Missbrauchs müssen jedoch angemessenen Raum erhalten. Allein fakultative Angebote in Aus-, Fort- und Weiterbildung werden der gesellschaftlichen Dimension von sexuellem Missbrauch und seinen Folgen nicht gerecht. Deshalb ist auf den obligatorischen Charakter zu achten." (Fegert/Kavemann 2016, S. 8)

Erwartungen und Rückmeldungen der Studierenden[32]

Die mündlichen Rückmeldungen und schriftlichen Reflexionen zum Seminar geben immer wieder wichtige Anhaltspunkte für die weitere Arbeit. Am Anfang bestehen bei den Studierenden oft große Unsicherheiten oder Befürchtungen, oder es liegen persönliche Beweggründe vor, die zur Wahl des Seminars beigetragen haben.

> „Als ich meinen Stundenplan gewählt habe, muss ich zugeben, dass ich teilweise gezweifelt habe, ob ich dieses Seminar belegen sollte. Nicht weil ich das Thema nicht interessant finde, sondern aus Angst, dass ich es zu nahe an mich ranlassen könnte und emotional reagieren könnte." (Eine Studierende)

> „Als ich dieses Kursangebot in dem Vorlesungsverzeichnis gelesen habe, wollte ich unbedingt in diesen Kurs. Ein Grund war, dass ich selber als Junge ein schlimmes Erlebnis hatte. Dieses Erlebnis konnte ich mit dem Kurs in der ersten Sitzung teilen." (Ein Studierender)

---

32 Wir verwenden einige anonymisierte Zitate aus den Reflexionen der Studierenden.

Diese beiden Aussagen machen deutlich, dass von den Lehrenden eine hohe Sensibilität gefordert ist, um mögliche Ängste und Unsicherheiten am Anfang zu nehmen. Zu berücksichtigen ist auch, dass von sexualisierter Gewalt betroffene Menschen Angst haben, dass sie sich durch bestimmte Äußerungen selbst outen, während andere wiederum ihre Erlebnisse gern mitteilen möchten.

> „Der respektvolle, rücksichtsvolle Umgang miteinander und uns gegenüber war immer spürbar. Ich fand gut, dass die beiden Dozenten immer wieder drauf hingewiesen haben, achtsam sich selbst gegenüber zu sein und für das eigene Wohlbefinden zu sorgen." (Eine Studierende)

> „Das Seminar machte deutlich, dass die Basis der ‚Freiwilligkeit' in der Sozialen Arbeit für ein gutes Gelingen sehr wichtig ist. Der Betroffene entscheidet darüber, ob und wie er sich mit der erfahrenen Gewalt auseinandersetzt, darüber redet und damit umgeht." (Ein Studierender)

> „Während der Biografiearbeit über eigene Geschlechtersozialisation ist mir erst in der Auseinandersetzung in der Kleingruppe aufgefallen, wie stark mich doch die eigene Sozialisation geprägt hat und wo sie sich auch von anderen Männern unterscheidet. Dadurch bekam ich auch ein Gefühl dafür, welchen Einfluss die Geschlechterrolle und die eigene Sozialisation für Betroffene insbesondere bei der Aufdeckung des Missbrauchs haben können. Besonders hat mir geholfen, diese Kleingruppenarbeit in geschlechtshomogenen Gruppen zu machen." (Ein Studierender)

> „Für mich war die Erfahrung bei der Biografiearbeit ein wichtiger Bestandteil des Seminars, um sich seiner eigenen Rolle in Bezug auf Geschlecht und Sexualität bewusster zu werden und mögliche Sichtweisen und Einstellungen, die unmittelbar Einfluss auf das Handeln im späteren Berufsleben mit KlientInnen haben, zu hinterfragen und zu verstehen." (Eine Studierende)

Insbesondere weil wir wissen, dass Rollenbilder und Rollenerwartungen in unserer Gesellschaft wirkmächtig sind und sich im Zusammenhang von erlebter sexueller Gewalt niederschlagen, finden wir es notwendig, die Auswirkungen dieser Rollenzuschreibungen im Aufdeckungsprozess zu verdeutlichen.

In den beiden folgenden Äußerungen wird deutlich, wie wichtig die Verortung der eigenen Sozialisation und die Selbstreflexion generell für die Soziale Arbeit sind.

> „Ich muss immer daran denken, dass die Dozenten gesagt haben, dass sexuelle Gewalt ein schweres Thema sein kann, dass aber auch viele andere schwere Themen vorkommen können. Für viele andere Themen haben wir Handwerkszeug im Studium mitbekommen." (Eine Studierende)

> „Gerade wenn wir sehen, wie hoch die Betroffenenzahlen von sexualisierter Gewalt sind, sollten Seminare zu dem Thema doch fest im Lehrplan verankert sein." (Eine Studierende)

9.5 Prävention in pädagogischen Organisationen

Die ernüchternde Feststellung der Ergebnisse der Studie des Deutschen Jugendinstituts (vgl. Helming et al 2011) ist, dass sich kaum eine pädagogische Einrichtung der Auseinandersetzung mit sexualisierter Gewalt entziehen kann. (vgl. Fobian/Ulfers 2011b)

Pädagogische Organisationen sollten sich aus verschiedenen Gründen mit sexualisierter Gewalt befassen. Zum einem wissen wir aus den Berichten von Täter*innen, dass diese nicht zufällig in Einrichtungen übergriffig geworden oder zufällig in diese geraten sind, sondern dass das Auswählen und der Schritt in einen pädagogischen Beruf ein zielgerichteter Prozess sein kann und mithin eine Täterstrategie darstellt. (vgl. z.B. Elliot/Browne/Kilcoyne 1995, Enders 2003, 2012, Enders/Simone/Bange 2001) Zum anderen müssen sich pädagogische Organisationen mit übergriffigen Kolleg*innen auseinandersetzen, bei der Machtmissbrauch als zentrales Motiv anzusehen ist.

Das gesellschaftlich verankerte dichotome Bild, wonach auf der Täterseite ein erwachsener Mann und als Betroffene ein Mädchen steht, entspricht nicht immer der Realität. Sexualisierte Gewalt an Mädchen und Jungen wird nicht nur von Erwachsenen ausgeführt. Auch Kinder und Jugendliche können sich sexuell grenzverletzend verhalten. Ausgehend von der Erfahrung, dass ein signifikanter Anteil in unserer Beratungspraxis in diese letzte Gruppe einzuordnen ist, möchten wir im Folgenden dazu einige Überlegungen vorstellen. Zu Beginn werden wir einen Überblick über die uns vorliegenden empirischen Erkenntnisse geben und daraus einige Folgen für die pädagogische Praxis ableiten.

Verdachtsfälle der letzten drei Jahre	In Schulen (durch Lehrkräfte)	In Internaten	In Heimen
A: Durch an der Einrichtung tätige Erwachsene Personen	4 %	3 %	10 %
B: Zwischen Kindern und Jugendlichen	17 %	28 %	39 %
C: außerhalb der Einrichtung	31 %	34 %	49 %
Mindestens einer der oben genannten Verdachtsabfälle in den letzten drei Jahren	40 %	47 %	70 %

Tabelle 7: Absolute Nennungen eines Verdachtsfalles, vgl. Helming et. al. 2011: 62

Die Polizeiliche Kriminalstatistik von 2016 zeigt, dass ein Anteil von 4,2 % der Straftaten gegen die sexuelle Selbstbestimmung durch Kinder verübt worden ist. Doch lassen solche Zahlen zum Hellfeld leider keine aussagekräftigen Rückschlüsse zu, denn Betroffene von sexualisierter Gewalt erstatten in den meisten Fällen keine Anzeige. Leider liegen auch keine systematischen Dunkelfeldstudien vor. Aus diesem Grund ist es notwendig, aus Studien zur sexualisierten Gewalt an Kindern und Jugendlichen Daten zu extrahieren. In der bereits erwähnten Institutionsbefragung von Helming et al. (2011) wurden Verdachtsfälle von sexualisierter Gewalt in den jeweiligen Institutionen abgefragt. Hier zeigte sich, dass die Zahl der Fälle durch Kinder und Jugendliche ca. fünf Mal höher war als jene, in denen die Tat durch einen Erwachsenen verübt worden ist. Je nach pädagogischer Einrichtung betrug der Anteil von Kindern und Jugendlichen unter 14 Jahren 30-65 %. (vgl. Mosser 2012, S. 8) Offensichtlich ist sexuell grenzverletzendes Verhalten unter Kindern und Jugendlichen ein recht weit verbreitetes Phänomen. Schutzkonzepte vor sexualisierter Gewalt müssen demnach auch diesen Aspekt berücksichtigen. Eine Auseinandersetzung mit Machtmissbrauch und sexueller Gewalt in pädagogischen Institutionen muss demnach davon ausgehen, dass es sich sowohl um Erwachsene als auch um Kinder und Jugendliche handeln kann, die sexuelle Gewalt ausüben. Ebenso wenig darf vernachlässigt werden, dass ein Missbrauch auch außerhalb des eigenen Systems stattgefunden haben kann.

Die nachfolgende Tabelle 8 zeigt, dass die Zahlen der Verdachtsabklärungen in den letzten Jahren angestiegen sind. Das muss nicht zwangsläufig bedeuten, dass es zu mehr Fällen sexualisierter Gewalt in Einrichtungen gekommen ist, sondern kann genauso gut zeigen, dass in den Organisationen in den letzten Jahren immer genauer hingeschaut wird. Dann wäre kein quantitativer Anstieg der Zahlen insgesamt zu verzeichnen, sondern eher eine Aufhellung des Dunkelfeldes. So wird lediglich deutlicher, was auch vorher schon passiert ist – nur eben nicht in der Wahrnehmung vieler Fachkräfte.

Bedacht werden muss ferner, dass nicht nur Mitarbeiter*innen bzw. die Bewohner selbst, sondern auch andere Personen zu Täter*innen werden können, die nicht in der Organisation beschäftigt sind. In einer Untersuchung von Finkelhor, Williams und Burns (1988) wurde gezeigt, dass lediglich 30 % der Täter*innen fest beschäftigte Mitarbeiter*innen waren. Auffällig war dabei eine Gruppe, die in der Studie mit „family of staff" bezeichnet wird. Damit werden Personen beschrieben, die nicht unmittelbar in der Einrichtung tätig waren, aber durch mindestens ein Familienmitglied einen Bezug dazu hatten. Diese Angehörigen bzw. Familienmitglieder nahmen oft Aufgaben innerhalb der Einrichtung wahr. Sie können z.B. zu Hilfslehrern werden, Fahrtdienste übernehmen oder Aushilfstätigkeiten ausüben. Diese Gruppe stellte mit 25 % der Täter*innen die zweitgrößte Gruppe.

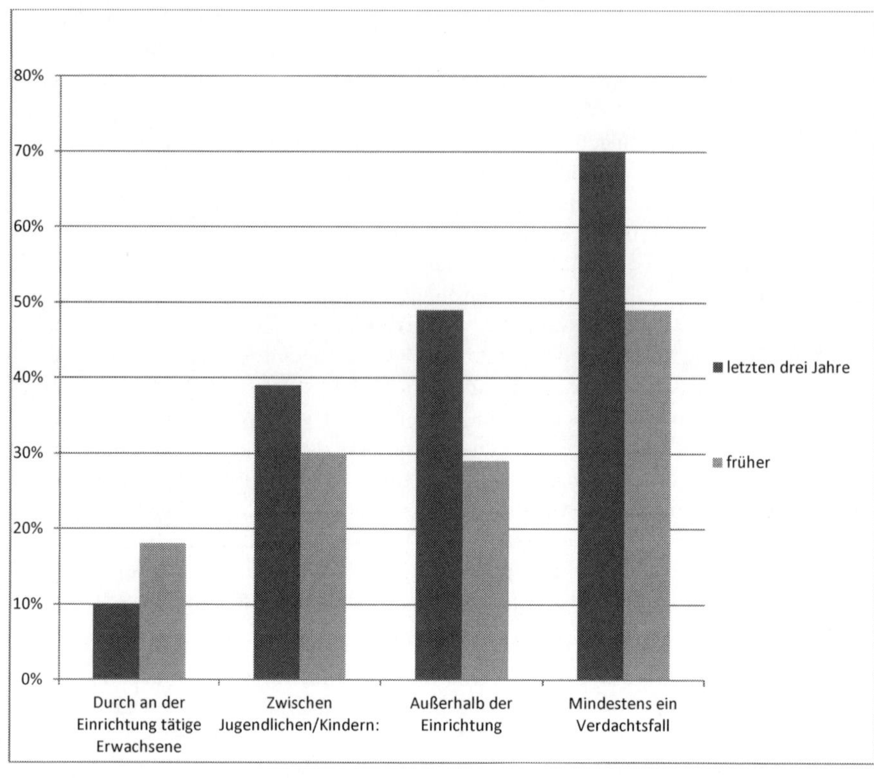

Tabelle 8: Heime (Quelle: Hellmig et al. 2011)

In unserer Beratung erarbeiten wir gemeinsam mit der pädagogischen Einrichtung ein für ihre Bedarfe geltendes besonderes Schutzkonzept. Ein zentraler Punkt dabei ist ein Beschwerdemanagement. Für eine Einrichtung ist es grundsätzlich wichtig, sich als lernende Organisation zu verstehen und offen und interessiert für Rückmeldungen jeglicher Art zu sein. Diese können sowohl von Klient*innen, Nachbar*innen, kooperierenden Institutionen sowie von Eltern oder Angehörigen kommen. Aus ihnen sind erst einmal Anhaltspunkte über die Qualität und Wirkung des eigenen Angebotes zu gewinnen. Dabei ist jede Rückäußerung hilfreich: Bestätigung, Lob, Kritik und Beschwerden. Nur so kann eine Einrichtung ihre Qualität fortlaufend verbessern. Ein wirksames Schutzkonzept umfasst zudem weitere Komponenten wie die Partizipation aller Beteiligten, Verfahrensregeln und Dienstanweisungen, Präventionsangebote und vor allem klare institutionelle Regeln und Strukturen.

Einstellungsverfahren

Schon im Einstellungsverfahren bietet es sich an, Machtmissbrauch und sexualisierte Gewalt anzusprechen. Damit lassen sich mehrere Effekte erzielen. Zum einen werden bereits im Vorstellungsgespräch verurteilte Täter erkannt und von einer Beschäftigung ausgeschlossen. Hierfür hat der Gesetzgeber das Instrument des erweiterten Führungszeugnisses geschaffen. Ist das reguläre Führungszeugnis seit jeher verfügbar und bekannt, ist dies bei dem erweiterten Führungszeugnis nicht immer der Fall. Dieses kann seit dem 1. Mai 2010 beantragt werden und soll dem Schutz von Minderjährigen dienen. Pädagogische Einrichtungen können von ihren Mitarbeiter*innen und ehrenamtlich Tätigen einen solchen Nachweis verlangen, wenn die einzustellende Person das 14. Lebensjahr vollendet hat. Der Antragssteller benötigt einen Pass oder Personalausweis und eine schriftliche Aufforderung zur Vorlage eines solchen. Diese können die einstellenden Einrichtungen selbst ausstellen. Hierfür müssen sie angeben, dass nach § 30a Abs. 1 BZGR (Bundeszentralregister) die Voraussetzungen dafür vorliegen.

Die Einführung des erweiterten Führungszeugnisses wurde von pädagogischen Mitarbeiter*innen kontrovers diskutiert. Einige Einrichtungen etwa haben ehrenamtlich Tätige davon ausgenommen. Zu groß waren die Sorgen, mit diesem Instrument die Hürden für Ehrenamtliche zu vergrößern. Immer wieder wurde auch der Datenschutz ins Feld geführt. Die Sorge war und ist groß, ein neues Instrument zur Überwachung einzuführen. Es muss daher stets eine Abwägung zwischen dem mit der Aufforderung zur Abgabe eines erweiterten Führungszeugnisses zum Ausdruck kommenden Misstrauen und dem Schutz der Klient*innen getroffen werden.

Lob- und Fehlerkultur

Fehler gehören zum menschlichen Dasein. Es bedarf daher eines Klimas, dass es Mitarbeiter*innen und Klient*innen ermöglicht, Fehler offen anzusprechen. Nur so ist es möglich, auch über grenzverletzendes Verhalten zu einem Austausch zu finden. Dabei gehen wir davon aus, dass es immer wieder auch zu Grenzverletzungen kommen kann, die nicht beabsichtigt gewesen sind. Es ist deshalb unumgänglich, auch sein eigenes Verhalten regelmäßig auf den Prüfstand zu stellen. Neben einer Fehlerkultur benötigt es auch des Lobes. Lob und Anerkennung sind treibende Kräfte. Dies gilt es in der täglichen Arbeit anzuerkennen, und Mitarbeiter*innen sollten für ihre Arbeit diese verdiente Wertschätzung und Anerkennung auch erhalten. Bleibt sie aus, kann es passieren, dass sich Mitarbeiter*innen ihr Lob und ihre Werteschätzung bei den Klient*innen suchen. Eine praktizierte Lob- und Fehlerkultur erleichtert es, sich mit den eigenen Haltungen und den Haltungen der anderen auseinanderzusetzen und sich gegenseitig in der Arbeit zu reflektieren. Diese Form der fachlichen Auseinandersetzung ermöglicht es oftmals, dass Kolleg*innen Fehlverhalten oder mögliche Grenzüberschreitungen anderer Kolleg*innen thematisieren, ohne Angst haben zu müssen, ihre Kolleg*innen anzuschwärzen oder fälschlich in einem falschen Licht erscheinen zu lassen.

Partizipation

Ein wesentlicher Baustein in Schutzkonzepten ist gelebte Partizipation. Kinder und Jugendliche müssen wissen und merken, dass ihre Meinung zählt und sie mitbestimmen dürfen. Nur so können sie auch die Sicherheit erlangen, dass ihre Anliegen gehört werden. Wenn Kinder und Jugendliche in Alltagssituation lernen, dass Pädagog*innen ihnen nicht zuhören und ihre Anliegen nicht umsetzen, dann werden sie sich nicht mit schwerwiegenden Themen an diese wenden.

Fortbildungen

Mitarbeiter*innen in psychosozialen Arbeitsfeldern brauchen zu den hier vorgestellten Themen regelmäßige Fortbildungen. Hier ist es aus unserer Sicht von Bedeutung, dass nicht nur Wissen vermittelt, sondern auch eine Reflexion darüber ermöglicht wird. Bei den Themen sexueller Gewalt und Sexualität ist es erforderlich, dass Mitarbeiter*innen in einem stetigen Selbstreflexionsprozess stehen, denn schließlich sind es ihre eigenen Haltungen und Werte, die in ihrer Arbeit mit Menschen die Grundpfeiler darstellen.

Beschwerdemanagement

Pädagogische Einrichtungen nehmen eine gesellschaftliche Funktion als besonders sichere Orte für Kinder und Jugendliche wahr. Hier erfahren die Kinder und Jugendlichen den Schutz, der ihnen an anderen Orten, etwa in der Familie, nicht gegeben werden kann. Es ist eine schmerzliche Feststellung, dass dies nicht in allen Einrichtungen der Fall ist. Zu oft kommen Kinder aus bestehenden Gewaltverhältnissen in eine Einrichtung der Jugendhilfe, wo sie dann in einem neuen Gewaltverhältnis gefangen sind. Mitarbeiter*innen und die Jugendlichen in den Einrichtungen können unter Machtmissbrauch und Grenzverletzungen sowohl selbst leiden als auch Täter werden. Den Kindern und Jugendlichen sollte immer wieder aufgezeigt werden, an wen sie sich in welchen Situationen wenden können und welche Reaktionsmöglichkeiten bestehen. Hier ist es wichtig, von Anfang an Transparenz herzustellen.

Wie können diese Punkte in der Arbeit umgesetzt werden, um ein Bewusstsein für diese Fragen zu schaffen? Auch hierzu stellen wir im Folgenden einen Seminarablauf vor. Zunächst einmal: Pädagogische Einrichtungen, die sich mit Schutzkonzepten befassen, haben dafür unterschiedliche Beweggründe. Zunächst sollte erfasst werden, ob sie sich aus eigenem Antrieb damit befassen, oder ob dies aus einem von außen kommenden Grund geschieht. Im letzten Fall sind wiederum mindestens zwei Gründe zu unterscheiden: Zum einen kann es sein, dass die Einrichtung von Zuwendungsgebern dazu aufgefordert wurde bzw. der Träger oder der Dachverband dies verlangt hat. Es kann auch sein, dass es innerhalb der Einrichtung einen Übergriff oder einen Vorfall gegeben hat, der dazu führt, dass eine Aufarbeitung notwendig erscheint, um in Zukunft solche Taten zu verhindern. Wichtig ist es daher, in einem Vorgespräch die Motivation genau zu erfragen, um darauf eingehen zu können. Auch muss zu Beginn eingeschätzt werden, wie sinnvoll es überhaupt ist, mit der Erstellung eines Schutzkonzepts zur Prävention von sexueller Gewalt zu beginnen, weil die Mitwirkungsbereitschaft des pädagogischen Personals dafür von zentraler Bedeutung ist. Ist eine Organisation noch sehr damit beschäftigt, zu klären, wie es zu einem Übergriff kommen konnte, so sollte in diesem Stadium zunächst dieser Weg gemeinsam bis zu seinem Ende gegangen und erst dann in die konzeptionelle Arbeit eingetreten werden.

Wegen dieser unterschiedlichen Startbedingungen kann kein Königsweg beschrieben werden, der in jedem Fall einzuhalten ist. Die Erstellung und Implementierung von Schutzkonzepten ist immer ein spezifischer Prozess. Der im Folgenden dargestellte Auftaktworkshop eines Seminars ist daher nur eine Anregung.

Zeit	Ziel	Inhalt	Methode	Material
9 –9:15	Ankommen, die TN wissen was auf sie zukommt. Vorstellung der Teamer.	Begrüßung, Orga. Kurze Einleitung und Diskussion zum gemeinsamen Umgang am heutigen Tag (Diskussionsverhalten, Grenzen erkennen und wahren und wahrnehmen, Verschwiegenheit). Arbeitsbereich. Ein Wort zu: „Was fällt mir zum Begriff Schutzkonzept ein?".		
9:15 – 9:30	Input: Warum braucht es Schutzkonzepte?			
9:30– 10:00	In Kleingruppen (evtl. getrennt nach Arbeitsfeldern) bearbeiten die Einrichtungen, wo es besondere Risiken gibt .	Risikoanalyse	Kleingruppen	Flipchart
10:00 – 10:25		Auswertung der Kleingruppen		Karteikarten/Stellwand
10:25 – 10:35	Pause			
10:35 – 10:50		Was braucht es für die Risikominimierung bzw. was braucht ein Schutzkonzept?	Kleingruppen	Karteikarten
10:50 – 11:20		Auswertung der Kleingruppen + Ergänzungen.		Karteikarten/Stellwand (für Ergänzungen Enders-Haus nutzen)

Zeit	Ziel	Inhalt	Methode	Material
11:20 – 11:50		Was liegt aus unserer Sicht oben auf?	Punkten	Karten an Wand, Klebepunkte
11:50 – 12:00	Feedback, Festlegung nächster Schritte, Seminarauswertung.		Abfrage	

Start

Zum Beginn des Seminars werden die Teilnehmer*innen, wie in allen Seminaren, auf unsere Prinzipien (Freiwilligkeit, Kultur der Wertschätzung, Verschwiegenheit) hingewiesen. Daraufhin wird eine kurze Vorstellungsrunde gestartet. In dieser sollen die Teilnehmenden ihren Namen und Ihre Einrichtung bzw. Abteilung nennen und ein Wort, dass ihnen zum Begriff „Schutzkonzept" einfällt. Hierbei handelt es sich um ein Brainstorming. Auf diese Weise gelangen die Seminarleiter*innen zu einem Stimmungsbild, wie die Seminarteilnehmenden zu Schutzkonzepten stehen. Durch die Möglichkeit der freien Äußerung werden sehr unterschiedliche Antworten gegeben. Teilnehmende formulieren Fragen, aber auch Befürchtungen. Wieder andere teilen mit, an welchem Punkt sie gedanklich stehen. In vielen Fällen gelingt es so, ein Gefühl dafür zu bekommen, was die Themen der Teilnehmenden sind. Es bietet sich deshalb auch an, die in diesem Brainstorming genannten Begriffe mitzuschreiben, um immer wieder darauf zurückkommen zu können. Gerade bei dem hier beschriebenen Auftaktseminar ist eine Dokumentation sehr hilfreich, denn das Team möchte mit den in der Auftaktveranstaltung genannten und im Seminar erarbeiteten Themen weiterarbeiten. Dies sollte auch den Teilnehmenden kommuniziert werden, da sie so von der eigenen Dokumentation entlastet werden und sich auf das Seminar konzentrieren können.

Risikoanalyse

Der nächste Schritt des Seminars besteht darin, die Teilnehmenden in Kleingruppen aufzuteilen (jeweils ca. fünf Teilnehmende), die sich gemeinsam darüber Gedanken machen, wo sie in ihrer Einrichtung bzw. in ihrem Arbeitsfeld besondere Risiken sehen. Hierbei ist es bedeutsam, dass sich die Teilnehmenden nicht mit der Lösung dieser Situationen und Gegebenheiten auseinandersetzen, denn dies geschieht im nächsten Schritt, sondern diese lediglich aufzählen und auf separate Karten schreiben.

Nachdem den Teilnehmenden ausreichend Zeit für diese Aufgabe gelassen wurde, es bieten sich mindestens 30 Minuten an, werden in einem nächsten Schritt die Karten vorgestellt. Hierbei kommt jede Gruppe zu Wort und stellt ihre gesammelten Karten vor. Sollte es in den unterschiedlichen Gruppen Dopplungen geben, so werden diese Karten an die Wand gehängt, um aufzuzeigen, wo besondere Risiken vermutet werden. Bereits beim Anhängen der Karten wird versucht, eine grobe Sortierung der Stichworte vorzunehmen.

Was braucht es, um Risiken zu minimieren?

Im nächsten Schritt gehen die Teilnehmenden zurück in ihre Arbeitsgruppen und werden gebeten, auf Grundlage der eben genannten Aussagen aufzuschreiben, was es aus ihrer Sicht braucht, um die eben erarbeiteten Risiken zu minimieren. Gleichzeitig können sie zusätzlich notieren, was aus ihrer Sicht in ein Schutzkonzept aufgenommen werden sollte. Auch hierfür sollte den Teilnehmenden ausreichend Zeit gegeben werden. Die Antworten werden ebenfalls auf Karten notiert und im Anschluss einzeln vorgestellt. Mehrfachantworten werden auch dieses Mal aufgehängt, so dass Schwerpunkte erkennbar werden. Aufgabe der Seminarleitung ist es, die Karten zu clustern. Im Anschluss wird das Ergebnis mit den Teilnehmenden diskutiert. Je nach Bedarf kann die Seminarleitung die genannten Punkte ergänzen. Nachdem die einzelnen Aspekte gewürdigt wurden und alle offen Fragen behandelt sind, werden im nächsten Schritt weitere Vereinbarungen getroffen. Hierfür bekommen alle Teilnehmer*innen fünf Klebepunkte, die sie auf den aufgehängten Karten platzieren können. Damit soll die Frage beantwortet werden, an welchem Baustein die Weiterarbeit erfolgen soll; das Team kann so bestimmen, welches Thema von den meisten prioritär betrachtet wird. Es hat sich gezeigt, dass meist eine hohe Übereinstimmung besteht. Gleichzeitig wird damit deutlich, wo die Teilnehmenden den größten Handlungsbedarf sehen. Zum Ende wird eine Abschlussrunde durchgeführt. Es kann sich dabei anbieten, die Stichworte aus der Eingangsrunde erneut vorzulesen und um ein kurzes Blitzlicht zum Seminarverlauf zu bitten.

Die Erarbeitung eines sinnhaften Schutzkonzeptes ist eine komplexe Herausforderung und kann nur gelingen, wenn seine Erstellung ein gemeinsamer Prozess ist. Durch den gemeinsamen Auftakt und durch das Ende dieses Workshops, der es den Teilnehmenden ermöglicht, selbstbestimmt zu weiteren Handlungen zu kommen, versuchen wir, diesem komplexen Prozess Rechnung zu tragen.

10 Argumente für ein altersunabhängiges integriertes Beratungskonzept für von sexualisierter Gewalt betroffene Jungen und Männer Argumente für ein altersunabhängiges integriertes Beratungskonzept

Was Sie in diesem Kapitel erwarten können:

Zwar lautet der Titel unserer Handreichung: „Jungen als Opfer sexueller Gewalt." Empirisch handelt es sich auch um Menschen, die zum Tatzeitpunkt jung waren, damit liegen wir schon richtig. Aber alle Menschen werden älter, und in diesem Prozess gehen wir ganz unterschiedlich mit unserer Vergangenheit um, und für jeden von uns wird die Zukunft auf ganz individuellen Wegen von der Vergangenheit beeinflusst. Jungen, die sexuelle Gewalt erfahren haben, sind damit niemals fertig. Diese Erfahrung begleitet sie ihr ganzes Leben. Darum sprechen wir uns im Folgenden für eine altersunabhängige Beratung aus. Damit meinen wir, dass eine einschlägige Beratungsstelle sich nicht nur mit Jugendlichen befassen soll – sie sollte nicht ausschließlich ein Beratungsangebot der Jugendhilfe sein, aber auch nicht ausschließlich ein Angebot für Erwachsene. Das Alter der zu beratenden Personen kann rein sachlich kein Kriterium sein. Kriterium ist stets das erlittene Unrecht, mag es erst kürzlich geschehen sein oder schon lange zurückliegen. Wir wissen selbstverständlich, dass unserer Hilfesysteme das nicht berücksichtigen. Hier Hilfen für Jugendliche nach dem SGB VIII, dort Unterstützung für Erwachsene, die Arbeit suchen, alt geworden sind und Pflege benötigen usw. Doch, leider: die Erfahrung sexueller Gewalt ist eine altersunabhängige Erfahrung. Die Fachkräfte treffen daher auf alle Altersgruppen und müssen lernen, damit umzugehen.

Bislang mag der Eindruck entstanden sein, dass die Arbeit mit von sexualisierter Gewalt betroffenen Jungen sehr speziell und damit eben in besonderer Weise fachlich durch dafür besonders ausgebildete und erfahrene Experten zu gestalten ist: Es handelt sich bei den Opfern von sexualisierter Gewalt um eine besondere Personengruppe, und bei den Jungen um eine noch einmal speziellere Gruppe, deren offenen Fragen nur mit den besonderen und kenntnisreichen Antworten eines dafür geschulten Fachpersonals beantwortet werden können. Im Blick auf das Phänomen der erlebten sexualisierten Gewalt ist das durchaus richtig. Konzeptionell plädieren wir trotzdem für ein integriertes Beratungskonzept. Damit meinen wir eine Beratung, die das Thema der sexualisierten Gewalt altersunabhängig behandelt und männliche Kinder, Jugendliche und Erwachsenen gleichermaßen in den Blick nimmt. Nicht das Alter ist die entscheidende Größe in der sozialpädagogischen Beratungsarbeit, sondern die Erfahrung der sexualisierten Gewalt, die die Menschen als männliche Kinder, Jugendliche und Erwachsene durchlitten haben. Das Alter ist selbstverständlich von Bedeutung, doch stets steht die erlittene Erfahrung im Vordergrund. Sie muss deshalb den inhaltlichen und methodischen Ausgangspunkt jeglicher Beratung bilden. Inhaltlich bedeutet dies, dass erfahrene Macht und Gewalt und eben nicht die Jugend oder die Kindheit die theoretischen Ausgangsgrößen der Arbeit sind. Methodisch wird damit dieses Macht- und Gewalterlebnis zur Grundlage der Beratung. Auf dieser Basis erfolgt dann das besondere Eingehen auf die jeweils zu lösenden und dann in der Tat altersgebundenen offenen Lebensfragen.

Denn wenn wir zwar formulieren, dass das jeweilige Alter zum Zeitpunkt der Beratung eine sekundäre Größe ist, die gegenüber dem primären Faktor (als männliches Individuum erfahrene sexualisierte Gewalt) in den Hintergrund treten muss, so heißt das selbstverständlich nicht, dass das Alter völlig zu vernachlässigen ist. Diese Priorisierung der Erfahrung selbst gegenüber dem Alter führt jedoch zu der spezifischen Prägung in der Beratung: Erstens, mit einen Kind wird anders geredet als mit einer älteren Person, und zweitens, beide Menschen haben ganz unterschiedliche Gegenwartsprobleme zu lösen, denn es sind in der Regel die Fragen im Hier und Jetzt, die in die Beratung führen. Es sind Gegenwartsprobleme deshalb, weil etwa das erneute Erinnern an sexualisierte Gewalterfahrungen beim Stöbern auf der Homepage des Projektes – nach vielleicht jahrelangem Verdrängen – genauso zu einer Gegenwartsangelegenheit wird wie das aktuelle Erleben sexualisierter Gewalt eines Kindes etwa auf der Schultoilette oder die sexualisierte Gewalt eines Zwölfjährigen durch seine Mutter. Sexualisierte Gewalt findet immer im Hier und Jetzt statt – entweder in der Situation selbst, aber auch in der Erinnerung.

Ein Bezug auf Jungen und männliche Kinder suggeriert jedoch, dass Adoleszenzprobleme oder Kindheitsfragen im Vordergrund stehen, Fragen, auf die etwa das SGB VIII eine gesellschaftliche Antwort geben soll. Es sind aber nicht die besonderen Probleme des Aufwachsens, sondern die besonderen Gewalterfahrungen, die in den Vordergrund der Beratung gehören. Über diese besondere Gewalterfahrung erschließen sich dann altersspezifische Fragen – und nicht umgekehrt. Vor diesem Hintergrund ist auch der von uns vertretene und weiter oben erläuterte Traumaansatz zu verstehen: Er ist problemorientiert und findet vom Problem her zu den Spezifika, unter anderem dem Alter.

Dies sind Aussagen, die in unserer Praxis gewachsen sind. So haben wir die Erfahrung gemacht, dass es in der Regel nicht die Jungen selbst sind, die den Weg in die Beratung finden. Insgesamt beträgt der Anteil der Personen, die sich als selbst Betroffene melden, lediglich ca. 1/5 aller Anfragen. Dabei muss auch noch berücksichtigt werden, dass es sich bei jenen, die von sich aus eine Beratung aufsuchen, in der Regel um ältere Personen handelt.

Zweitens wurde uns deutlich, dass insbesondere das Wissen, dass es sich um eine Beratungsstelle handelt, die sich speziell an Jungen und Männer wendet, in der Regel den Ausschlag gegeben hat, sich an gerade diese Kompetenz zu wenden, denn hier fühlen sich die Ratsuchenden in besonderer Weise gesehen und wahrgenommen.

Drittens hat sich gezeigt, dass vor allem das familiäre Umfeld Kraft und Kompetenz aufwenden kann, den Weg zur Problemerörterung in die Beratungsstelle zu bahnen. Diese Kraft und Kompetenz kann etwa durch von der Beratungsstelle herausgegebene Elternratgeber unterstützt werden. Dagegen reagieren die Systeme Schule und Jugendhilfe eher zögerlich auf das Angebot. Insbesondere durch das Internet entsteht ein überörtlicher Zugang zu dem Beratungsangebot für alle Altersgruppen und beide Problemstellungen, also jener der aktuellen und jener der in der Vergangenheit erlebten sexualisierten Gewalt.

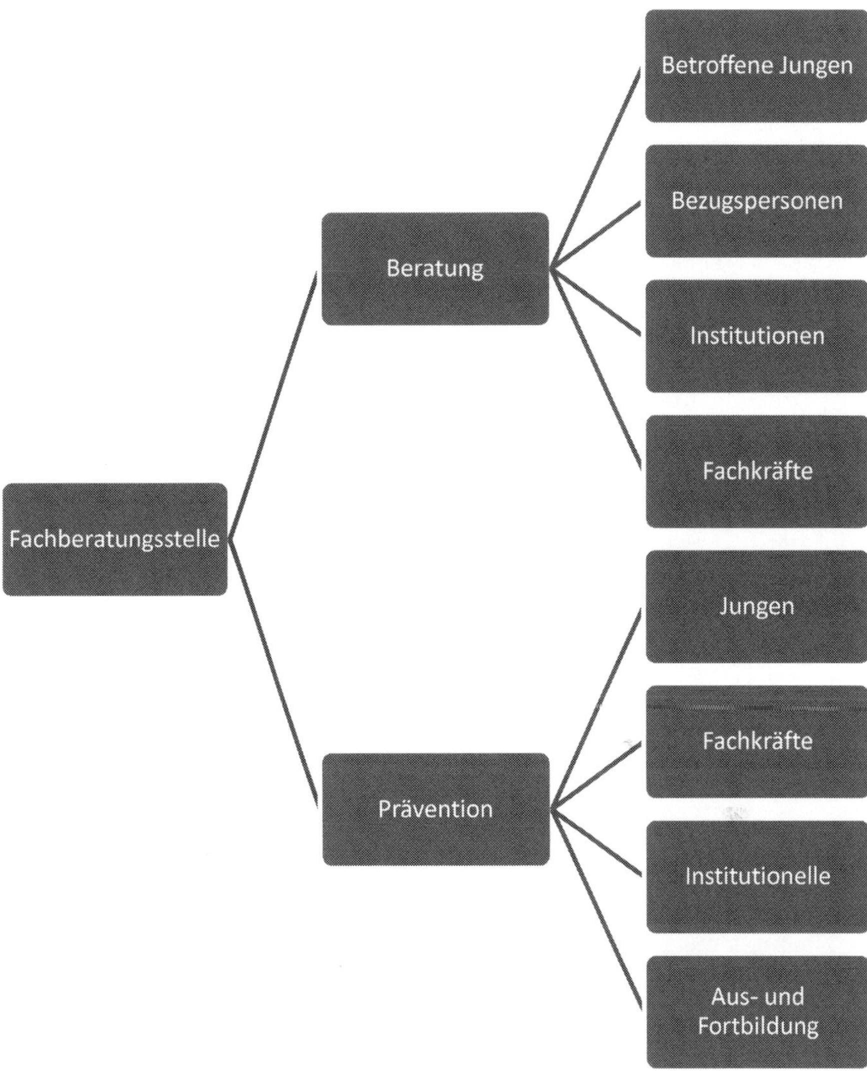

Alle diese Faktoren führen dazu, dass eine an das Alter gebundene Zielgruppenorientierung im Beratungsalltag verschwindet und auch nicht sinnvoll ist, da es sich dabei um eine künstliche Schranke handelt, die mit der Lebenswirklichkeit nichts zu tun hat. Der organisatorische und inhaltliche Schwerpunkt der Arbeit sollte daher stets auf der Entwicklung eines integrierten Beratungskonzeptes mit folgenden Bausteinen liegen: Erstens die Beratung von Fachkräften in ihrer Fallarbeit, zweitens ihre entsprechende Weiterbildung, drittens die Beratung von Organisationen selbst. Erst auf dieser Grundlage kann die Beratung von Betroffen selbst entwickelt und sinnvoll aufgebaut werden, die allerdings in aller Regel mittelbar über das familiäre und das berufliche Umfeld angebahnt werden muss. Hier schließt sich dann der Kreis: Eine Beratung von Jungen als Opfer von sexualisierter Gewalt beginnt nicht bei den Jungen selbst, sondern führt über Familie, Schule, Jugendhilfe und soziales Umfeld zu ihnen. Erst wenn dieser Weg gegangen ist, kann Hilfe wirksam werden.

11 FAQ: Häufig gestellte Fragen in der Beratungsarbeit

Was Sie in diesem Kapitel erwarten können

Jede sexualisierte Gewalt wird individuell erlebt und führt daher bei den Betroffenen zu ganz unterschiedlichen Folgen. Vergleiche sind kaum möglich. Beratungen sind daher unterschiedlich, es kann keinen Königsweg geben. Allerdings haben wir in den vielen Jahren unserer Beratungspraxis einige Fragen sehr oft gehört, mit unseren Klient*innen bearbeitet und vielleicht auch beantworten können. Manchmal fanden wir sehr schnell gemeinsam eine Antwort, manchmal mussten wir sehr lange nach Lösungen suchen und erreichten vielleicht nur einige Anhaltspunkte. Die wichtigsten dieser häufig gestellten Fragen (FAQ, frequently asked questions) möchten wir im Folgenden darstellen.

1. Wird jeder selbst Betroffene zum Täter?
2. Soll ich eine Anzeige aufgeben?
3. Woran erkenne ich sexuellen Missbrauch/sexualisierte Gewalt?
4. Eltern: Warum hat er nichts gesagt?
5. Eltern: Bin ich schuld?
6. Eltern: Hätte ich es bemerken müssen?
7. Warum ist das mir passiert?
8. Können Frauen das auch?
9. Sind alle Täter pädophil?
10. Wie oft kommt es eigentlich vor?
11. Ich habe erst so spät/zu spät davon gesprochen. Hätte ich es früher sagen sollen?
12. Ist meine Seele zerstört? Bin ich mein ganzes Leben geschädigt?
13. Was ist Cybergrooming?
14. Bin ich nach sexualisierter Gewalt traumatisiert?
15. Bin ich jetzt schwul?
16. Warum habe ich danach mein Leben nicht auf die Kette bekommen?
17. Warum wurde mir damals nicht geholfen? Ich stand ganz allein da.

1 Wird jeder selbst Betroffene zum Täter?

Insbesondere Eltern, manchmal auch die Betroffenen, stellen diese Frage. Die Vorstellung, ein selbst erlebter Missbrauch sei ursächlich für die eigene Täterschaft, ist fester Bestandteil des Alltagswissens. In einzelnen Fällen kann diese Frage so präsent sein, dass sie den Start in den Beratungsprozess bildet.

Die Literatur gibt unterschiedliche Antworten auf diese Frage. Einige Autor*innen argumentieren, dass es sich bei dieser Annahme um einen Mythos handelt, der klar zurückgewiesen werden muss. Andere Untersuchungen finden sehr wohl einen Zusammenhang, jedoch in unterschiedlichem Ausmaß. Gleichzeitig muss festgestellt werden, dass eigene Missbrauchserfahrungen sich nicht als Indikatoren dafür eignen, das eigene Risiko zur Täterschaft zu erkennen. In den gängigen Diagnosebögen taucht diese Frage daher nicht auf. Die Frage ist deshalb leider nicht eindeutig mit ja oder nein zu beantworten. Das hat Folgen für die Beratungspraxis:

In der Beratungsarbeit spielt diese Sorge der Eltern und Bezugspersonen eine große Rolle. Sie muss ernst genommen und mit Respekt angehört werden. Es sollte jedoch verdeutlicht werden, dass die Formel „Vom Opfer zum Täter" ein zusätzliches Stigma für die Betroffenen ist und ihnen und den Bezugspersonen nur unnötige Angst bereiten kann. Aufgrund unserer Erfahrungen gehen wir davon aus, dass es keinen linearen und kausal nachweisbaren Zusammenhang gibt, wonach Betroffene zum Täter werden.

2 Soll ich eine Anzeige aufgeben?

Die Meinungen dazu sind geteilt. Insbesondere Eltern und Bezugspersonen tendieren zur Anzeige, nachdem ihnen der Missbrauch bekannt wurde. Durch diese Handlung können die Eltern aktiv werden und eingreifen. Gerade Eltern stehen vor der Herausforderung, dass sie die Gewalt, die ihrem Kind angetan wurde, nicht verhindern konnten. Durch die Anzeige können sie sich als handlungsfähig erleben und das Gefühl entwickeln, das Unrecht auszugleichen.

Die Betroffenen selbst, insbesondere wenn sie schon etwas älter sind, stehen einer Anzeige häufig sehr kritisch gegenüber. Für sie sind andere Schritte viel wichtiger. Sie wollen erst einmal Antworten auf ihre aktuellen Fragen. In der Beratung muss das berücksichtigt und vermittelt werden, manchmal auch zwischen den Elternpaaren, die zu unterschiedlichen Einschätzungen kommen können. Daher sollte das Für und Wider einer Anzeige offen besprochen werden, doch im Zweifel sollten wir uns auf die Seite der Betroffenen stellen. Sicher ist es richtig, dass es eine möglichst frühzeitige Anzeige den Strafverfolgungsbehörden ermöglicht, Täter*innen zu ermitteln. Gleichzeitig erleben wir, wie aufwühlend ein Strafverfahren und die dazugehörigen Vernehmungen, Aussagen und möglichen Gerichtsverfahren für die Opfer sein können. Hinzu kommt, dass in vielen Fällen eine Verurteilung aus Mangel an Beweisen nicht möglich ist. Und wenn es zu Verurteilungen kommt, entsprechen sie häufig nicht dem subjektiven Strafempfinden.

In der Beratung kann auch das Dilemma entstehen, dass das Gericht den Aussagen der Opfer weniger Bedeutung schenkt, wenn eine Therapie oder eine Beratung bereits stattgefunden hat. Hier wird das Gericht häufig vermuten, dass dann nicht mehr klar ist, welche Erinnerungen durch die Therapie oder Beratung verändert bzw. beeinflusst worden sind. Unsere Faustregel lautet daher: Keine Therapie vor dem Strafverfahren. Allerdings, und das ist die andere Seite, sind viele Betroffene ohne diese vorherige Aufarbeitung nicht in der Lage, ein Strafverfahren überhaupt durchzustehen. Bei Beratungsbeginn erörtern wir daher immer die Frage einer möglichen Anzeige, tendieren jedoch dazu, die Betroffenen erst zu stabilisieren und die mögliche Anzeige nachrangig zu behandeln. Kommt es zum Strafverfahren, sollte es selbstverständlich auch begleitet werden, wenn der Betroffene es wünscht.

3 Woran erkenne ich sexuellen Missbrauch/ sexualisierte Gewalt?

Eine Liste mit bestimmten, immer wiederkehrenden Symptomen können wir nicht geben. Für uns gilt der Leitsatz: Es gibt keine Symptome bei sexueller Gewalt – und wenn es diese geben würde, würden die betroffenen Jungen dafür sorgen, dass diese bei ihnen nicht zu erkennen sind. Wenn ein Junge seine Gewalterfahrung nicht veröffentlichen möchte, dann tut er es auch nicht. Hierfür hat er meist sehr gute Gründe, die nicht in Frage gestellt, sondern akzeptiert werden sollten. Weil es diese spezifischen Symptome nicht gibt, kommen Eltern häufig mit einem diffusen Bauchgefühl in die Beratung und erwarten eine Antwort. Eltern beobachten oft Verhaltensveränderungen an ihrem Kind, die darauf hinweisen, dass etwas nicht zu stimmen scheint, was sie aber nicht einordnen können. Es ist in Ordnung, sexuelle Gewalt als eine Möglichkeit zu erwägen. Man sollte sich jedoch nicht zu früh darauf festlegen. Für Eltern ist hier eine vorsichtige Begleitung hilfreich, die sich mit den richtigen Fragen um gemeinsame Aufklärung bemüht und dabei unterstützt, mit den Ängsten und den daraus entstehenden Bildern einen Umgang zu finden. Denn die Angst, dass etwas noch passieren könnte, kann genauso belastend sein wie die Gewissheit, dass es bereits geschehen ist.

4 Eltern: Warum hat er nichts gesagt?

Viele Jungen teilen sich nicht unmittelbar nach der erlebten sexualisierten Gewalt mit. Freunde und Verwandte können dann vor der Frage stehen, warum der Betroffene sich nicht (früher) an sie gewandt hat. Schuldzuweisungen können hier ebenso auftreten wie das Gefühl des eigenen Versagens. Das ist sehr nachvollziehbar, denn selbstverständlich gehen Eltern davon aus, dass sie ihr Kind schützen können und dieses sich immer vertrauensvoll an sie wenden kann. Geschieht das nicht, können sie ihre eigene Elternrolle in Frage stellen. Kommen hier die Bilder hinzu, die mit der sexuellen Gewalt an ihrem Kind verbunden werden, geraten Eltern in eine schmerzhafte Position, denn sie hatten gehofft, dass ihr Junge sich in dieser Notsituation vertrauensvoll an sie gewendet hätte. Dann hätte nicht nur die sexuelle Gewalt früher beendet werden können, sondern auch ihr eigenes Bild ihrer Elternrolle wäre nicht beschädigt worden.

In der Beratung gilt es, diesen Gefühlen einen Raum zu geben, sie zu ordnen und ihnen einen Sinn zu geben. Gleichzeitig gilt es zu erkunden, welchen Grund es geben könnte, weshalb der Junge sich nicht (früher) an die Eltern wenden konnte, denn für dieses Verhalten gibt es immer einen guten Grund. Auch wenn diese Gründe vielfältig sind, so haben sich in unserer Beratung doch bestimmte Muster gezeigt. Zum einen stehen die Jungen unter dem Einfluss der Täter*innen, die systematisch vorgehen. Ihre Strategien wirken auch dann noch, wenn der Kontakt zwischen dem Täter und dem Jungen längst beendet ist. Ohnehin fällt es Jungen besonders schwer, mit anderen darüber zu sprechen, insbesondere, wenn der Täter dem Jungen gedroht hat, dass dann etwas sehr Schlimmes passieren wird. Diese Täterstrategien, die aus Sicht des Jungen nicht sofort zu erkennen sind, führen häufig dazu, dass die Jungen sich eine eigene Schuld an dem Erlebten geben. Gerade Jungen denken wegen des vorherrschenden Bildes von Männlichkeit, dass von ihnen erwartet wird, sich aus eigener Kraft zur Wehr zu setzen. Das geht damit einher, dass sie über ihre eigene Schwäche und die damit erzeugte eigene Schuld nicht sprechen können. Mit ihrem Schweigen versuchen sie, ihr eigenes Männlichkeitsbild zu erhalten. Aber sie empfinden nicht nur Schwäche und Schuld, sondern auch Scham über die erlebte Gewalt. Das ist für sie ein weiterer Grund zu schweigen.

Da die sexuelle Gewalt in den meisten Fällen in der eigenen Familie oder im sozialen Nahbereich stattgefunden hat, ist das Schweigen oft auch der Versuch, die eigene Familienstruktur bzw. die Struktur des sozialen Umfeldes aufrecht zu erhalten. Da die Familie eine sehr wichtige Funktion einnimmt, wird von den Jungen häufig auch eine Güterabwägung vorgenommen und die Gewalt in Kauf genommen, um die Familie nicht zu gefährden. Zudem wollen die Jungen ihre Eltern auch entlasten. Sie wollen es ihren Eltern oder Personen ihres Vertrauens nicht zumuten, die eigenen Gewalterfahrungen zu teilen.

In der Beratung sollte auch bedacht werden, dass nicht in allen Fällen das Sprechen und die Veröffentlichung der erlittenen Verletzung zu einer Entlastung führt. Wenn etwa die Familie nicht adäquat reagiert, wenn professionelle Hilfe nicht nachgefragt wird oder wenn die Professionellen nicht hilfreich handeln, kann die Veröffentlichung sogar zu einer Verschlechterung führen.

5 Eltern: Bin ich schuld?

Eltern und Bezugspersonen geben sich häufig eine Mitschuld an der sexuellen Gewalt. Sie können sich fragen, warum sie nichts bemerkt haben, warum sie ihrem Bauchgefühl nicht früher nachgegangen sind oder warum sie den Jungen in die Obhut des Täters gaben. Doch die Schuld an der sexuellen Gewalt trägt zu einhundert Prozent der Täter. Täter versuchen intensiv und sehr erfolgreich, ihre eigenen Handlungen zu verschleiern und das Umfeld zu manipulieren. Dabei sind auch Eltern und Bezugspersonen häufig in ihren Täterstrategien gefangen. Dies gilt es mit den Eltern herauszuarbeiten.

6 Eltern: Hätte ich es bemerken müssen?

Haben Eltern oder Bezugspersonen die sexuelle Gewalt über einen längeren Zeitraum nicht bemerkt, kann sich der Gedanke einschleichen, dass sie es hätten ahnen oder gar wissen müssen. Doch versuchen sowohl die Jungen als auch die Täter*innen sehr geschickt zu verschleiern. Hinzu kommen die inneren Abwehrmechanismen, die es erschweren, überhaupt zuzulassen, über sexuelle Gewalt nachzudenken. Darum kann das Umfeld nicht immer die Möglichkeit haben, gegen den Willen des betroffenen Jungen die sexuelle Gewalt zur Sprache zu bringen.

7 Warum ist das gerade mir passiert?

Verständlicherweise versuchen die Betroffenen mit dieser Frage der erlittenen sexuellen Gewalt einen Sinn zu geben und herauszufinden, was sie falsch gemacht haben. Die Antwort kann jedoch nicht bei ihnen gesucht werden, denn die Gewalt ist stets gegen ihren Willen geschehen. Die Schuld trägt der Täter, und nur er ist in der Lage, diese Frage zu beantworten. Er war es, der den Jungen ausgesucht und zu sexueller Gewalt gezwungen hat. Für die Begleitung von Jungen bedeutet dies, die Frage aufzugreifen und sich bei der Beantwortung nicht darin zu verlieren, die Gründe bei den Jungen selbst suchen zu wollen.

8 Können Frauen das auch?

Allgemein wird noch davon ausgegangen, dass lediglich Männer sexuelle Gewalt ausüben können. Für die Jungen kann es daher besonders verwirrend sein, wenn sie durch eine Frau sexuelle Gewalt erleben. Wir können davon ausgehen, dass ca. 80 % der Täter männlich sind. Das bedeutet gleichzeitig, dass 20 % der Taten durch Frauen begangen wurden. Hinsichtlich der Qualität der sexuellen Gewalt gibt es ohnehin keine Unterschiede. Frauen können genauso brutal und sadistisch wie Männer vorgehen. Auch Inzest zwischen Mutter und Sohn kann eine Rolle spielen. Ein Unterschied zu männlichen Täter*innen kann jedoch klar markiert werden: Weibliche Täterinnen rufen bei den Jungen eine zusätzliche Verwirrung hervor, schließlich sind Mütter Frauen und damit zumeist die wichtigste Person im Leben der Jungen. Dadurch können Abhängigkeit und deren Auswirkungen besonders schwerwiegend sein. Findet die sexuelle Gewalt zu einem späteren Zeitpunkt im Leben statt, so ist sehr oft eine ausgeprägte Ambivalenz zu beobachten, da die Betroffenen sich dann eine eindeutige Mitschuld geben, weil sie sich damit auseinandersetzen müssen, dass sie sich von ihrer Mutter sexuell angezogen fühlten.

9 Sind alle Täter pädophil?

Diese Gleichsetzung zwischen Pädophilie und Täter*innen ist sehr verbreitet. Viele Menschen verwenden diese Begriffe synonym. Dies trifft jedoch nicht zu. Menschen mit einer sexuellen Orientierung auf Kinder tragen in der Tat ein hohes Risiko, Täter*innen zu werden. Das bedeutet selbstverständlich nicht, dass pädophile Männer stets zu Tätern werden. Wer eine sexuelle Erregung durch Kinder verspürt und diese nicht auslebt, ist noch lange kein(e) Täter*in. Therapeutische Konzepte setzten an diesem Punkt an. Nicht das Gefühl, sondern die Tat soll verhindert werden. Viele Täter*innen handeln übrigens auch nicht aus einer sexuellen Erregung heraus, sondern haben den Wunsch, Macht und Gewalt auszuleben. Wir sprechen deshalb auch von Machtmissbrauch, um deutlich zu machen, dass es bei sexueller Gewalt in vielen Fällen genau darum geht. Aus Sicht der Jungen macht es freilich keinen Unterschied, aus welchen Gründen sie Täter*innen der Gewalt aussetzen. So oder so müssen sie sich mit den Folgen befassen.

10 Wie oft kommt es eigentlich vor?

Die Häufigkeit sexueller Gewalt kann nur sehr schwer bestimmt werden, da eine besonders hohe Dunkelziffer besteht. In unterschiedlichen Studien kommen die verschiedenen Wissenschaftler*innen zu dem Ergebnis, dass ca. jedes 3.-4. Mädchen und jeder 9.-12. Junge in Kindheit und Jugend sexuelle Gewalt erlebt hat.

11. Ich habe erst so spät/zu spät davon gesprochen. Hätte ich es früher sagen sollen?

Wir wissen aus der Forschung, dass sich Jungen entweder sehr früh Hilfe suchen, oder aber erst sehr spät. Manchmal dauert es Jahrzehnte. Dann allerdings haben sie häufig das Gefühl, dass sie es früher hätten sagen sollen. Das kann bei ihnen zu einer zusätzlichen Verbitterung führen, sich nicht früher mitgeteilt zu haben. Dies ist verständlich, vor allem dann, wenn die späte Veröffentlichung zu einer Entlastung geführt hat. Gleichzeitig hat es aber immer gute Gründe gegeben, das Geheimnis mit sich herumzutragen. Dieses gilt es zu würdigen, da es den Opfern einen weiteren Selbstvorwurf nehmen kann.

Auch wenn wir im Allgemeinen davon ausgehen können, dass Sprechen entlasten kann, so ist damit nicht gesagt, dass dies für jeden die richtige Entscheidung ist. In der Begleitung sollten wir daher Respekt vor den individuellen Entscheidungen entwickeln, auch vor jener, lange geschwiegen zu haben. Es bietet sich an, mit den Jungen bzw. den Männern an ihrer Biografie zu arbeiten und die jeweilige Entscheidung zum Sprechen oder zum Schweigen in ihren lebenszeitlichen Rahmen zu setzen. So oder so sollten Jungen wie Männer darin bestätigt werden, wie groß ihre Leistung ist, von der erlittenen Gewalt zu berichten.

Aus diesem Ringen der Betroffenen erwächst für die Fachleute der Imperativ, die gesellschaftlichen Rahmenbedingungen so zu gestalten, dass Opfer sich frühzeitig mitteilen können, denn es ist monokausal, sich nur auf innerpsychische Erklärungen zu beschränken, die in der Person des Täters oder des Opfers liegen. Es sind auch die Wechselwirkungen mit der Gesellschaft zu bedenken, die es Betroffenen erleichtern oder erschweren, sich zu äußern. So kann es sein, dass sich Männer erst in späten Jahren mitteilen können, da es nun die gesellschaftlichen Rahmenbedingungen ermöglichen. Als in Deutschland ab ca. 2010 über sexuelle Gewalt gegen Jungen auch öffentlich gesprochen wurde, sahen sich viele Männer ermutigt, ihre Lebensgeschichte zu offenbaren.

12 Ist dann die Seele zerstört? Ist man sein ganzes Leben geschädigt?

Das wird sehr häufig so gesehen. Das ist jedoch nicht zutreffend und zudem eine Aussage, die den Betroffenen Heilungschancen nehmen kann, da sie dann ihre Hoffnung begraben müssen, sich von diesen Erlebnissen erholen zu können. Denn welche Folgen die erlebte sexuelle Gewalt haben kann, ist in jeden Fall anders. Es spielen viele verschiedene Faktoren eine Rolle, so dass sich eine Prognose verbietet. Manche Menschen können recht schnell die erlebte Gewalt verarbeiten, andere befassen sich ein Leben lang damit und bilden unterschiedliche Symptome und Folgen heraus. Hierbei denken wir nicht nur an psychische Symptome und ihre Diagnosen, sondern auch an gesellschaftlich vorgespurte Entscheidungen: Die Folgen der Gewalt können zum Beispiel dazu führen, dass Schul- und Ausbildungswege nicht gegangen werden oder eine Integration in den Arbeitsmarkt nicht gelingen will. Dies führt dann zu finanziellen Schwierigkeiten. Die damit verbundenen wirtschaftlichen und sozialen Auswirkungen werden nur wenig thematisiert und überhaupt nicht unter dem Aspekt, dass die Folgen nur von den Opfern, nicht aber von der Gesellschaft als Ganzes getragen werden.

13 Was ist Cybergrooming?

Bei Cybergrooming handelt es sich nicht um ein grundsätzlich neues Phänomen, sondern um die Übertragung bestehender Gefahren in den virtuellen Raum. Auch im virtuellen Raum gehen die Täter*innen stets sehr strategisch vor. Täterstrategien werden als „grooming" beschrieben. Cybergrooming beschreibt demnach, dass die bekannten Täterstrategien in den virtuellen Raum gebracht werden. Wie im tatsächlichen Leben sprechen Täter*innen Jungen an, um auf diesen Weg mit ihnen in den Kontakt zu kommen, nur sind hier die Orte häufig Spielplattformen und Social Media. So erleben die Jungen im virtuellen Raum unangenehme Kontaktaufnahmen. Gleichzeitig wird uns geschildert, wie souverän viele Jungen mit diesen Kontaktaufnahmen umgehen. Es ist hilfreich, wenn diese Phänomene offen mit Jungen besprochen werden, auch mit jenen, die es noch nicht erlebt haben, damit sie wissen, was auf sie zukommen kann.

14 Bin ich nach sexualisierter Gewalt traumatisiert?

Ein klares Ja oder Nein auf diese Frage ist nicht möglich. Ja, nach sexualisierter Gewalt können Betroffene traumatisiert sein. Gleichzeitig gilt aber auch: Nein, nach dem Erleben sexualisierter Gewalt muss man nicht zwangsläufig traumatisiert sein, denn eine Traumatisierung entsteht nicht unmittelbar durch eine traumatisierende Situation (in diesem Fall sexualisierte Gewalt), sondern im Zuge ihres Verarbeitungsversuchs. Traumatisierte Menschen haben ihre Erinnerung nicht vollständig verarbeitet und integriert. Das Erlebnis ist der zentrale Ausgangspunkt, entscheidend für die Beantwortung dieser Frage ist jedoch das Danach, ob nach dem Erlebnis eine Integration stattfinden konnte oder eben nicht. Die gute Botschaft daran ist: Traumatisierungen können durch Traumapädagogik oder Traumatherapie gut behandelt werden.

15 Bin ich jetzt schwul?

Danach werden wir häufig gefragt. Hat sexualisierte Gewalt gegen Jungen etwas mit Homosexualität zu tun? Diese Fragen bewegen Jungen und Eltern gleichermaßen. Eindrucksvoll lässt sich das an einem Jungen aufzeigen, der mit 8 Jahren in die Beratung gekommen ist. Regelmäßig berichtete er von starken Bauchschmerzen, die ihn eines Tages sogar in die Notfallpraxis gebracht haben. Gefunden wurde nichts. Erst nach mehreren Gesprächen wurde der Grund der starken Bauchschmerzen lokalisiert. Er hatte Angst, dass sein Vater nun denken würde, er wäre schwul – schließlich hätte Sex mit einem Mann gehabt.

An sexuelle Gewalt gekoppelte homophobe Ressentiments sind weit verbreitet. Erschwerend kommt hinzu, die Mehrheit der Täter*innen männlichen Geschlechts ist. Statistisch gesehen ist demnach die Chance groß, dass die Täter männlich sind. Aber: Homosexualität ist eine anerkannte und akzeptierte Sexualität, denn es sind Menschen, die einvernehmlich miteinander Sex haben. Darum kann es sich bei sexualisierter Gewalt nicht um einvernehmliche Homosexualität handeln, denn es liegt keine Zustimmung und Freiwilligkeit vor. Gleichwohl kann der Eindruck entstehen, dass sexualisierte Gewalt durch Männer an Jungen und Homosexualität wesensgleich ist. So entstehen Befürchtungen, die dem Jungen solche Bauchschmerzen verursacht haben. Jungen und ihre Eltern benötigen ein Wissen um Sexualität, zu der auch die Akzeptanz von Homosexualität gehört und einen Ort, an dem sie ihre Unsicherheiten besprechen können.

16 Warum habe ich danach mein Leben nicht auf die Kette bekommen?

Sexualisierte Gewalt ist keine Erkrankung. Sexualisierte Gewalt ist ein kritisches Lebensereignis. Wie beschrieben, sind die Folgen von sexualisierter Gewalt sehr vielfältig und führen zu unterschiedlichen Bewältigungsstrategien und Reaktionen. Eine davon kann sein, dass Betroffene ihr Selbstwertgefühl verlieren. So erleben wir häufig Menschen, die danach Schwierigkeiten haben, aufmerksam dem Unterrichtsstoff zu folgen. Ein Kind, welches um sein Leben fürchten muss, kann sich nicht immer auf die Schule und das Lernen konzentrieren (Gleichzeitig soll auch darauf hingewiesen werden, dass eine alternative Lösungskonstruktion ist, sich gerade auf die Schule und das Lernen zu konzentrieren, um so von anderen Gedanken abgelenkt zu sein.)

Häufig wird von Betroffenen auch formuliert, dass sie durch die erlebte Gewalt vor besonderen Herausforderungen im Ausleben von Beziehungen stehen. Da die erlebte Gewalt in nahezu allen Fällen mit einer intensiven Beziehung einhergeht, und das häufig im familiären Rahmen, erleben die Betroffen nicht nur die Gewalt, sondern genauso schmerzhaft den Missbrauch von Beziehungen. Gerade wenn es enge Angehörige wie die Eltern sind, müssen sie ihre Beziehungsmuster neu erlernen. So kann es nicht verwundern, dass Betroffene ihr eigenes Leben nicht so leben können, wie sie es sich eigentlich wünschen. Dieser Punkt zeigt, wie wichtig es ist, dass alternative Beziehungserfahrungen gesammelt werden können. Hier können Beratungsstellen und Therapien hilfreich sein.

17 Warum wurde mir damals nicht geholfen? Ich stand ganz allein da.

Viele Betroffene, insbesondere erwachsene Männer, müssen sich nicht nur lebenslang mit der erfahrenen Gewalt befassen, sondern auch mit der Frage, warum ihnen damals niemand geholfen hat. Groß ist der Schmerz im Wissen darum, dass eine andere, nahestehende Person die erlebte Gewalt hätte verhindern können. Gerade „die Anderen", die potentiellen Retter*innen und Mitwisser*innen sind diejenigen, die den größten Schmerz und die größten Ambivalenzen hervorrufen. Häufig sind das die Mütter, aber auch Pädagog*innen und Lehrer*innen werden hier genannt. Für Betroffene kann es einen Unterschied machen, wenn sie eine Person benennen können, die sich ihrer angenommen hat und eingeschritten ist - selbst dann, wenn das zu keinen größeren Veränderungen führte und der Missbrauch nicht beendet wurde. Dann hat wenigstens jemand ihr Leid gesehen.

Darum gilt: Fachkräfte, die sexualisierte Gewalt vermuten, sollten sich durch diese Gefühle leiten lassen und Unterstützung anbieten. Auch ein abgeschlagenes

Angebot kann für die Betroffenen einen riesigen Unterschied ausmachen, denn, wie im Kapitel zu Täter*innenstrategien beschrieben, kann es sehr schwer sein, sich aus der Manipulation durch Täter*innen zu lösen.

Literatur

Reformkommission zum Sexualstrafrecht (2017), vorgelegt vom Bundesminister der Justiz und für Verbraucherschutz Heiko Maas am 19. Juli 2017 https://www.bmjv.de/SharedD ocs/Downloads/DE/Service/StudienUntersuchungenFachbuecher/Abschlussbericht_Refor mkommission_Sexualstrafrecht.pdf?__blob=publicationFile&v=1, Aufruf 24.06.2021

Achter Jugendbericht (1990): Bericht über die Bestrebungen und Leistungen der Jugendhilfe. Bonn.

Adorno, Theodor W. (1997[1963]): Sexualtabus und Recht heute. In: ders.: Gesammelte Schriften 10.2. Frankfurt am Main: Suhrkamp.

Adorno, T. Sexualtabus und Sexualität heute. (https://www.youtube.com/watch?v=vgdMT UBb3yE, Aufruf 11.08.2021

Andere Zeiten e.V. (Hrsg.) (2010): Ach! Das kleine Buch vom großen Staunen. 3. Aufl. Hamburg: Alleinvertrieb.

Andresen, S./Heitmeyer, W.(Hrsg.) (2012): Zerstörerische Vorgänge. Missachtung und sexuelle Gewalt gegen Kinder und Jugendliche in Institutionen. Weinheim/Basel: Beltz.

Albrecht, P. A. (1987): Prävention als problematische Zielbestimmung im Kriminaljustizsystem. In: Deichsel, W./Kunstreich, T./Lehne, W/Löschper, G./Sack, F. (Hrsg.): Kriminalität, Kriminologie und Herrschaft. Pfaffenweiler: Centaurus, S. 29-60.

Apabiz e.V. (2018): Blockaden stoppen rassistischen „Frauenmarsch". rechtsaussen.berlin/2 018/02/blockaden-stoppen-rassistischen-frauenmarsch/, Aufruf 04.11.2021

Apfel, Petra (2012): Sexueller Missbrauch: Wenn Mütter sich an ihrem Kind vergreifen. www.focus.de/gesundheit/ratgeber/psychologie/krankheitenstoerungen/tid-17515/sexuell er-missbrauch-wenn-frauen-taeter-werden_aid_488458.html, Aufruf 04.11.2021

Arbeitsgruppe Bielefelder Soziologen (Hrsg.) (1973, erstmalig auf Deutsch): Alltagswissen, Interaktion und gesellschaftliche Wirklichkeit. Reinbek: Rowohlt, S. 80-146.

Arendt, H. (1970/1998): Macht und Gewalt. München: Piper.

Arendt, H. (2008): Vita activa oder Vom tätigen Leben. München: Piper.

Arnsperger, M. (2011): VERFAHREN IN MÜNCHEN. Mutter soll Sohn hundertfach missbraucht haben. https.//www.stern.de/panorama/stern-crime/verfahren-in-muenchen-mutt er-soll-sohn-hundertfach-missbraucht-haben-3667130.html, Aufruf 05.11.2021

Bange, D. (2007): Sexueller Missbrauch an Jungen. Göttingen: Hogrefe.

Bange, D. (2009): Die dunkle Seite der Kindheit. Sexueller Missbrauch an Mädchen und Jungen. Köln: Volksblatt-Verlag.

Bange, D. (2012): Sexuelle Gewalt an Jungen – Bröckelt die Mauer des Schweigens? Vortrag gehalten auf der Fachtagung „'Das geht doch gar nicht.'" Jungen und Männer als Opfer sexualisierter Gewalt" am 09.05.2012 in Freiburg. Folien: dgfpi.de/tl_files/pdf/Fac htagungen%202012/2012-06-27_Vortrag_Bange.pdf, Aufruf 04.11.2021.

Bange, D./Deegener, G. (1996): Sexueller Missbrauch an Kindern. Hintergründe, Ausmaß, Folgen. Weinheim: Beltz.

Bange, D./Enders, U. (1995): Auch Indianer kennen Schmerz. Sexuelle Gewalt gegen Jungen. Ein Handbuch. Köln: Kiepenheuer/Witsch.

Bange, D./Körner, W. (Hrsg.) (2002): Handwörterbuch Sexueller Missbrauch. Göttingen: Hogrefe.

Bange, D./Schlingmann, T. (2016): Sexuelle Erregung als Faktor der Verunsicherung sexuell missbrauchter Jungen. In: Interdisziplinäre Fachzeitschrift für Prävention und Intervention, Heft 1.

Bange, D. (2018a): Vom Opfer sexualisierter Gewalt zum Sexualstraftäter – Mythos oder Realität. In: Retkowski, A./Treibel, A./Tuider, E. (Hrsg.): Handbuch sexualisierte Gewalt und pädagogische Kontexte. Weinheim/Basel: Beltz Juventa.

Bange, D. (2018b): Methodische Probleme bei der Erforschung des Konzepts Opfer-Täter-Kreislauf. In: Retkowski, A./Treibel, A./Tuider, E. (Hrsg.): Handbuch sexualisierte Gewalt und pädagogische Kontexte. Weinheim/Basel: Beltz Juventa.

Barron, L./Strauss, M. A. (1987): Four theories of rape: A macrosociological analysis. In: Social Problems 34, S. 467-489.

Bayerischer Jugendring, www.bjr.de/fileadmin/user_upload/Praetect/Material/BJR-Sexuelle %20Gewalt_Baustein_1.pdf, Aufruf 23.07.2012.

Berenzten, R./Palmer, L. (1984): Sie rief mich immer zu sich. Die Geschichte eines missbrauchten Sohnes. München: Droemer/Knaur.

Bergmann, C. (2011): Abschlussbericht der Unabhängigen Beauftragten zur Aufklärung des sexuellen Kindesmissbrauchs. www.fonds-missbrauch.de/fileadmin/content/Abschlussber icht-der-Unabhaengigen-Beauftragten-zur-Aufarbeitung-des-sexuellen-Kindesmissbrauch s.pdf, Aufruf 09.06.2018.

Bernfeld, S. (1967): Sisyphos oder die Grenzen der Erziehung. Frankfurt/Main: Suhrkamp.

Birk, A. (2001): Die Verarbeitung sexualisierter Gewalt in der Kindheit bei Frauen in der Psychotherapie. Behandlungszentrum für Folteropfer Berlin. Köln: Univ., Diss., 2000.

Bitzan, M. (2011): Genderpolitik. In: Otto, Hans-Uwe/Thiersch, Hans (Hrsg.): Handbuch Soziale Arbeit. 4., völlig neu bearbeitete Auflage. München/Basel: Reinhardt, S. 499-509.

Bundesministerium der Justiz, das Bundesministerium für Familie, Senioren, Frauen und Jugend sowie das Bundesministerium für Bildung und Forschung (2011). Abschlussbericht Runder Tisch Sexueller Kindesmissbrauch in Abhängigkeits- und Machtverhältnissen in privaten und öffentlichen Einrichtungen und im familiären Bereich. Berlin. www.bmjv.d e/SharedDocs/Downloads/DE/Fachinformationen/Abschlussbericht_RTKM.pdf, Aufruf 09.06.2018.

Bayerischer Jugendring 2018: www.bjr.de/themen/praevention/praevention-sexueller-gewalt .html, Aufruf 16.05.2018.

Bernstorff, E./Doose, H. (2004): Häschen in der Grube. Frankfurt/Main: Katholisches Filmwerk.

Bieler, M. (1989): Still wie die Nacht. Hamburg: Hoffmann und Campe.

Bieneck, S./Stadler, L./Pfeffer, C. (2011): Erster Forschungsbericht zur Repräsentativbefragung Sexueller Missbrauch 2011. Hannover: Kriminologisches Forschungsinstitut Niedersachsen.

Blumer, H. (2013): Der methodologische Standort des Symbolischen Interaktionismus. In: Ders.: Symbolischer Interaktionismus. Aufsätze zu einer Wissenschaft der Interpretation. Frankfurt/Main: Suhrkamp, S. 63-140.

Böllert, K. (1995): Zwischen Intervention und Prävention. Neuwied/Kriftel: Luchterhand.

Böllert, K. (1996): Prävention. In: Kreft, D./Mielenz, I. (Hrsg.). Wörterbuch Soziale Arbeit. 2. Aufl., Weinheim/Basel: Beltz Juventa, S. 439-441.

Bonner, B./Walker, E./Berliner, L. (1999): Children with sexual behavior problems: assessment and treatment. Final Report, Grant No. 90-CA-1469, National Center on Child Abuse and Neglect Administration for Children, Youth, and Families, U.S. Department of Health and Human Services. www.dshs.wa.gov/pdf/ca/CSBPReport.pdf, Aufruf 18.07.12.

Brandes, S. (2004): Pädosexuelle Übergriffe auf Jungen im öffentlichen und halböffentlichen Berliner Raum. Vorkommenshäufigkeiten und Risikofaktoren. Berlin: Freie Universität.

Braun, G./Hasebrink, M./Huxoll, M. (Hrsg.). (2003): Pädosexualität ist Gewalt. (Wie) Kann die Jugendhilfe schützen? Weinheim: Beltz Votum.

Brensell, A. (2019). Das Forschungsprojekt „Kontextualisierte Traumaarbeit". Schlaglichter einer partizipativen Forschung. In: Widersprüche, Juni, S. 89 - 102

Briere J./Elliot, D. (2003): Prevalence and psychological sequelae of self-reported childhood physical and sexual abuse in a general population sample of men and women, Child Abuse/Neglect 27. Los Angeles, CA, USA: University of Southern California.

Brisch, K.H, (Hrsg.) (2017): Bindungstraumatisierungen. Stuttgart: Klett-Cotta.

Brumlik, M. (2013): Pädagogik des Strafens. In: ZJJ (Zeitschrift für Jugendkriminalität und Jugendhilfe), S. 244 – 247.

Bullens, R. (1995): Der Grooming Prozess-oder das Phänomen des Missbrauchs. In: Marquard-Mau, B. (Hrsg.). Schulische Prävention gegen sexuelle Kindesmisshandlung. Weinheim: Juventa, S. 55-67.

Bundeskoordinierung spezialisierter Fachberatung gegen sexualisierte Gewalt in Kindheit und Jugend (2020). Stellungnahme zum Referentenentwurf des Bundeministerium der Justiz und für Verbraucherschutz „Entwurf eines Gesetzes zur Bekämpfung sexualisierter Gewalt gegen Kinder" vom 14.09.20, https://www.bundeskoordinierung.de/de/article/29 1.stellungnahme-zum-referentenentwurf-des-bundeministerium-der-justiz-und-f%C3%B Cr-verbraucherschutz-entwurf-eines-gesetzes-zur-bek%C3%A4mpfung-sexualisierter-ge walt-gegen-kinder.html, Aufruf 21.10.2021

Bundesrat (2020). Drucksache 634/20. Beschluss vom 27.11.20: Stellungnahme des Bundesrates Entwurf eines Gesetzes zur Bekämpfung sexualisierter Gewalt gegen Kinder, www.bundesrat.de/SharedDocs/drucksachen/2020/0601-0700/634-20(B).pdf?__blob=pu blicationFile&v=1, Aufruf 21.10.2021

Caplan, G. (1964): Principles of Preventive Psychiatry. London/New York: basic books.

Caspari, P. (2021). Sexualisierte Gewalt. Aufarbeitung und Bewältigung aus einer reflexiv-sozialpsychologischen Persepektive. Tübingen, dgvt Verlag

Caspari, P., Dill, H., Hackenschmied, G., Strauss, F. (2021): Ausgeliefert und verdrängt – Heimkindheiten zwischen 1949 und 1975 und die Auswirkungen auf die Lebensführung Betroffener. Wiesbaden. Springer VS

Christiansen, J.R./Blake, R.H. (1990): The Grooming Process in Father-Daughter Incest. In: Horton, A.L./Johnson, B.L./Lynn M. Roundy, L. M./ D Williams, D. (Hrsg.):The incest perpetrator; a family member no one wants to treat. London: Sage.

Connell R. W. (2005): Masculinities. 2nd ed. California: University of California Press.

Connell, R. W. (1995): „The big picture". Formen der Männlichkeit in der neuen Weltgeschichte, Widersprüche Heft 56/57, S. 23-45.

Connell R. W./Wood, J. (2005): Globalization and Business Masculinities. In: Men and Masculinities, S. 347-364.

Costello, E. J./Erkanli, A./Fairbank, J. A./Angold, A. (2002): The prevalence of potentially traumatic events in childhood and adolescence. In. Journal of Traumatic Stress, 15, S. 99-112.

Cremer-Schäfer, H./ Stehr, J. (1990). Das Moralisieren und das Skandalisieren von Problemen. Anmerkungen zur Geschichte von "Gewalt" als Dramatisierungskonzept und Verdichtungssymbol, in: Kriminalsoziologische Bibliografie, 17(68).

Deegener G. (1995): Sexueller Mißbrauch: Die Täter. dgfpi c, www.dgfpi.de/tl_files/pdf/buf o/Konzept/2011-01-17%20Kurzkonzept%20Bundesweite%20Fortbildungsoffensive%2 0DGfPI%20e.V.pdf, Aufruf 04.11.2021

Deegener, G. (2010): Kindesmissbrauch, Erkennen – helfen – vorbeugen. Weinheim und Basel: Beltz.

Der Generalstaatsanwalt des Landes Schleswig-Holstein, Institut für Psychologie der Christian-Albrechts-Universität Kiel. (2006): Das Zeugenbegleitprogramm in Schleswig-Holstein, www.schleswig-holstein.de/DE/Fachinhalte/Z/zeugenbegleitprogramm/Downloads /zeugenbegleitprogrammSexuellerMissbrauch.pdf?__blob=publicationFile&v=3 , Aufruf 04.11.2012

Deutscher Kinderschutzbund Bundesverband (2020): Stellungnahme Deutscher Kinderschutzbund Bundesverband e.V. zum Referentenentwurf des Bundesministeriums der Justiz und für Verbraucherschutz „Entwurf eines Gesetzes zur Bekämpfung sexualisierter Gewalt gegen Kinder" vom 10.09.2020, Berlin, online verfügbar https://docplayer.org/5 1483392-Der-generalstaatsanwalt-des-landes-schleswig-holstein-und-das-institut-fuer-ps ychologie-der-christian-albrechts-universitaet-kiel.html, 05.11.2021

Deutscher Verein für öffentliche und private Fürsorge (Hrsg.) (1986): Fachlexikon der sozialen Arbeit. 2. Aufl. Frankfurt: Eigenverlag.

DGFPI a, Fahndung nach Kinderschändern: Ein Land sucht ein Monster www.dgfpi.de/tl_fi les/download/medien/2011-08-11_DGfPI_Medien.pdf, Aufruf 04.11.2021

DGFPI b, www.dgfpi.de/tl_files/pdf/medien/2011-12-05_Presseerklaerung_Abschluss_Rund er_Tisch.pdf, 24.06.2012.

DJI (Deutsches Jugendinstitut e.V.) (Hrsg.) (1995): Straßenkinder. Annäherungen an ein soziales Phänomen. Projektgruppe: „Straßenkarrieren von Kindern und Jugendlichen" München/Leipzig.

DJI e.V. (Hrsg.) (2010): Sexualisierte Gewalt gegen Kinder in Institutionen. Nationaler und internationaler Forschungsstand. Expertise von Dr. Claudia Bundschuh im Rahmen des Projekts „Sexuelle Gewalt gegen Mädchen und Jungen in Institutionen", München.

dksb (2003): Prävention und Intervention bei sexualisierter Gewalt in Institutionen, Wuppertal/Köln/Münster: http://docplayer.org/72669056-Positionspapier-praevention-und-intervention-bei-sexualisierter-gewalt-in-institutionen.html , Aufruf 05.11.2021.

Elfter Kinder- und Jugendbericht (2002): Bericht über die Lebenssituation junger Menschen und die Leistungen der Kinder- und Jugendhilfe in Deutschland. Bonn.

Elias, N. (1991): Über den Prozeß der Zivilisation. Soziogenetische und psychogenetische Untersuchungen. Erster Band: Wandlungen des Verhaltens in den weltlichen Oberschichten des Abendlandes. 16. Aufl., Frankfurt/Main: Suhrkamp.

Edelman, M. (1988) Politik als Ritual. Die symbolische Funktion staatlicher Institutionen und politischen Handelns, Frankfurt/New York

Eisele, J. (2020). Schriftliche Stellungnahme zur Sachverständigenanhörung im Ausschuss für Recht und Verbraucherschutz des Deutschen Bundestages am 7.12.2020.

Elliott, M./Browne, K./Kilcoyne, J. (1995): Child Abuse Prevention: What offenders tell us. In: Child Abuse & Neglect Vol. 19, S. 579-594.

Elz, J., (2010): Zur Häufigkeit sexuell grenzverletzenden Verhaltens junger Menschen im Dunkel- und Hellfeld. in: Briken, P./Spehr, A./Romer G./Berner, W. (Hrsg.): Sexuell grenzverletzende Kinder und Jugendliche. Lengerich: Pabst.

EMMA (1978): Das Verbrechen, über das niemand spricht. www.emma.de/index.php?id=3 726, Aufruf 06.11.2021

Enders, U. (1995): Vergiftete Kindheit – Frauen als Täterinnen. In: Bange, Dirk/Enders, Ursula: Auch Indianer kennen Schmerz. Sexuelle Gewalt gegen Jungen. Köln: Kiepenheuer & Witsch.

Enders, U. (2003), Missbrauch durch Mitarbeiter und Mitarbeiterinnen aus Institutionen.www.zartbitter.de/0/Eltern_und_Fachleute/6060_missbrauch_in_Institutionen.p df, Aufruf 06.11.2021

Enders, U./ Simone, S./Bange, D. (2001): "Das darf doch nicht wahr sein!" Sexueller Missbrauch durch den Rektor einer Grundschule. In: Enders, U. (Hrsg.): Zart war ich, bitter war´s. Handbuch gegen sexuellen Missbrauch. Vollständig überarbeitete und erweiterte Neuausgabe. Köln: Kiepenheuer & Witsch, S. 289-393.

Enders, U. (Hrsg.) (2012): Grenzen achten. Schutz vor sexuellem Missbrauch in Institutionen. Ein Handbuch für die Praxis. Köln: Kiepenheuer & Witsch.

Engelfried, C. (1997): Männlichkeiten. Die Öffnung des feministischen Blicks auf den Mann. Weinheim: Juventa.

Faltermeier, J. (1986). Prävention. In: Deutscher Verein für öffentliche und private Fürsorge (Hrsg.): op. cit. S. 651.

Fegert, J./ Hoffmann, U./König, E./Niehues, J./Liebhardt, H. (Hrsg.) (2014), Sexueller Missbrauch von Kindern und Jugendlichen. Ein Handbuch zur Prävention und Intervention für Fachkräfte im medizinischen, psychotherapeutischen und pädagogischen Bereich. Wiesbaden: Springer.

Fegert, J./Wolff, M. (2015): Kompendium Sexueller Missbrauch in Institutionen. Entstehungsbedingungen, Prävention und Intervention. Weinheim/Basel: Beltz Juventa.

Fegert, J./Kavemann, B. (2016): Forschung zu sexuellem Missbrauch. Vom Tabu zur gesellschaftlichen Aufgabe. beauftragter-missbrauch.de/fileadmin/Content/pdf/Pressemitteilun gen/Forderungskatalog_Forschung.pdf, Aufruf 04.11.2012

Feltes, T./Fischer, T.A. (2014): Gegenstand und Methoden kriminologischer Forschung. In: AK Hochschullehrerinnen Kriminologie/Straffälligenhilfe in der Sozialen Arbeit (Hrsg.): Kriminologie und Soziale Arbeit. Ein Lehrbuch. Weinheim/Basel: Beltz Juventa. S. 65-83.

Fink, K./Werner, W. (2004): Stricher – ein sozialpädagogisches Handbuch zur mann-männlichen Prostitution. Lengerich: Pabst.

Finkelhor, D. (1984): Child Sexual Abuse. New Theory & Research. New York: The Free Press.

Finkelhor, D./Williams, L.- M./Burns, N. (1988): Nursery Crimes: Sexual Abuse in Day Care. California, Newbury Park: Sage Publications.

Finkelhor, D./Hotaling, G./Lewis, I. A./Smith, C. (1990): Sexual abuse in a national survey of adult men and women: Prevalence, characteristics, and risk factors. In: Child Abuse and Neglect, 14(1), S. 19-28.

Finkelhor, D./Russel, D. (1984): Women as Perpetrators, Review of the Evidence. In: Finkelhor, D.: Child Sexual Abuse. New Theory & Research. New York: The Free Press.

Fischer, G./Riedesser, P. (1999): Lehrbuch der Psychotraumatologie: Basel: Ernst Reinhardt Verlag.

Florecke, P. (1983): Kriminalprävention durch die Polizei? In: Kriminologisches Journal, 3, S. 167-183.

Fobian, C./Ulfers, R. (2011a): Man sieht nur was man kennt. In: Hamburger Lehrer Zeitung 3-4, S. 45-35.

Fobian/C., Ulfers, R. (2011b): Sexuelle Gewalt an Kindern in Institutionen. Hamburger Lehrer Zeitung 8-9, S. 32-33.

Fobian, C./Ulfers, R. (2011c): Jungen als Opfer sexualisierter Gewalt. Forum für Kinder und Jugendarbeit, 3, S. 44-46.

Fobian, C./Ulfers, R. (2012): Körperlichen Kontakt vermeiden. Grenzverletzungen und sexuelle Gewalt in Institutionen – (K)ein Generalverdacht für männliche Fachkräfte!? In: Switchboard – Zeitschrift für Männer und Jungenarbeit, NR 198. Hamburg: Verlag maennerwege GbR., S. 21-23.

Fobian, C./Ulfers, R./Wacker, K. (2012): Mädchen und Jungen als Betroffene von sexualisierter Gewalt als Thema im Studium der Sozialen Arbeit. In: Interdisziplinäre Fachzeitschrift für Prävention und Intervention der DGfPI, Jahrgang 15, Heft 12, S. 192-197.

Fobian, C. (2016): Der Weg zum Missbrauch. Die Strategien der Täter_innen, STANDPUNKT:SOZIAL 2. Hamburg, S. 109-116.

Fobian, C./Röder, M. (2017): Pepe. Ein Ausflug, der stark macht. Hamburg: Marta Press.

Fobian, C./Zels, M. (2018): Die Gefühle-Bande. Hamburg: Marta Press.

Fobian C., Zels M. (2021) Prävention durch Bilderbücher. In: Fobian C., Ulfers R. (eds) Jungen und Männer als Betroffene sexualisierter Gewalt. Sexuelle Gewalt und Pädagogik, vol 7. Springer VS, Wiesbaden. https://doi.org/10.1007/978-3-658-30379-2_12

Fortney, T./Levenson, J./Brannon, Y./Baker, J.N. (2007): Myths and facts about sexual offenders: Implications for treatment and public policy. In: Sexual Offender Treatment, 2, S. 1-17.

Foucault, M. (1972/1991): Die Ordnung des Diskurses. Frankfurt/Main: Suhrkamp.

Frehsee, D. (1998): Kriminalität als Metasymbol für eine neue Ordnung der Stadt. Bürgerrechte als Privileg, Jugend als Störfaktor. In: Breyvogel, W. (Hrsg.): Stadt, Jugendkulturen und Kriminalität. Bonn: Dietz, S. 130-152.

Freund, T./Lindner, W. (Hrsg.) (2001): Prävention. Zur kritischen Bewertung von Präventionsansätzen in der Jugendarbeit. Opladen: Leske und Budrich.

Frommel, M. (2021). Die neue Strafbarkeit des Besitzes auf Kind gemachter Sexpuppen in: NK Neue Kriminalpolitik, S. 150 158

Fuchs-Heinritz, W./Lautmann, R./Rammstedt, R./Wienhold, H. (1994): Lexikon zur Soziologie. 3. Aufl. Opladen: Westdeutscher Verlag.

Galtung, J. (1998): Frieden mit friedlichen Mitteln. Opladen: Leske und Budrich.

Gebrande, J. (2021): Soziale Arbeit nach traumatischen Erfahrungen. Grundkenntnisse für den Umgang mit traumatisierten Menschen. Baden-Baden. Nomos

Georg, E. (2019): Ambivalenzen eines hegemonialen Traumadiskurses im Kontext Beratung und Soziale Arbeit. In: Widersprüche, Juni, S. 106 -122

Giddens, A. (1984): Interpretative Soziologie. Eine kritische Einführung. Frankfurt/Main: Campus.

Gillis, J.R. (1990): Geschichte der Jugend. Weinheim/Basel: Beltz.

Glöer, N./Schmiedeskamp-Böhler, I. (1990): Verlorene Kindheit – Jungen als Opfer sexueller Gewalt. München: Weismann.

Glücks, E./Ottemeier-Glücks, F. G. (Hrsg.) (1994): Geschlechtsbezogene Pädagogik. Münster: Votum.

Goffman, E. (1983, am. Original 1959): Wir alle spielen Theater. Die Selbstdarstellung im Alltag. München: Piper.

Goffman, E. (1990, am. Original 1963): Stigma. Über Techniken der Bewältigung beschädigter Identität. Frankfurt/Main: suhrkamp taschenbuch wissenschaft.

Groth A. (1978): Guidelines for the assessment and management of the offender. In: Burgess W./Groth A./Holmstrom L./Groi S. (Hrsg.). Sexual assault of children and adolescents: Lexington: Lexington books, S. 25–42.

Groth A. (1982): The incest offender. In: Sgroi S. (Hrsg). Handbook of clinical intervention: Lexington: Lexington books, S. 215-241.

Grundwald, K./Thiersch, H. (Hrsg.) (2004): Praxis Lebensweltorientierter Sozialer Arbeit. Handlungszugänge und Methoden in unterschiedlichen Arbeitsfeldern. Weinheim/München: Beltz Juventa.

Gusfield, J.R.: (1963): Symbolic Crusade. Status Politics and the American Temperance Movement. Illinois: University of Illinois Press

Hantke, J./Görges, H. (2012): Handbuch Traumakompetenz. Paderborn: Junfermann Verlag.

Hark, S./Villa, P.-I. (Hrsg.). (2015): Anti-Genderismus. Sexualität und Geschlecht als Schauplätze aktueller politischer Auseinandersetzungen. Bielefeld: transcript.

Hartwig, L., (2002): Parteilichkeit in der Beratung. In: Bange, D./Körner, W.: Handwörterbuch Sexueller Missbrauch. Göttingen: Hogrefe, S. 398-402.

Hassemer, Winfried (1989). Symbolisches Strafrecht und Rechtsgüterschutz, in: Neue Zeitschrift für Strafrecht, 12, S. 553-559.

Heyden, S./Jarosch, K. (2009): Missbrauchstäter: Phänomenologie – Psychodynamik – Therapie. Stuttgart: Schattauer.

Helmer, M./Muck, M. (2014): Präventive Haltung und Arbeit in der schulischen Prävention zum Thema sexualisierte Gewalt. In: Mosser, P./Lenz, H.-J. (Hrsg.): Sexualisierte Gewalt gegen Jungen: Prävention und Intervention. Wiesbaden: Springer VS, S. 101-118.

Helming, E./Kindler, H./Langmeyer, A./Mayer, M./Entleitner, C./Mosser, P./Wolff, M. (2011): Sexuelle Gewalt gegen Mädchen und Jungen in Institutionen. Rohdatenbericht. München: Deutsches Jugendinstitut. www.dji.de/sgmj/Rohdatenberichttext_Endversion_Juni_2011.pdf, Aufruf 06.11.2012

Herriger, N. (1986): Präventives Handeln und Soziale Praxis. Konzepte zur Verhütung abweichenden Verhaltens bei Kindern und Jugendlichen. Weinheim/München: Juventa.

Herriger, N. (1996): Prävention (und Jugendhilfe). In: Stimmer, F. (unter Mitarbeit von H. van den Boogart/G. Rosenhagen): Lexikon der Sozialpädagogik und der Sozialarbeit. München/Wien: oldenbourg verlag, S. 371-376.

Herriger, N. (2014): Empowerment-Landkarte. In: Aus Politik und Zeitgeschichte, 64. Jahrgang 13-14, S. 39-46

Hofherr, S. (2017): Wissen von Schülerinnen und Schülern über sexuelle Gewalt in pädagogischen Kontexten. Kurzbericht über zentrale Ergebnisse. München: DJI.

Hoffmann, R. (1996): Die Lebenswelt der Pädophilen. Rahmen, Rituale und Dramaturgie der pädophilen Begegnung. Opladen: Westdeutscher Verlag.

Horkheimer, M./Adorno, T. W. (1988): Dialektik der Aufklärung. Frankfurt/Main: Fischer.

Hornstein, W. (1996): Jugend. In: Kreft, I./Mielenz, D. (Hrsg.): Wörterbuch Soziale Arbeit. Weinheim/Basel: Beltz-Verlag, S. 296-299.

HVHS Frille (ohne Jahr). Parteiliche Mädchenarbeit & antisexistische Jungenarbeit, Abschlussbericht des Modellprojektes „Was Hänschen nicht lernt... verändert Clara nimmer mehr!" Minden.

Hochdorf, Ev. Jugendhilfe im Kreis Ludwigsburg e. V. (2010): „und wenn es doch passiert...", Arbeitshilfe: Fehlverhalten von Fachkräften in der Jugendhilfe. Ergebnisse eines institutionellen Lernprozesses. Remseck-Hochdorf: Jugendhilfe Hochdorf.

Institut für soziale Arbeit e. V. (Hrsg.). (1996): Lebensort Straße. Kinder und Jugendliche in besonderen Problemlagen. Münster: Votum.

Jaritz, C./Wiesinger, D./Schmid, M. (2008): Traumatische Lebensereignisse bei Kindern und Jugendlichen in der stationären Jugendhilfe. In: Trauma und Gewalt 4, S. 266-277.

Jud, A., Rassenhofer, M., Witt, A., Münzer, A., & Fegert, J. M. (2016). Häufigkeitsangaben zum sexuellen Missbrauch: Internationale Einordnung, Bewertung der Kenntnislage in Deutschland, Beschreibung des Entwicklungsbedarfs. Unabhängiger Beauftragter für Fragen des sexuellen Kindes-missbrauchs. https://beauftragter-missbrauch.de/filead min/Content/pdf/Pressemitteilungen/Expertise_H%C3%A4ufigkeitsangaben.pdf, 05.11.2021.

Jugendschutz.net (2011): swr.de: Fall Lena - Rechtsextreme machen Jagd auf mutmaßlichen Täter, https://www.jugendschutz.net/en/news/2012/04/04/swrde-fall-lena-rechtsextreme -machen-jagd-auf-mutmasslichen-taeter/index.html, Aufruf 05.11.2021

jungen-netz-de: www.jungen-netz.de, Aufruf 06.11.2021

Jungnitz, L./Lenz, H.-J./Puchert, R./Puhe, H./Walter, W. (2007): Gewalt gegen Männer. Opladen: Verlag Barbara Budrich.

Jüttner, J. (2012): Missbrauch von Mutter oder Frauen. www.spiegel.de/panorama/missbra uch-von-mutter-oder-frauen-a-822115.html, Aufruf 04.11.2021

Kahl, R. (1999): Wie Neues auf die Welt kommt. Hannah Arendt, Pädagogin. SWR2 Wissen, Redaktion: Bildung, Erstsendung 28. August 1999.

Kant, I. (1997): Über die Erziehung. München: Deutscher Taschenbuch Verlag.

Kavemann B./Lohstöter, I. (1984): Väter als Täter. Sexuelle Gewalt gegen Mädchen. Reinbek: Rowohlt.

Kavemann, B. (1999): Viel schlimmer oder halb so schlimm? Wenn Frauen Mädchen und Jungen sexuell missbrauchen. In: Wodke-Werner, V./Mähne, U. (Hrsg.): „Nicht wegschauen!" Vom Umgang mit Sexual(straf)tätern. Baden-Baden: Nomos, S. 31-44.

Kavemann, B./Graf-van Kersteren, A./Rothkegel, S./Nage, B. (2016): Erinnern, Schweigen und Sprechen nach sexueller Gewalt in der Kindheit. Ergebnisse einer Interviewstudie mit Frauen und Männern, die als Kind sexuelle Gewalt erlebt haben. Wiesbaden: Springer VS.

Kein-Täter-werden: www.kein-taeter-werden.de/story/18/3818.html, Aufruf 04.11.2021

Kerger-Ladleif, C. (2012): Kinder beschützen! Sexueller Missbrauch – Eine Orientierung für Mütter und Väter. Köln: Mebes & noack.

Keupp, H./Strauss, F./Mosser, P./Gmür/W./Hackenschmied, G. (2017a): Sexuelle Gewalt in Kindheit und Jugend; Forschung als Beitrag zur Aufarbeitung. Wiesbaden: Springer VS.

Keupp, H./Strauss, F./Mosser, P./Gmür/W./Hackenschmied, G. (2017b): Sexueller Missbrauch und Misshandlungen in der Benediktinerabtei Ettal: Ein Beitrag zur wissenschaftlichen Aufarbeitung (Sexuelle Gewalt in Kindheit und Jugend: Forschung als Beitrag zur Aufarbeitung). Wiesbaden: Springer VS.

Kibs München (2018): Geschichte von kibs in München. www.kinderschutz.de/Angebote/B eratung-bei-sexuellem-Missbrauch/KIBS, Aufruf 04.11.2012

Kinderschutz e. V. (2009): „Es kann nicht sein, was nicht sein darf…", Dokumentation der Fachtagung „Jungen als Opfer sexualisierter Gewalt". München.

Koch, H. (1980): The Proactive Police. In: Scandinavian Studies in Criminology "Policing Scandinavia" Vol.7, S. 51-85.

Kolshorn, M./Brockhaus, U. (2002): Drei-Perspektiven-Modell: Ein feministisches Ursachenmodell. In: Bange, D./Körner, K. (Hrsg.) (2002): Handwörterbuch sexueller Missbrauch. Göttingen: Hogrefe.

Koordinierungsstelle der niedersächsischen Frauen- und Mädchenberatungsstellen gegen Gewalt, (ohne Jahr). Leichte Sprache: Sexualisierte Gewalt. Was ist sexualisierte Gewalt? Hannover

Korczak, J. (1997): Wie man ein Kind lieben soll. 7. Aufl. Göttingen: Vandenhoeck & Ruprecht.

Krasmann, S. (1993): Kontingenz und Ordnungsmacht. Phänomenologischer Versuch über die Polizei. Münster: LIT-Verlag.

Krüger, A. (2011): Powerbook, erste Hilfe für die Seele. Hamburg: Elbe und Krueger.

Kunstreich, T./Lindenberg, M (2007): Kommunaler Raum als sozialer Raum der Machtkämpfe. Eine Betrachtung lokaler Sicherheitspolitik mit drei Fallgeschichten. In: Kessl, F./ Otto, H.- U. (Hrsg.): Territorialisierung des Sozialen. Regieren über Nahräume. Opladen/Farmington Hills: Verlag Barbara Budrich, S. 157-169.

Kube, E. (1987): Systematische Kriminalprävention. Ein strategisches Konzept mit praktischen Beispielen. 2., erweiterte Aufl. Wiesbaden: BKA-Forschungsreihe (Sonderband).

Kube, E. (1988): Straftat und Strafgelegenheit. Erzeugung und Beseitigung kriminalitätsfördernder Faktoren. In: Die Polizei, 9 (September), S. 241-246.

Kuhle, L. /Grundmann, D./Beier, K. (2014): Sexueller Missbrauch von Kindern: Ursachen und Verursacher. In: Fegert, J./Hoffmann, U./König, E. /Niehues, J./Liebhardt, H. (Hrsg.). (2014), Sexueller Missbrauch von Kindern und Jugendlichen. Ein Handbuch zur Prävention und Intervention für Fachkräfte im medizinischen, psychotherapeutischen und pädagogischen Bereich. Wiesbaden: Springer.

Lang u.a. (Hrsg.) (2013): Traumapädagogische Standards in der stationären Kinder- und Jugendhilfe. Weinheim/Basel: Beltz Juventa.

Law, V. (2014): Against Carceral Feminism, In: Jacobin, October 17, 2014, www.jacobinm ag.com/2014/10/against-carceral-feminism/, Aufruf 08.07.21

Lembeck, H.-J./Ulfers, R. (2003): Niedrigschwellige Angebote für betroffene Jungen. In: Braun, G./Hasebrink, M./Huxoll, M. (Hrsg.): Pädosexualität ist Gewalt. (Wie) Kann die Jugendhilfe schützen? Weinheim: Beltz Juventa, S. 103-112.

Lindenberg, M. (2010): Kommunale Hilfsdienste: Moderne Schutzengel? In: Neue Kriminalpolitik, 4 (November), S. 8-10.

Lindenberg, M. (2015): Gibt es Gewalt in der Heimerziehung? Oder kommt es nur darauf an, wer darüber spricht? Überlegungen zur moralisch eingefärbten Kommunikation über verhaltensorientierte Instrumente in der Heimerziehung. In: Beiträge zur Theorie und Praxis der Jugendhilfe (TJP), 12, S. 36-47.

Lindenberg, M./Lutz, T. (2014): Zwang und Zwangskontexte. In: Düring, D./Krause, H.-U./Peters, F./Rätz, R./Rosenbauer, N./Vollhase, M. (Hrsg.): Kritisches Glossar Hilfen zur Erziehung. Frankfurt/Main: IGFH (Internationale Gesellschaft für erzieherische Hilfen), S. 403-410.

Lindenberg, M./Lutz, T. (2010): Liebe, aber strenge Zucht. Das Rauhe Haus in Hamburg in den 1950er und 1960er Jahren. In: EREV-Schriftenreihe 1 (51), S. 36-45.

Lindner, W. (1999): "Zero Tolerance" und Präventionsinflation – Jugendhilfe im Kontext der gegenwärtigen Sicherheitsdebatte. In: Deutsche Jugend (47) (4), S. 153-162.

Marquard-Mau, B. (Hrsg.) (1995): Schulische Prävention gegen sexuelle Kindesmisshandlung Weinheim: Juventa.

Mattussek, H. (1978): Verbrechensverhütung. In: Kriminalistik, S. 481-486; 537-541.

Mead, G. H. (1969/1976): Sozialpsychologie. Eingeleitet und herausgegeben von Anselm Strauss. Unveränderter reprografischer Neudruck der deutschen Ausgabe 1969. Neuwied am Rhein/Berlin: Luchterhand.

Meuser, M. (2011): Hegemoniale Männlichkeit. In: Ehlert, G./Funk, H./Stecklina, G. (Hrsg.): Wörterbuch Soziale Arbeit und Geschlecht: Weinheim/München: Juventa, S. 197-198.

Mikado-Studie (2015): Missbrauch von Kindern: Aetiologie, Dunkelfeld, Opfer. www.mikado-studie.de/, Aufruf 06.11.2021

Minsel, W. R./Scheller, R. (Hrsg.) (1981): Prävention. München: Kösel.

Mlodoch, K. (2017): Gewalt, Flucht –Trauma? Göttingen: Vandenhoeck & Ruprecht

Mosser, P. (2009): Wege aus dem Dunkelfeld, Aufdeckung und Hilfesuche bei sexuellem Missbrauch an Jungen. Wiesbaden: VS Verlag für Sozialwissenschaften.

Mosser, P. (2012): Sexuell grenzverletzende Kinder – Praxisansätze und ihre empirischen Grundlagen. Eine Expertise für das Informationszentrum Kindesmisshandlung/Kindesvernachlässigung (IzKK). München: Deutsches Jugendinstitut e.V.

Müller, J. C. (1993): Die Legitimation des Rechtes durch die Erfindung des symbolischen Rechts, in: Kriminologisches Journal, 2, 1993, S. 82-97.

Nack, A. (1993): Kommunale Kriminalpolitik. Kommunale Kriminalpolitik als politische Aufgabe. In: Kampmeyer, E./Neumeyer, J. (Hrsg.). Innere Unsicherheit. Eine kritische Bestandsaufnahme. München: AG-SPAK, S. 175-178.

Nedophil, N./ Schiltz, K. (2021). Sexualisierte Gewalt gegen Kinder und elektronische Medien. Die Sichtweise der forensischen Psychiatrie in: NK Neue Kriminalpolitik, S. 159 - 172

netzwerkB 2011: netzwerkb.org/2011/01/13/was-kritisieren-wir-am-begriff-opfer-bzw-am-umgang-damit/, Aufruf 06.11.2012

Newman, G. (1972): Defensible Space. Crime Prevention through Urban Design. New York: Macmillan.

Niemeyer, C. (2010): Klassiker der Sozialpädagogik: Einführung in die Theoriegeschichte einer Wissenschaft (Grundlagentexte Pädagogik). Weinheim: Juventa.

Nöthen-Schürmann, U. (2003): „Wir auf der Straße…" Polizei und Jugendhilfe gemeinsam gegen sexualisierte Gewalt in: Braun, G./Hasebrink, M./Huxoll, M. (Hrsg.): Pädosexualität ist Gewalt. (Wie) Kann die Jugendhilfe schützen? Weinheim: Beltz, S. 266 273

Oestreich, G. (1986): Jugendalter. In: Deutscher Verein für öffentliche und private Fürsorge. op. cit., S. 448-449.

Olk, T. (1986): Abschied vom Experten. Soziale Arbeit auf dem Weg zu einer alternativen Profession. Weinheim/München: Juventa.

Ottemeier-Glücks, F. G., (2009): Jungenspezifische Prävention. In: Kinderschutz e. V: „Es kann nicht sein, was nicht sein darf…", Dokumentation der Fachtagung. München, S. 65-71.

Pestalozzi, J. H. (1975): Pestalozzi über seine Anstalt in Stans. Mit einer Interpretation von Wolfgang Klafki. 3., überarbeitete Aufl., Weinheim: Beltz.

Pithers, W.D./Gray, A./Busconi, A./Houchens, P. (1998): Five empirically subtypes of children with sexual behavior problems. In: Child Maltreatment, 3, S. 384-406.

Popitz, H. (1968): Über die Präventivwirkung des Nichtwissens. Dunkelziffer, Norm und Strafe. Recht und Staat in Geschichte und Gegenwart. Eine Sammlung von Vorträgen und Schriften aus dem Gebiet der gesamten Staatswissenschaften. Band 350. Tübingen: J.C.B. Mohr (Paul Siebeck).

Priebe, B. (2018): Der Einfluss von Scham und Labelingprozessen auf die stationäre Arbeit mit Kindern und Jugendlichen, die gegenüber ihren Geschwistern sexuell übergriffig geworden sind. In: Klees, E./Kettritz, T. (Hrsg.): Sexualisierte Gewalt durch Geschwister. Lengerich: Pabst Science Publishers, S. 95 107.

Reddemann, L. (2017): Imagination als heilsame Kraft. 20. Aufl. Stuttgart: Klett-Cotta.

Reddemann, L./Wöller, W. (2017): Komplexe Posttraumatische Belastungsstörungen. Göttingen: Hogrefe.

Rieske, T./Scambor, E./Wittenzellner, U./Könnecke, B./Puchert, R. (Hrsg.) (2018): Aufdeckungsprozesse männlicher Betroffener von sexualisierter Gewalt in Kindheit und Jugend. Verlaufsmuster und hilfreiche Bedingungen. Wiesbaden: Springer VS

Rohrmann, T. (1994): „Junge, Junge – Mann, o Mann." Reinbek: Rowohlt.

Runder Tisch Kindesmissbrauch. www.rundertischkindesmissbrauch.de/ziele_aufgaben.htm , Aufruf 06.11.2012

Runder Tisch Sexueller Kindesmissbrauch in Abhängigkeits- und Machtverhältnissen in privaten und öffentlichen Einrichtungen und im familiären Bereich (2011). https://www.bmjv.de/SharedDocs/Downloads/DE/Fachinformationen/Abschlussbericht_RTKM.pdf?__blob=publicationFile, Aufruf 05.11.2021.

Salter, A. (2006): Dunkle Triebe. Wie Sexualstraftäter denken und ihre Taten planen. München: Goldmann.

Santayana, G. (1922): Soliloquies in England and Later Soliloquies. New York: Charles Scribner Sons.

Sanyal, M. (2016): Vergewaltigung. Hamburg: Nautilus Flugschrift.

Scheibelhofer, P. (2018): „Du bist so schwul!" Homophobie und Männlichkeit in Schulkontexten. In Arzt, S./Brunnauer, C./Schartner, B. (Hrsg.), Sexualität, Macht und Gewalt: Anstöße für die sexualpädagogische Arbeit mit Kindern und Jugendlichen. Wiesbaden: Springer VS, S. 35-51.

Schäfer, H. (1986): Die Prädominanz der Prävention. Ein Beitrag zu den Grundlagen der theoretischen Kriminalstrategie. In: Goldammers Archiv, 133, S. 49-66.

Schlingmann, T. (2015): Des Kaisers neue Kleider – Eine Kritik an „kein Täter werden" Interdisziplinäre Fachzeitschrift Kindesmisshandlung und -vernachlässigung, 1, S. 64-79.

Schlingmann T. (2021) Sexualisierte Gewalt gegen Männer*. In: Fobian C., Ulfers R. (eds) Jungen und Männer als Betroffene sexualisierter Gewalt. Sexuelle Gewalt und Pädagogik, vol 7. Springer VS, Wiesbaden. S. 109-132

Schnack, D./Neutzling, R. (1990): Kleine Helden in Not. Jungen auf der Suche nach Männlichkeit. Reinbek: Rowohlt.

Schramm, G. (1976): Kriminalpolizeiliche Beratung als vorbeugende Verbrechensbekämpfung. In: Polizei, Technik, Verkehr, 4, S. 57-59.

Seto, M.C. (2009): Pedophilia. In. Annual Review of Clinical Psychology, Vol. 5, S. 391-407.

Simmel, G. (1908/2013): Soziologie. Untersuchungen über die Formen der Vergesellschaftung (Gesamtausgabe, Bd. 11). 7. Aufl. Frankfurt/Main: suhrkamp taschenbuch wissenschaft.

Soukup, G. (1980): "Prophylaxe". In Kreft, D./Mielenz, I. (Hrsg.): Wörterbuch Soziale Arbeit. Weinheim/Basel: Juventa, S. 343-345.

Spiegel, H. v. (2013): Methodisches Handeln in der Sozialen Arbeit. 5., vollständig überarbeitete Aufl. München/Basel: Reinhardt/UTB.

Stein, W. (1984): Polizeiliche Prävention – ein Mittel zur Bekämpfung der Jugendkriminalität? In: Kriminalistik, 5, S. 234-237.

Steinhilper, G. (1977): Forschung im Dienste der Prävention. In: Kriminalistik, 7, S. 145-149.

SUBWAY berlin e.V., (2004): Pädosexuelle Übergriffe auf Jungen im öffentlichen und halböffentlichen Berliner Raum: Bestelladresse: SUB/WAY berlin, Nollendorfstraße 31, 10777 Berlin oder www.subway-berlin.org, Aufruf 06.11.2021

Tagesspiegel (2018): Tod von 15-Jähriger in Kandel. Staatsanwaltschaft geht von Mord aus. www.tagesspiegel.de/weltspiegel/tod-von-15-jaehriger-in-kandel-staatsanwaltschaft-geht-von-mord-aus/20853224.html, Aufruf 06.11.2012

Tauwetter Berlin (2018): Anlaufstelle. tauwetter.de/de/anlaufstelle.html; Aufruf 04.11.2021

Teegen, F./Schriefer, J. (2002): Komplexe Posttraumatische Belastungsstörung. Eine Untersuchung des diagnostischen Konstruktes am Beispiel misshandelter Frauen. In: Zeitschrift für Klinische Psychologie, Psychiatrie und Psychotherapie 1, S. 219-233.

Terwill, A. (2020): What Is Carceral Feminism? In: Political Theory2020, Vol. 48(4) 421–442

Tieg, A./Winer, F. (2012): 45 Min – Von der Mutter missbraucht. Sendedatum: 19.03.2012, NDR.

Turner, D./Rettenberger, M./Lohmann, L./Eher, R./Briken, P. (2014): Pedophilic sexual interests and psychopathy in child sexual abusers working with children. In: Child abuse & neglect, 38(2), S. 326-335.

Unabhängige Kommission zur Aufarbeitung sexuellen Kindesmissbrauchs (2020). Geschichten die Zählen. Band I: Fallstudien zu sexuellem Kindesmissbrauch in der evangelischen und katholischen Kirche und in der DDR. Wiesbaden. SpringerVS

Unabhängiger Beauftragter für Fragen des sexuellen Kindesmissbrauchs. beauftragter-missbrauch.de/praevention/was-ist-sexueller-missbrauch/definition-von-sexuellem-missbrauch/, 17.11.2017.

Unabhängiger Beauftragter für Fragen des sexuellen Kindesmissbrauchs (b). https://beauftragter-missbrauch.de/betroffenenrat/der-betroffenenrat, f06.11.2012

Viefhus, H. (1986): Prävention. In: Deutscher Verein für öffentliche und private Fürsorge (Hrsg). op. cit. S. 650-651.

Völker, W. (1987): Immer lustig und vergnügt. Einwände gegen den präventiven Blick. In: Widersprüche, 25, S. 7-14.

Voß, H.-J. (2011): Geschlecht, Wider der Natürlichkeit. Stuttgart: theorie.org.

Wambach, M. (1987): Prävention. In: Grubitzsch, S./Rexelius, G. (Hrsg.) (1987): Psychologische Grundbegriffe. Mensch und Gesellschaft in der Psychologie. Ein Handbuch. Reinbek: Rowohlt, S. 778-782.

Weinberger, R. (1975): Kriminalitätsvorbeugung – Strategien der Öffentlichkeitsarbeit. In: Burghard, W. (Hrsg.): Taschenbuch für Kriminalisten (Bd. XXV). Hilden: Verlagsanstalt Deutsche Polizei GmbH.

Weiß, W/Kessler, T./Gahleitner, S. (Hrsg) (2016): Handbuch Traumapadagogik. Weinheim und Basel: Beltz

Weißer Ring (2020). Stellungnahme des WEISSEN RINGS e.V. zum Referentenentwurf eines Gesetzes zur Bekämpfung sexualisierter Gewalt gegen Kinder vom 17.08.2020 vom 11.09.20, Mainz, https://weisser-ring.de/experten/stellungnahmen, Aufruf 04.11.2021

Wiesner, R. (2015): Das Bundeskinderschutzgesetz. In: Fegert, J./Wolff, M. (Hrsg.): Kompendium Sexueller Missbrauch in Institutionen. Entstehungsbedingungen, Prävention und Intervention. Weinheim/Basel: Beltz-Juventa, S. 313-326.

Wildwasser (ohne Jahr): Dokumente. www.wildwasser-berlin.de/tl_files/wildwasser/Dokumente/Veroeffentlichungen/Beschuetzter%20Umgang%20bei%20SM%2011-01-Wiwa.pdf, Aufruf 06.11.2012

Wildwasser (ohne Jahr): Leitbild: www.wildwasser-berlin.de/leitbild.htm, Aufruf 04.11.2012

Wilson J. W./Kelling, G. L. (1996): Polizei und Nachbarschaftssicherheit: Zerbrochene Fenster (übersetzt von Bettina Paul). In: Kriminologisches Journal 28 (2), S. 121-137.

Wittgenstein, L. (1963, erstmals 1921): Tractatus logico-philosophikus. Logisch-philosophische Abhandlung. Frankfurt/Main: Suhrkamp.

Wolff, K. H. (1972): Soziale Kontrolle. In: Bernsdorf, W. (Hrsg.): Wörterbuch der Soziologie. Stuttgart, Ferdinand Enke Verlag, S. 722–726.

Wolf, M. (1997): Aufrichten durch Vorbeugen? Betrachtungen zum Präventionsparadox. In: Widersprüche, 64, S. 101-110.

Wolff, M./Dannenbeck, C. (2009): Ergebnisse der Evaluation des Modellprojekts „Coaching – Fachberatung – Prävention bei sexualisierter Gewalt an Jungen“. In: Kinderschutz e. V., München.

Wolff, M. /Schröer, W. /Fegert, J. (2017), Schutzkonzepte in Theorie und Praxis. Ein beteiligungsorientiertes Werkbuch. Weinheim/Basel: Beltz Juventa.
Zito, D./Martin, E. (2016): Umgang mit traumatisierten Flüchtlingen. Ein Leitfaden für Fachkräfte und Ehrenamtliche. Weinheim/Basel: Beltz Juventa.

Wo bekomme ich Hilfe?

Bundesweit

www.nina-info.de N.I.N.A. – Nationale Infoline, Netzwerk und Anlaufstelle zu sexueller Gewalt an Mädchen* und Jungen*. Hier kommen sie auch zu:

www.hilfeportal-missbrauch.de

Hilfeportal zu sexueller Gewalt in Kindheit und Jugend, u.a. mit Datenbank zu Hilfseinrichtungen in Deutschland.

https://nina-info.de/berta.html

Beratung und telefonische Anlaufstelle Für Betroffene organisierter sexualisierter und ritueller Gewalt

www.nummergegenkummer.de

Website, Telefonnummer und E-Mail-Beratung für Kinder und Jugendliche bei Problemen, Sorgen, Ängsten aller Art.

https://fonds-missbrauch.de/

Der Fonds Sexueller Missbrauch will Betroffenen helfen, die in ihrer Kindheit oder Jugend sexuellen Missbrauch im familiären Bereich erlitten haben und noch heute unter den Folgewirkungen leiden. Aufgabe des Fonds ist es, noch andauernde Belastungen als Folgewirkung des Missbrauchs auszugleichen bzw. zu mildern.

Fachberatungsstellen in Hamburg

Alle Fachberatungsstellen zu sexualisierter Gewalt mit den unterschiedlichen Angeboten sind über die gemeinsame Website https://nexus-hamburg.de/ zu finden.

Hier finden sie auch die Beratungsstelle basis-praevent https://basis-praevent.de/, in der die beiden Autoren Clemens Fobian und Rainer Ulfers arbeiten.

Wo bekomme ich weitere Informationen?

www.beauftragter-missbrauch.de
Die Website des Unabhängigen Beauftragten für Fragen des sexuellen ist ein zentrales Informationsportal für das Themenfeld des sexuellen Kindesmissbrauchs in Deutschland.

https://www.bundeskoordinierung.de/

Die Bundeskoordinierung spezialisierter Fachberatung gegen sexualisierte Gewalt in Kindheit und Jugend (BKSF) ist die politische Interessenvertretung der spezialisierten Fachberatungsstellen, die gegen sexualisierte Gewalt in Kindheit und Jugend arbeiten.

https://dgfpi.de/index.php/startseite.html

Deutsche Gesellschaft für Prävention und Intervention bei Kindesmisshandlung, -vernachlässigung und sexualisierter Gewalt e. V.

www.innocenceindanger.de
Ziel von Innocence of Danger ist der Schutz von Kindern vor sexuellem Missbrauch und pornografischer Ausbeutung im Internet. Sie bieten Aufklärung, Prävention und Internetschulungen für Kinder, Eltern, Lehrer etc. an.

Anlaufstellen für Täter und Täterinnen:

https://dgfpi.de/index.php/verein/hilfe-finden.html

Bei der DGfPI finden Sie eine Liste von Einrichtungen, die mit erwachsenen Sexualstraftäter*innen arbeiten und eine Liste von Einrichtungen, die sich übergriffigen Kindern und Jugendlichen zuwenden.

https://www.kein-taeter-werden.de/

Das Präventionsnetzwerk „Kein Täter werden" bietet deutschlandweit ein Behandlungsangebot für Männer und Frauen, Erwachsene und Jugendliche, die therapeutische Hilfe suchen, weil sie sich sexuell zu Kindern hingezogen fühlen und darunter leiden.

Stichwortverzeichnis

Die Angaben verweisen auf die Seitenzahlen des Buches.